联大学术文库

共生视域下农业转移人口市民化问题治理研究

姚德超◎著

中国社会科学出版社

图书在版编目(CIP)数据

共生视域下农业转移人口市民化问题治理研究/姚德超著. —北京:中国社会科学出版社，2018.5
ISBN 978-7-5203-1905-8

Ⅰ.①共… Ⅱ.①姚… Ⅲ.①农村劳动力—城市化—研究—中国 Ⅳ.①F323.6

中国版本图书馆 CIP 数据核字(2018)第 000224 号

出 版 人　赵剑英
责任编辑　张　湉
责任校对　姜志菊
责任印制　李寡寡

出　　版　中国社会科学出版社
社　　址　北京鼓楼西大街甲 158 号
邮　　编　100720
网　　址　http://www.csspw.cn
发 行 部　010-84083685
门 市 部　010-84029450
经　　销　新华书店及其他书店

印　　刷　北京明恒达印务有限公司
装　　订　廊坊市广阳区广增装订厂
版　　次　2018 年 5 月第 1 版
印　　次　2018 年 5 月第 1 次印刷

开　　本　710×1000　1/16
印　　张　19
插　　页　2
字　　数　293 千字
定　　价　80.00 元

母亲是天，父亲是地

——谨以此书献给我的父亲和母亲

目　录

图目录

表目录

前　言

诺贝尔经济学奖获得者约瑟夫·斯蒂格利茨（Joseph E. Stiglitz）指出，21 世纪影响人类进程的两件大事，一是以美国为首的新技术革命，二是中国的城镇化。21 世纪中国的城镇化，是与工业化、信息化、农业现代化协调发展齐头并进的城镇化，是以人为本、追求质的飞跃的全新城镇化。至 21 世纪中期，我国将有约 5 亿农村人口成为新型城镇化大舞台的主角，他们将终结农民身份，彻底实现城市化、现代化转型。如今，农业转移人口市民化的时代乐章不仅随着 21 世纪民族复兴的“中国梦”欣然拉开序幕，而且已然成为党和政府推进以改善民生为目标的社会建设的首要任务和重点工程。

党的十八大报告明确要求，“加快改革户籍制度，有序推进农业转移人口市民化，努力实现城镇基本公共服务常住人口全覆盖”。紧接着，党的十八届三中全会通过的《中共中央关于全面深化改革若干重大问题的决定》再次强调，要“推进农业转移人口市民化，逐步把符合条件的农业转移人口转为城镇居民”。党的最高决策，无疑为“二元”户籍制度敲响了丧钟，它标志着实施了半个多世纪的户籍身份制终将退出历史舞台。党的最高精神，无疑为几亿农民市民化铺平了道路，它意味着农业转移人口的春天已经到来。然而，欣喜之余也应该清醒地认识到，规模如此庞大的农业转移人口市民化并不是一朝一夕的事情。毕竟农业转移人口市民化问题不仅涉及几亿农民，还涉及几亿市民；更何况，农民市民化进程要取得实质性进展，必然触及国民利益格局的调整，最终绕不过“固化的社会结构”这道坎。

故此，可以预想，农业转移人口市民化的历程势必困难重重，正如马克思主义经典理论所言——旧事物不会甘心退出历史舞台，它必然会垂死挣扎，新事物的出现和成长必然充满艰辛和挫折。但是，几亿农业转移人口的城市化是时代的大势所趋，他们的市民化进程已不可阻挡。问题的关键是，如何消解各种阻力，化解各种困难，顺利地循序渐进地推进农业转移人口市民化进程。这不仅是各级政府与实践工作者必须解决的核心实践难题，也是社会科学乃至哲学、人文科学领域理论工作者面临的重大理论课题。

以现实问题为导向，以服务实践为宗旨，寻求有效措施化解农民市民化过程中各种障碍与阻力，为稳步推进农业转移人口市民化进程提供解决策略与政策建议，正是本书的基本出发点和最终归属。本书围绕农业转移人口市民化问题治理这一中心问题，提出农业转移人口与市民共同发展与共生进化的基本观点，并从“共生现状”、“共生制约因素”、“共生进化路径”三个方面谋篇布局，搭建研究框架。

本书总体框架结构包括“一个中心”、“三个问题”与“两个支撑”。“一个中心”是如何从共生思想高度治理农业转移人口市民化问题，即如何实现农业转移人口市民化问题的共生治理。为此，必须阐述“三个问题”，即农业转移人口与市民的共生现状如何？农业转移人口与市民的共生阻力主要是什么？如何促进农业转移人口与市民的共生进化？相应地，形成了本书第三、四、五章。所谓“两个支撑”，一是理论工具支撑，即理论基础，包括该理论的主要原理、观点与分析方法；二是政策文本支撑，即分析党和国家的相关政策，为阐述“中心”问题提供支持与帮助。相应地，形成了本书第一、二章。本书共包括两个部分，具体结构及内容如下：

第一部分，即主体部分。

绪论。本章通过对相关问题的阐述，为后续研究奠定基础，主要内容包括选题背景与研究意义、相关理论研究综述、研究的内容与预期目标、研究思路与方案，等等。

第一章，共生进化：理论基础及其应用。为了深入阐述“农业转移人口与市民共同发展与共生进化”的基本思想，进而解决“如何实现农业转移人口市民化问题的‘共生’治理”问题，有必要对共生理论及其应用价值予以阐述。本章主要阐述共生理论及其主要内容、社会共生理论及其主要观点、理论假设及共生分析框架。

第二章，市民化政策的发展演变与范式变迁。本章运用政策文本分析方法，对新中国建国以来特别是改革开放以来国家农民工政策进行了全面梳理，根据不同时期政策的特点，对农民工政策的发展阶段做了粗略区分。在此基础上，重点对农民工政策的价值取向与范式转移进行分析，并分析预测我国农民市民化政策的发展趋势。

第三章，农业转移人口与市民的共生关系。本章运用相关农民工调查数据，首先从经济共生、社会共生、文化与心理共生三个层面，对农民工与市民的共生现状进行统计描述。其次，在此基础上，建立了农民工与市民共生的测量指标体系，并运用该指标体系，从政治权利、基本公共服务、经济生活与生活观念四个方面对农民工与市民的共生指数进行测量，并得出农民工与市民之间的共生关系是一种非对称性互惠共生关系的总体结论以及其他若干推论。

第四章，农业转移人口与市民的共生制约因素。本章的基本结论是：若干共生因素，既造成了农业转移人口与市民的非对称性互惠共生关系现状，又进一步制约这种非对称性互惠共生关系向对称性互惠共生关系进化。进一步地，运用共生理论的相关原理、分析方法，探讨了农业转移人口与市民的共生关系。

第五章，农业转移人口市民化的共生治理。本章遵循共生价值导向，围绕“改善农业转移人口共生弱势地位，促进其与市民共同发展与共生进化”目标，针对家庭、社区、制度、城市管理、性别歧视等共生制约因素，构建治理农业转移人口市民化问题的总体思路、基本策略，在此基础上设计推进农业转移人口市民化的可行性操作方案，并提出相关政策建议。

结语，共生的理想与智慧——研究结论与展望。本部分指出，农业转移人口与市民的共生进化是一种理想，为了实现这种理想，需要运用高超的智慧推动制度变革与创新。为了使理论更好地服务实践，学界应深化农业转移人口市民化相关问题的创新研究。

第二部分，附录。主要包括改革开放前有关政策文件、调查问卷与数据。

作为一个源自生物学领域同时又在社会科学领域经常运用的理论，共生理论及其分析工具的运用，既给本研究注入了不少特色元素，又使本研究面临着极大的挑战。所谓特色，首先，运用共生理论工具分析农业转移人口市民化问题无疑是独特且新颖的。就笔者掌握的资料来看，尽管共生理论在社会科学领域多有使用，但主要是用来研究企业共生、资本共生、金融共生、城乡共生、都市共生等社会共生现象，尚没有学者将共生理论直接运用于“人与人”之间的共生关系研究，更没有人运用于研究农业转移人口与市民的关系。其次，共生理论的运用，也使本书具有独特的研究视角。用共生来分析、解决农业转移人口市民化问题，是本书的整体视角。再次，共生理论的运用，还使本书在研究观点上具有新颖性。比如，本书认为：农业转移人口市民化问题本质上就是农业转移人口与市民的共生及共生进化的问题；治理农业转移人口市民化问题就是治理农业转移人口与市民的共生关系，亦即农业转移人口市民化的共生治理，等等。

此外，选题时代感强，研究视野开阔、前瞻性强也不失为本书特色之处。本书着眼长远、综观全局，认为推进农业转移人口市民化应从个体、家庭、社区与社会的多个层面出发予以系统权衡、全面规划。单纯从个体或者抽象化的社会角度出发，并不能彻底解决农民市民化问题，唯有从家庭角度出发，才能为农民市民化奠定基础。无论是现有进城农民工的市民化，还是未来增量进城农民的市民化，家庭才是突破口，家庭的地位与意义重大。当然，作为一种尝试，将共生理论运用于本研究也存在风险，比如分析问题不够深入或顾此失彼，论证不严谨，说服力不强，甚至可能生搬硬套原理，这些都可能致使本研究的实际效果与预期目标相左，甚至南辕北辙，这正是本研究运用共生理论可能存在的挑战。

绪　论

半个世纪前，法国著名农村社会学家 H. 蒙德拉斯以欧洲乡村社会变迁与乡村现代化为背景和依据，高屋建瓴地指出：“一二十亿农民站在工业文明的入口处：这就是在 20 世纪下半叶当今世界向社会科学提出的主要问题。”① 蒙德拉斯大胆预言“农民将会‘终结’”，并且提出了一个发人深思又令人浮想联翩的问题：没有农民的世界将会是什么样的世界呢？20 年后，蒙德拉斯的预言在以欧洲大陆为主的西方世界得到了证实，如今也即将成为以中国为主的发展中世界的现实。在中国，与欧洲农民终结的实践相似，作为农民共同体的村落也正在经历着相似的命运。国内著名社会学家李培林的研究得出了类似的结论：村落的终结——“它们悄悄地逝去，没有挽歌、没有诔文、没有祭礼，甚至没有告别和送别，有的只是在它们的废墟上新建的文明的奠基、落成仪式和伴随的欢呼。”②

如今，站在中国“新四化”的战略基点之上，中国踏上了人类最后阶段的大迁徙之路。农民“终结”的世界看起来是那么的触手可及，村落“终结”的社会已近在咫尺，我们都被这一人数占据“站在工业文明世界入口处”的农民群体四成还多的宏伟壮观的乡城运动所鼓舞，以至于来不及去设想“没有农民的世界”，也来不及去回味村落的数千年古老文明。我们更加急切地想知道：如果农民真的可以终结，那么农民是怎样终结的呢？或者更加直接明了一些，如果农民延续了上千年的传统乡

① ［法］H. 蒙德拉斯：《农民的终结》，李陪林译，中国社会科学文献出版社 1991 年版，第 1 页。

② 李陪林：《村落的终结：羊城村的故事》，商务印书馆 2010 年版，第 1 页。

村生活可以终结，那么他们崭新的现代文明生活又从哪里开始呢？如果村落终结了，农民又何去何从呢？所有的问题都指向一个共同的对象：城市与城市化。毋庸置疑，上述问题的理论诠释是，如若农民及其赖以生存的村落共同体都将终结，那么取代他们的无疑是“市民”及其城市共同体。那么，如何使已经或即将“终结”农民身份的农村人口彻底转变为“市民”，享受先进城市文明并融入到现代城市社会？有序推进农业转移人口市民化，正是这一重大理论问题的实践逻辑。

一　选题背景与研究意义

（一）研究缘起

1. 实现民族复兴的“中国梦”：贯穿新世纪的主题

“实现中华民族伟大复兴，就是中华民族近代以来最伟大的梦想。”① 一个半多世纪以来，我们一直在为实现这个最伟大的梦想而奋斗，并且成功探索出了一条中国特色社会主义的圆梦之路。不仅如此，实现这个最伟大的梦想仍将贯穿整个21世纪，成为时代的主旋律，激励着14亿人为之贡献自己的智慧与才华，为之付出巨大且持久的努力。中国梦是国家的梦、民族的梦，也是每一个中国人的梦。“中国梦”的本质是实现国家富强、民族复兴、人民幸福、社会和谐。国家、民族、人民、社会四个方面有着天然的内在联系，一方面国强是民族兴旺、人民幸福的基本保障。中华民族近代以来的历史证明，国家不富强，就难以摆脱落后挨打、遭受列强欺凌的命运，民族复兴就是一句空话，人民幸福和社会和谐也就失去了最基本的安全基础。另一方面，民富是国强的内在动力。人民不富裕，必然遭受饥饿、疾病、犯罪的困扰，也就无幸福感可言，而社会亦会处于动荡不安之中，民族复兴就不算完成，国家即便富强也难以长久。

“人民幸福”是“中国梦”的重要时代特征之一。实现民族伟大复兴的“中国梦”的根本目的，就是要实现好、维护好、发展好最广大人民

① 习近平：《继续朝着中华民族伟大复兴目标奋勇前进——在参观〈复兴之路〉展览时的讲话》，《思想政治工作研究》2013年第1期。

群众的根本利益，并进而提升全社会的幸福指数，提高“社会和谐”的水平。但是，不容否认的是，我们离“梦想”还有差距，甚至在某些方面这个差距巨大：我们还没有建成小康社会，贫富差距、城乡差距还比较大，社会中种种不和谐的因素依然存在甚至在某些领域某些方面还存在矛盾进一步激化和扩大的趋势。有极少一部分人仍然在饥饿、疾病中挣扎，他们连基本的生存需求都没有得到保障，因此根本没有幸福感可言，有的只是对社会的不满与怨恨情绪；相当多农村人口正期盼着“更好的教育、更稳定的工作、更满意的收入、更可靠的社会保障、更高水平的医疗卫生服务、更舒适的居住条件、更优美的环境，期盼孩子们能成长得更好、工作得更好、生活得更好。”而对于像农村妇女、残疾人群、孤寡老人等很多弱势群体而言，幸福更是一件遥不可及的奢侈品；对于进城务工群体而言，完全的城镇融入与市民化正是他们追逐的伟大梦想。

2. 提升城镇化质量：从规模扩张到以人为中心

国家权威机构的统计数据显示，截至2012年，我国城镇人口为7.11亿，占总人口比重为52.6%。[①] 这也意味着我国的城镇化率由改革开放前（1978年）的17.92%提升到了52.6%，城镇空间与规模扩大了近3倍，城镇化率以年均1%的速度增长。学界对于我国的城镇化速度褒贬不一，但是就我国的实际城镇化水平而言，学者的观点是基本一致的。学界普遍认为，中国的城镇化有很大的水分，是“半拉子”城镇化，其中有一部分人是“被城镇化”、“伪城镇化”的。其依据是统计部门将在城镇居住半年以上的农民工，也纳入了城镇常住人口的计算范围，这部分人口达2.62亿之多，如果按城镇户籍人口算，中国的城镇化率仅为36%左右。客观地评价，如果流动人口不拥有城镇户籍，但在城镇居住半年以上且能享受与城镇居民同等的待遇，是可以纳入城镇化率范畴的。这样做的好处是可以使人们淡化户籍身份，也可以消除户籍改革的阻力。但事实恰恰相反，流动人口正是因为农业户籍而不能平等享受市民待遇，因此将这部分人口纳入城镇化率，是不恰当的。

① 国家统计局：《中华人民共和国2012年国民经济和社会发展统计公报》，国家统计局网，http：//www.stats.gov.cn/tjsj/tjgb/ndtjgb/qgndtjgb/201302/t20130221_30027.html。

更为关键的问题是，与城镇数量、空间规模扩张速度相比较，人的城镇化问题显得尤为滞后。传统发展战略虽然强调城镇化要与城镇的容纳、承载能力相适应，以免出现与西方城市化过程中类似的“城市病”，但是从改革开放以来我国的城镇化实践来看，我国城镇化过程中出现了一种与发展战略相左的情况，即城镇容纳与承载能力过剩。这种过剩并不是绝对过剩，而是相对过剩，即城镇建设得很阔气很漂亮甚至特有“现代感”，到处都是高楼大厦，到处是宽阔的马路和广场，到处是休憩娱乐的公园与游乐场，但是人烟稀少、常住人口不足，致使城镇住房、基础设施等大量闲置，像媒体报道的“鬼城”、“空城”鄂尔多斯并不只是特例，它仅仅是代表而已。另一方面，在既有城市常住人口中，农村进城务工人口占据三分之一强的比例，但这个庞大的群体既没有在城镇扎根并完成市民化转型，也并不能像真正意义上的市民一样生活与工作，享受城市先进的社会服务体系与城市文明，他们中的大多数仍然只是在城镇居住了较长时间的“过客”。总之，我国的城市化质量仍然亟待提升，而提升城镇化质量的关键是要实现从物的城镇化、空间规模与数量的城镇化到人的城镇化的根本转变。

党的十八大明确指出，要“坚持走中国特色新型工业化、信息化、城镇化、农业现代化道路，推动信息化和工业化深度融合、工业化和城镇化良性互动、城镇化和农业现代化相互协调，促进工业化、信息化、城镇化、农业现代化同步发展。”中央经济工作会议也明确要求，要“积极稳妥推进城镇化，着力提高城镇化质量，构建科学合理的城市格局。”那么，新型城镇化新在哪里？新型城镇化的本质是什么？我们认为，新型城镇化应该是注重内涵提升而不是外延扩张的城镇化。站在这样的认识基点上，理解新型城镇化之“新”就是要由过去片面注重追求城市规模扩大、空间扩张，转变为以提升城市的文化、公共服务等内涵为中心，真正使城镇成为具有较高品质和先进城市文明的适宜人居场所。城镇化的本质是农村人口转移到城镇，完成农民到市民的转变。也正是在这样的指导思想下，我国的新一轮城镇化建设应强调以人为本，以“有序推进农业转移人口市民化”为基本原则，以加速解决农民工群体城镇融入和市民化为当前重任，以改革户籍制度及与之密切相关的福利分配体制为切入点和突破口。要切实抓住农民工市民化这个关键点，积极转变政策思维，调整和出台一系列新政策，消除农民工市民化的障碍，为农民工市民化创造有利的制度与政策环境。也正是在这样的背景下，如何帮助和支持进城务工群体实现完全的市民化与城镇融入就成为摆在我们面前的紧迫问题。

3. 加强社会建设：以保障和改善民生为重点

自党的十七大之后，民生问题成为党和政府高度关注的问题，也成为社会各界讨论的焦点。党的十八大更是在“五有”施政目标的基础上，对保障和改善民生提出了更高的要求。党的十八大不仅做出了“经济建设、政治建设、文化建设、社会建设、生态文明建设”五位一体的战略性总体布局，提出了“在改善民生与创新社会管理中加强社会建设”的总方向，而且进一步规定了“加强社会建设，必须以保障和改善民生为重点”的总要求，明确指出了“要多谋民生之利，多解民生之忧，解决好人民最关心最直接最现实的利益问题，在学有所教、劳有所得、病有所医、老有所养、住有所居上持续取得新进展，努力让人民过上更好生活”的战略目标。民生工程不仅直接关系到人民幸福感的强弱，关系到社会和谐的程度，而且也直接关系到“美丽中国”建设的成败，关系到实现“中国梦”的进程、关系到社会良性运行与现代性秩序建构。对于广大农民工群体而言，民生工程直接影响到他们融入城镇实现市民化转型的数量与质量，是决定他们的“城市梦”能否实现的关键因素。

从最基本的获得就业岗位、劳动合同签订到获得各种公共服务，从最基本的工资保障到工作环境、生活条件改善，涉及农民工群体的“学、劳、病、老、住”等民生问题都是当前城镇化进程中面临的突出社会问题。相关部门公布的数据显示，截至 2011 年，在上述五项民生工程中，农民工社会保险参保率不足 15%，城镇自有住房拥有率仅为 0.7%，平均月工资收入仅为 2049 元，另有 0.8% 的人被雇主或单位拖欠工资。与此形成鲜明对照的是，有近 85% 的农民工平均每周工作 44 小时以上。在农村进城务工人员群体中，由于社会性别歧视等因素的影响，女性群体在某些方面的处境甚至更艰难。比如，同一份官方数据显示，雇主或单位为农民工缴纳养老保险、工伤保险、医疗保险、失业保险和生育保险的比例分别为13.9%、23.6%、16.7%、8%和5.6%[①]，其中生育保险比例最低。另外，在城镇就业过程中，农村进城务工女性遭受的歧视或排斥整体上比男性更严重，这已经是人们普遍认可的事实。这些足以说明，与男性相比，进城务工女性城镇融入过程中承担着额外的融入成本，即因性别歧视或性别排斥所付出的代价。可见，对于现有农业转移人口或农民工群体而言，消除社会建设与改善民生过程中的性别差异，同样是摆在我们面前的重要任务。

（二）研究意义

我国在新时代即将拉开的以人为中心的新型城镇化大幕背后，是6.42亿农业转移增量人口与2.6亿农业转移存量人口（即农民工）。早在2000年，美国芝加哥大学经济学家D. 盖尔·约翰逊曾经指出，中国面临繁重的农村和农业劳动力调整任务，如果让农民分享到经济增长和快速的人均收入上升的好处，在未来的30年里农业劳动力的队伍就必须减少大约三分之二，即到2030年，中国的劳动力应该只有10%从事农业生产。[②] 比照国家统计局的数据，2012年我国经济活动人口为7.89亿，如果从事农业生产的劳动力减少到10%，那么从事农业生产的劳动力人口应为0.8亿。2012年我国实际从事农业生产的就业人口为2.58亿。[③] 在不考虑人口增长因素的条件下，2030年我国将新增至少1.78亿农业转移劳动力。如果把农业转移劳动力的家属也包括在内，那么，到2030年我国需要市民化的人口将突破5亿。随着我国经济社会发展与城市化进程的推进，将有大量农业人口登上“圆梦城市”的大舞台，成为中国最后阶段大迁徙这出时代剧的主角。他们将完成从“乡”到“城”、从“农民”到“市民”的彻底转变，享受中国现代化的成果与向往已久的城市文明。因此，如何推进农业转移人口市民化，既是一个重大的理论问题，

① 国家统计局：《2012年全国农民工监测调查报告》，国家统计局网，http：//www.stats.gov.cn/tjsj/zxfb/201305/t20130527_12978.html。

② D. 盖尔·约翰逊：《经济发展中的农业、农村、农民问题〈中译本序言〉》，林毅夫、赵耀辉编译，商务印书馆2004年版。

③ 2012年，我国经济活动人口为78894万人，就业人口为76704万人，其中第一、二、三产业就业人口数分别为25773、23241、27690万人。数据来源：《中国统计年鉴2013年》，国家统计局网，http：//www.stats.gov.cn/tjsj/ndsj/2013/indexch.html。

又是一个十分紧迫的现实课题。农业转移人口市民化问题研究，无疑具有重大的理论意义与时代价值。

第一，开展农业转移人口市民化问题研究，是践行党的“科学发展观”思想、“以人为本”新型城镇化战略、“有序推进农业转移人口市民化”方针政策的现实需要。

党的十七大明确把科学发展观作为党领导我国改革开放和现代化建设，推进社会主义各项事业的根本指导思想，并确立了统筹城乡发展的基本要求。在此基础上，党的十八大适时提出了新型城镇化战略，加强了推进农业转移人口市民化的顶层设计。作为统筹城乡发展的重要战略举措，新型城镇化与农业转移人口市民化二者相辅相成、密不可分。由于新型城镇化之“新”关键在于“以人为中心”，因此，新型城镇化的最终指向还是农民城镇化特别是农业转移人口市民化的问题。为了加速实现党的战略决策目标，探索一条适合中国国情的市民化道路就成为各级政府、研究机构、专家学者等社会各界共同面临的急迫任务。作为对我国如何推进农业转移人口市民化这一社会热点现实问题的回应，本研究不仅可以从理论上深化对农业转移人口及其市民化重要地位的认识，为我国推进农业转移人口市民化的政策理念、制度安排与政策选择做出理论诠释，而且可以为建立符合我国国情的农业转移人口市民化模式开展理论探索，并提供政策建议与可操作性方案。

第二，开展农业转移人口市民化问题研究，有助于预防社会问题，消解社会矛盾，促进社会主义和谐社会的构建。

人与人之间的和谐是社会和谐的最核心组成部分，而人又是社会问题与社会矛盾得以产生的终极根源。从某种意义上说，社会问题或社会矛盾的产生速度与频率是与社会和谐的程度呈负相关关系的。因此，促进人与人之间的和谐共生，是预防社会问题，消解社会矛盾，最终实现社会和谐的根本出路。在农业转移人口乡城迁移过程中，诸如农民工权益保障、农民工家庭离散、农民工子女教育与老人照料、农民工遭遇的城市社会排斥等等，都是诱发社会问题，导致社会矛盾冲突的源头。这些问题，从根本上而言，都是农业转移人口在经历“农民—市民”的进化阶段所产生的，其本质是身份问题，即市民化问题。本研究主要运用社会共生理论，从人类社会多重共生进化的视角开展农业转移人口市民化问题的理论探索与实证分析，有助于在我国社会建设中引入共生理念，进一步牢固社会和谐发展的基础，化解伴随市民化进程的若干社会问题，促进社会主义和谐社会建设。

第三，开展农业转移人口市民化问题研究，有助于深化对“三农”问题的理性认识，拓宽理论研究视野，丰富相关理论体系。

“三农”问题历来是党和政府工作中的重要问题，也是困扰我国经济社会发展的难题。改革开放以来，党和政府不断调整和完善“三农”政策，但是总体而言政策实践效果与政策目标预期之间仍然存在差距。公共政策依然极大地偏向城镇，由此导致的公共资源配置依然更有利于城镇发展；城乡二元结构依然存在甚至在某些方面有进一步固化的趋势，城乡之间的不平等依然存在甚至有恶化的趋势。“三农”问题是影响我国经济社会可持续发展的重要问题，无论是城镇化、工业化、还是信息化，都离不开党和政府对“三农”问题的妥善处理和安排。正因为“三农”问题在中国经济增长与可持续健康发展中具有如此重要的战略地位，所以“三农”问题一直是社会科学关注的热门课题，经济学、社会学、政治学、人类学等众多学科学者进行了卓有成效的理论研究，并且几乎形成了“三农”问题研究的“农业”、“农村”、“农民”三足鼎立之势。学界对于市民化问题的研究，主要是采用“农民工”或流动人口的研究范式，农业转移人口研究范式的出现则是新近的事情。本研究采用农业转移人口的研究范式，引入人类社会多重共生进化的理论视角，对农业转移人口市民化的政策文本与政策范式、农业转移人口市民化的实践困境与路径选择等开展研究，有助于进一步拓展农民市民化问题研究范式、研究视角。而运用社会共生理论的范畴、工具体系、基本逻辑框架和分析方法对农业转移人口市民化问题开展研究，无疑是研究方法与理论工具创新的有益尝试，在某种程度上能够丰富现有理论体系。

二　国内外研究现状述评

（一）国外相关理论研究状况

农村人口向城镇转移，是世界各国从传统农业社会向现代工业社会转变过程中所面临的共性问题。由于世界上绝大多数国家都不存在城乡二元经济社会制度结构，公民享有完全的自由迁徙权利，也不存在就业、定居、享受基本公共服务等方面的限制和农民与市民之间身份、地位的二元分割问题。因此，国外学者对农业转移人口的相关研究与我国的农民工市民化研究不同，其研究的焦点是与城市化密切相关的人口迁移（人口流动）、移民（融入）问题，并产生了较多具有代表性的经典理论。威廉·配第（W. Petty）是西方早期人口迁移理论研究的奠基人，他在《政治算术》中提出了比较利益的存在是促使社会劳动力由农业部门向工业部门和商业部门流动的原因的思想。

19 世纪末，西方国家对农业劳动力流动与城市化的研究范围进一步拓展。埃内斯特·乔治·莱文斯坦（E. G. Ravenstein）发表《移民的规律》（The Laws of Migration）一文，提出了移民的 11 条规律。他认为，人口迁移以经济动机为主，人们追求生产和生活条件的改善促使人们发生迁移。A. F. 韦伯（A. F. Weber）的著作《19 世纪的城市发展——一项统计研究》，对 19 世纪世界各主要国家农村人口向城市流动及其城市化状况进行了详细论述。1926 年，A. 雷德福德（A. Redford）出版《英格兰的劳工流动：1800 年—1850 年》一书，详细描述了英国农村劳动力的流动原因、流动方式与国内外移民情况，成为早期人口流动和城市化研究的经典著作之一。“二战”以后，欧美各国出现人口流动和城市化研究的热潮，很多学者从经济学、政治学、人口学、统计学、社会心理学、历史地理学等学科角度对人口转移的相关问题进行了系统研究，研究的对象包括农村人口转移的动力机制、发展过程、历史作用、社会结构变动、社会网络重构、社会制度建设等方面。

总体而言，西方人口迁移研究大约经历了传统的经典人口迁移理论和现代人口迁移理论两个阶段。传统人口迁移理论以“二战”为界限分为两个阶段，“二战”前西方学者主要侧重于人口迁移的一般规律的研究，研究多以经验观察为基础，缺少科学的假设和经验。“二战”后，随着人类实践与经济学科学的发展，西方学者对人口迁移问题开展了更多的实证研究，理论进一步模型化。西方传统人口迁移理论研究中形成的经典理论成果主要是“推—拉”理论与“二元经济结构”理论。

一是“推—拉”理论。赫伯尔（R. Herberle）在莱文斯坦的研究成果基础上，提出了“推—拉”理论。赫伯尔认为，迁移是由一系列力量引起的，这些力量包括促使一个人离开某个地方的“推力”与吸引他到某个地方的“拉力”。唐纳德·博格（Donald J. Bogue）进一步发展了推拉理论，他在《国内迁移》一书中全面地列举了12个方面的推力因素和6个方面的拉力因素。

二是“二元经济结构”理论。阿瑟·刘易斯（W. A. Lewis）于1954年发表题为《无限劳动力供给的经济发展》一文，提出了“利用无穷劳动力资源来促进经济发展”模型，又称为“二元经济结构”模型（dual-sector-model）。该理论认为，发展中国家存在“二元经济”或两个部门现象，即一个以传统方式进行生产、劳动生产率低下、收入微薄的乡村农业部门，另一个是以现代生产方式进行生产、劳动生产率高、收入高的城市工业部门。也就是说，发展中国家国民经济部门是一种现代化工业部门和传统农业部门并存的结构形态。两类部门不仅各自有其独立特点，而且它们之间有着一种重要关联，即工业部门的发展经常会从边际效益为零、劳动力无限供给的传统农业部门源源不断地获取它所需要的劳动力资源。工业部门发展投资与其所吸收的劳动力数量呈现出较为显著的正相关关系，这两个部门关系运动的结果甚至产生强化反馈效应，直至把农村劳动力全部吸收。

刘氏“二元经济机构”模型首次从宏观的层面科学论证了劳动力转移的动力与过程，强调农民的流动决策纯粹是基于由城乡差距所引起的经济利益差异的考虑。但是，二元经济结构模型也有明显的缺陷，首先，刘易斯模型的无限劳动力供给假设并不是无懈可击的；其次，刘易斯模型只强调现代工业部门的发展而忽视了两个部门之间的协调发展及其重要性。费景汉（John C. H. Fei）与拉尼斯（G. Rains）对刘易斯模型进行了修正，提出了三阶段模型即“刘易斯—拉尼斯—费景汉”模型（Lewis-Fei-Rain Model）。该理论认为，发展中国家二元经济结构转变与农业人口向城市的转移需经过三个阶段，首先是农村劳动力边际生产率为零的无限供给阶段；其次是农村劳动力边际生产率为正、固定工资率开始提高的阶段；最后是农村劳动力边际生产率和固定工资率相当，农业与工业开始争夺劳动力。该模型强调了农业劳动生产率的重要性，认为只有提高农业劳动生产率，才能将一部分剩余农产品提供给转移出来的劳动力消费，从而描述了从传统农业为主的经济向现代工业部门经济过渡的整个过程。

国外学者关于人口迁移研究的经典理论成果还包括：新古典主义经济学理论（新古典迁移模型）（Neoclassical Economics），代表人物有拉里·萨斯塔（Larry. Sjaastad）、迈克尔·托达罗（Michael P. Todaro）。新经济移民理论（New Economics of Migration），即新迁移经济学派，代表人物有奥迪·斯塔克（Oded. Stark）、爱德华·泰勒（J. Edward Taylor）。劳动力市场分割理论，又称为双重劳动力市场理论（the Dual Labormarket Theory），由迈克尔·皮奥雷（Michael Piore）于1979年提出，主要代表人物有罗伯特·巴赫（Robert Bach）、艾勒占德罗·波特斯（Alejandro Portes）。此外，还有移民网络理论（Migration Network Theory）、移民系统理论（the Migration Systems Theory）、世界体系理论（World Systems Theory），等等。总之，国外学者关于人口迁移的相关理论研究成果十分丰富，而且较为系统、全面和深刻。虽然西方国家工业化、城市化与现代化的特点、进程及其遇到的实际问题具有特殊性，与我国的国情也存在较大的差异，但是毋庸置疑，这些理论成就为国内学者开展城镇化、工业化、市民化及相关理论问题研究提供了丰富的理论源泉，也是本研究的重要理论基础。

（二）国内相关理论研究述评

如同国外工业化、现代化的历程与经典劳动力迁移理论所揭示的那样，我国在工业化、城市化与农村现代化进程中同样出现了大规模的农业剩余劳动力城乡迁移问题。所不同的是，大多数欧美国家工业化与城市化几乎是同步完成的，在城市化过程中农村人口较为直接地转化成了城市人口。然而，我国的农民转化为市民走了一条独特的“中国路径”①，即“农民—农民工—市民”的分阶段推进。我国现代化进程中的双重

① 有学者认为，中国城乡劳动力迁移呈现出独特的“中国路径”，即劳动力迁移被分割为“农民到农民工的转变”与“农民工到市民的转变”两个子过程，并主张用“农民非农化理论+农民工市民化理论”的“两步转移理论”取代传统的“农村人口城市化”或“农民市民化”的“一步转移理论”。参见刘传江、程建林等《中国第二代农民工研究》，山东人民出版社2009年版，第16—20页。

“滞后”特性，即城市化滞后于工业化进程、市民化滞后于城市化进程，正是农民工现象成为我国城市化、工业化进程中的独特现象的重要原因。因此，自20世纪80年代初期农民工概念①产生以来，农民工群体就成为我国社会科学界研究的重要对象，社会流动、社会地位与社会分层，就业与劳动权益维护，农民工社会资本、社会关系与社会网络，自我认同、社会适应与城市融入以及社会保障、政治权利等若干与“农民工”相关的问题则成为农民工问题研究的热点领域，极大地激发了学者的研究热情与兴趣。

农民工问题吸引了经济学、社会学、人口学、政治学、心理学、人类学、法学、统计学等众多学科的深度关注，成为社会科学研究的主流话语，并且产生了丰硕的理论成果。以学术论文为例，中国学术期刊网检索系统显示，自2000年以来，关于农民工问题的研究热潮持续升温，截至2013年，学术论文总量达到了近6万篇（图绪-1）。需要指出的是，尽管这些以农民工权利、利益与需求为主题的研究成果都和市民化密切相关，但是并非真正意义的市民化研究。与农民工研究相比，学界关于“市民化问题”的研究非常少（图绪-2），而且在相当长时间里研究的主要对象是“农民工市民化”。直到2010年中央一号文件发布特别是党的十八大明确提出“有序推进农业转移人口市民化”方针之后，学界关于市民化的主流话语才由“农民工”（少数研究对象为农民）转向“农业转移人口”。进一步在“市民化”主题检索结果中以“农业转移人口市民化”为主题进行“结果中检索”。结果显示，仅2013年就有125篇以农业转移人口市民化为主题的相关论文。如图绪-2所示，2013年

① 关于农民工概念的来源问题，有学者认为是中国社科院小城镇研究课题组于1983年首次提出“农民工”这个概念（参见马智宏《对农民工概念的商榷与扬弃》，《企业文明》2012年第8期）。有学者认为是由社会学家张玉林于1983年首先提出（参见南文化《一个尴尬范畴的批判：基于农民工概念研究的内涵和语境》，《江苏科技大学学报》（社会科学版）2013年第3期。薛翔《企业内农民工工作满意度影响因素分析——基于湖南、黑龙江、浙江三省的实证研究》，《科技和产业》2007年第2期）。还有学者认为，“农民工”概念最早来源于1984年《社会学通讯》（参见冯奎《中国城镇化转型研究》，中国发展出版社2013年版）。笔者通过CNKI检索发现，农民工概念出现的时间更早，《计划经济研究》杂志1982年第1期刊登的庄启东、张晓川等人的调研报告题目中，就已使用“农民工”一词（参见庄启东等《关于贵州省盘江、水城矿务局使用农民工的调研报告》，《计划经济研究》1982年第1期）。

市民化研究学术论文总量显著上升，这一变化应是学界理论研究话语转型的重要体现。

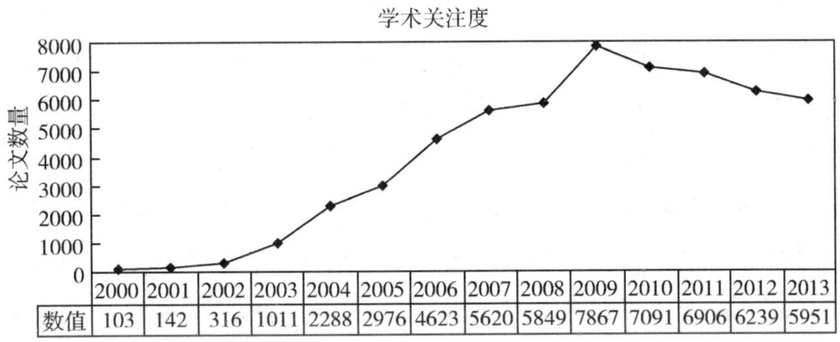

图绪 -1 “农民工问题”研究学术关注度

资料来源：CNKI 检索；主题词：“农民工”；来源类别：全部期刊；时间：2000—2013 年；匹配度：精确；显示结果数：57995。

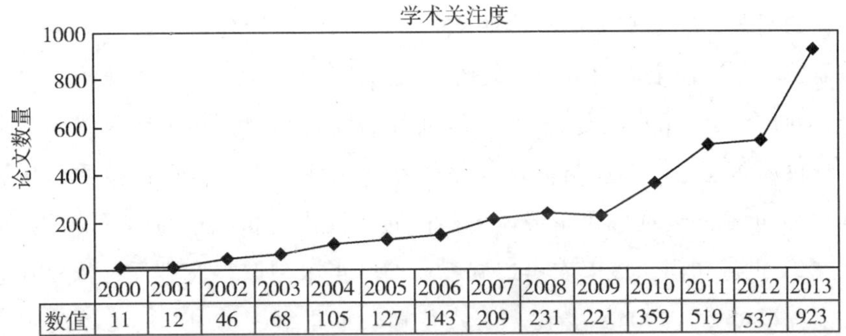

图绪 -2 “市民化问题”研究学术关注度

资料来源：CNKI 检索；主题词：市民化；来源类别：全部期刊；时间：2000—2013 年；匹配度：精确；显示结果数：3557。

农民工群体是农业转移存量人口，农民工市民化是农业转移人口市民化的重要组成部分。关于农民工问题的一般性理论研究虽然没有明确的市民化研究意图，但很多都与市民化问题密切相关。因此，农民工问题研究既是农业转移人口市民化研究的核心内容，又是农业转移人口市民化研究的重要基础。鉴于此，笔者主要从两个方面对相关研究文献做简要述评。

1. 农民工研究

（1）农民工的需求、权利与维权

随着改革开放以来规模不断增加的农业剩余劳动力加入乡城迁移大潮，农民工在城市的生存状态与发展需求问题亦不断突显出来。农民工在城市遭受就业歧视、劳动权益得不到保障、生存状况恶劣、长远发展更是无从谈起。农民工群体遭遇的种种问题，成为影响社会公平正义与社会和谐的现实障碍。农民工的生存与发展需求、基本经济政治权利及其合法权益的维护，就成为备受关注的重要理论与现实课题，引起了众多学者的关注。张跃进在《中国农民工问题解读》（光明日报出版社2007年版）一书中，将农民工的需求归纳为十一大类，即基本生活需求、性的需求、基本安全需求、生活保障需求、民主政治权利需求、子女受教育需求、文化娱乐需求、归属需求、宗教信仰需求、尊重需求、自我实现与自我发展需求。在此基础上，他具体探讨了上述农民工需求及其存在的问题，并逐一提出了满足农民工需求的对策建议。该书是对农民工需求问题进行全面归纳与系统研究的典范。

刘传江（2009）则从农民工所面临的问题角度，指出在农民工的需求与权利体系中，就业与劳动权益得不到保障、子女在城市接受教育困难是21世纪初之前农民工群体中存在的比较普遍和严重的问题。这些问题在21世纪初国家关于农民进城就业的政策限制取得突破后，依然比较突出。崔传义（2004）指出，工资待遇长期徘徊，工时长、劳动环境恶劣，职业病、工伤事故时有发生，威胁农民工身心健康与人身安全，缺乏基本的社会保障等问题，是农民工劳动权益保障存在的突出问题。简新华、黄锟（2008）认为，农民工工资虽然提高幅度大，但工资水平依然大大低于全国平均水平，工资拖欠问题虽有缓解，但一些行业和地区工资拖欠问题依然严峻；农民工超时加班现象严重，大部分无法享受法定休息日；农民工的社会满意度比较低，等等。

苏昕（2012）从公民权的角度，对作为城市新移民的农民工群体权利现状进行了分析，认为当前我国城市新移民所应拥有的市民权利、政治权利、社会权利都处于缺失状态。国家计划和卫生委员会（2013）指出，流动人口正在经历代际更替，其中新生代流动人口数量已超过流动人口的半数，而新生代流动人口也正在经历着由生存型向发展型的转变，但新生代流动人口的生存发展仍然面临着诸多突出问题，包括流动人口基本未被纳入城市住房保障体系，流动人口家庭和迁移成本与风险增加，流动儿童平等接受教育还存在困难，新生代流动人口健康问题被忽视，流动人口社会参与和政治参与渠道狭窄。潘家华与魏后凯（2013）的研究更是从“幸福社会”的高度指出，多数流动人口未在流入地获得更高的幸福感。

（2）农民工基本公共服务体系

韩长赋在《中国农民工的发展和终结》一书中指出，在我国城乡二元结构之外，存在着农民工这个“第三元”经济社会结构，它是我国经济社会转型期沟通、消除原有二元结构必不可少的桥梁与纽带。中国农民转移的主要途径是农民工这个渠道，是中国现代化过程中无法回避且必须认真解决好的问题。据此“第三元”理论，韩长赋进一步提出构建具有中国特色的农民工社会支持体系，包括城乡统一的就业服务体系、城市公共服务体系、农民工合法权益保障体系、适合城市化需要的农民工户籍管理体系与社会保障体系。

迟福林（2008，2009）认为，统筹城乡发展的关键是推进城乡基本公共服务均等化，城乡基本公共服务均等化在某种意义上决定了城乡能否统筹发展，而农民工群体则是城乡基本公共服务失衡或非均等化的集中体现。为农民工提供必要的基本公共服务，是推进城乡基本公共服务均等化的焦点问题，必须在全国范围内统一政策，加快解决农民工的基本公共服务体系建设问题。张秀中（2012）以广东省为例，全面分析了当前我国农民工基本公共服务体系建设中存在的问题及其成因，对构建转型期农民工基本公共服务体系的重大意义、可行性问题进行了深入研究，并进一步阐述了构建转型期农民工基本公共服务体系的基本原则、总体目标、路径设计和政策举措。

李梅香（2011）构建了一个新生代农民工基本公共服务均等化水平评估指标体系，包括就业公共服务、社会保障、子女义务教育、公共卫生和基本医疗服务四个一级指标与十二个二级指标。运用该评估指标体系对新生代农民工基本公共服务水平进行评估，研究结果表明，新生代农民工基本公共服务均等化总体水平偏低，综合指数为41.73，各项单项指标除基本医疗卫生指数之外，均在50以下，最低的为27.73。丛志杰与吴松阳（2012）进行的样本研究得出了类似的结论，她们认为，由于受城乡二元体制、社会身份的认同危机、社会多元价值观的冲突、相关政策执行不畅等因素的影响，新生代农民工基本公共服务水平在质与量上均和城市市民存在差距。

于建嵘（2008）指出，以基本公共服务均等化行动框架解决农民工问题，需要政府采取有效措施转变职能、检讨现行户籍登记和管理制度、建立有利于农村剩余劳动力转移的制度规则，切实保障农民享受平等就业和选择职业、取得劳动报酬、休息休假、劳动安全保护、职业技能培训、社会保险和福利、土地承包、子女教育、提请劳动争议处理、集体谈判等众多权利。谭彦红（2009）认为，地方本位主义、法律制度不健全是造成农民工基本公共服务供给不足的基本原因，因此要从户籍制度改革、政府治理理念转变、法制建设等多方面出发，切实解决农民工公共服务的难题。

（3）农民工的社会认同、社会适应与城市融入

学界关于农民工城市融入问题的研究最早可以追溯到田凯（1995）关于农民工城市适应的相关研究，而王春光（2001）则较早地研究了新生代农村流动人口的社会认同与城市融入问题。如今，学界借鉴国外社会学研究成果，运用多种理论、多元化视角对农民工城市认同、社会适应与城市融入问题进行了富有探索性的研究，产生了丰富的理论成果。总体而言，学者所持的研究视角包括城乡二元结构视角、再社会化视角、内局群体与外局群体视角、污名化与标签视角、资本视角、亚文化群体视角、底层精英视角等①，所运用的理论工具包括社会排斥理论、社会资本理论、社会距离理论、社会认同理论②，以及社会变迁、社会分层与社会流动、社会转型等理论③。下面，笔者主要就农民工城市融入维度与测

① 陈旭峰、田志锋、钱民辉：《农民工的社会融入何以可能——基于理论的分析与调研思考》，《理论探索》2010年第3期。

② 胡杰成：《农民工城市融入问题研究综述》，《兰州学刊》2008年第12期。

③ 谢建社：《新生代农民工融入城镇问题研究》，人民出版社2011年版，第17—33页。

评指标、社会距离研究维度、社会政策与城市融入研究维度三方面进行梳理。

城市融入维度与测评指标。从城市融入（社会融合）角度考察农民工的生存与发展状况，无法回避的首要问题是如何才算是融入、如何测评融入程度的问题。为此，学界开展了热烈的讨论与探索。王桂新与王利民（2008）认为，流动人口的社会融合包括心理、身份、文化与经济因素。杨菊华（2010）认为，社会融入指标体系应该包括经济整合、行为适应、文化接纳与身份认同四个维度。基于这种认识，她建立了一个包括16个二级指标与若干具体变量在内的流动人口社会融入指标体系。

王佃利（2011）则认为，新生代农民工城市融入主要包括经济层面融入、社会层面融入、制度层面融入、心理层面融入四个维度。其中，经济融入是最基本的融入，是新生代农民工确立在城市地位的前提条件，它内含新生代农民工的收入融入和支出融入两个维度，测评指标主要包括职业融合、经济收入、消费水平和消费方式、居住条件等。社会融入表现为新生代农民工习得市民的生活方式和获得城市社会支持网络。二级测量指标包括工作时间、休息时间、休闲娱乐方式、获取工作的方式、维权方式、参加社会组织情况等。制度融入标志着新生代农民工结构融入的完成，表现为新生代农民工获得城市社会管理、享有城市社会公共服务、参与城市政治生活。二级测量指标有获得城市户籍、参与城市社会保障、在城市行使选举权等。文化、心理融入是最终地融入过程，是新生代农民工的内核融入。测评指标有与异性交往方便度、留城意愿、对自我身份的认同与对农村、土地和宅基地的态度、市民行为规范习得和城市文化的感知等。

社会政策与城市融入。王春光（2011）认为，进入21世纪，农民工市民化、融入城市社会问题凸显，主要是受农民工群体自身的变化与国家社会政策调整两大因素催化。一方面是农民工群体内部分化，越来越多的农民工希望在城市获得市民权；另一方面是国家对农民工的社会政策从控制转向一定程度的接纳与肯定，营造了宽松的政策环境，但社会政策和制度变革仍无法满足农民工市民化的需要。因此，加快社会政策的整体性改革和创新，构建以社会公正为机制的社会主义公民权体系，是促进农民工融入城市社会、实现市民化的不二选择。

沈君彬（2011，2012）认为，新生代农民工群体的社会保护水平偏低，现行社会政策体系对农民工群体城市融入的支持力度不足，新生代农民工比较关心的就业政策、职业安全政策、教育和培训政策等相对缺位，并且提出了一个“梯度双轨制”的新生代农民工城市融入路径。他认为，促进新生代农民工城市融入的积极社会政策体系符合包容性发展的理念，具有提升社会质量的显著作用。进一步地，基于积极社会政策的理念，他从社会经济保障、社会凝聚、社会包容、社会赋权的四个维度，构建了促进新生代农民工城市融入的积极社会政策体系。

高红（2009）从公民权的角度对农民工的社会政策支持体系进行了研究，指出农民工同城市居民一样，都是社会公民，应该享有公民的合法权利，农民工政策制定要以“公民权利”为衡量标准和优先价值选择。以公民权为价值基础，以消除社会排斥、尊重农民工基本权利为中心，建构农民工权益保护的社会政策体系，促进农民工城市融入和实现社会公正。

社会距离与城市融入。20 世纪 90 年代，社会学界开始引入西方社会学中的社会距离理论与分析方法，描述和分析农民工与市民之间的矛盾与冲突，代表性研究成果如李强的《关于城市农民工的情绪倾向及社会冲突问题》（载于《社会学研究》，1995 年第 4 期）一文。此后，社会距离理论便成为分析农民工社会融入（城市融合、社会融合、社会适应）问题的重要工具，产生了一系列有影响的研究成果。

史斌（2010）运用调研数据，对新生代农民工与城市居民的社会距离现状及其影响因素进行了研究。研究认为，相比上一代农民工而言，新生代农民工与城市居民的社会距离值有增大趋势，而且其排斥预期更强；而社会经济地位、社会关系网络、居住空间与社会文化因素会对新生代农民工的社会距离产生显著影响。要推动新生代农民工城市融入，需要城市居民、新生代农民工、政府等多方共同努力，缩短其与城市居民的社会距离。

王桂新与武俊奎（2011）以上海市调研数据为基础，建立了一个城市农民工与城市居民社会距离的影响因素模型，研究发现社会资本、同群效应是影响农民工与城市居民社会距离的显著性因素。在现行户籍制度制约下，积极改变社会资本与同群效应，是缩小农民工与城市居民之间社会距离的重要方法。卢国显（2010）在其著作《农民工：社会距离与制度分析》（社会科学文献出版社2010年版）中，运用制度经济学的分析方法，证实了经济地位、文化差异、空间隔离、交往频率、非正式制度因素与社会距离的负相关性，即农民工经济地位、文化程度较高，与市民接触较多，其与市民的社会距离较小，反之则社会距离较大。此外，制度变量、空间距离都对社会距离有影响，而且社会距离大小又和农民工与市民之间的社会冲突、农民工组织化程度与政治参与以及安全感具有相关性。为此，社会转型过程中，户籍制度与社会保障制度等制度改革，是提高农民工经济社会地位的重要举措，对于农民工市民化与社会融合至关重要。

2. 农民市民化研究

国内关于农民市民化的研究在较长的时间里主要是以农民工市民化为研究对象和主流话语，关于农业转移人口市民化的研究则是最近几年才开始的。因此，笔者将国内学者对农民市民化的研究整体上分为两个阶段，即农民工市民化研究阶段（1989—2009年）与农业转移人口市民化研究阶段（2010至今）。当然，两个阶段在研究主题、范式与话语体系上有交叉和重叠，也有不同的侧重点。

通过中国知网检索发现，学界关于农民市民化的研究最早见于黄祖辉、顾益康与徐加于1989年发表在《经济研究》杂志上的《农村工业化、城市化和农民市民化》一文。该文认为，农村工业化、城市化和农民市民化进程协调一致，是推动农村经济发展，从根本上解决城乡二元结构矛盾的需要。因此，既要在农村大力发展非农产业，促使剩余劳动力从农业中转移出来，又要逐步使农村的非农产业和转移劳动力向新建的城市集聚，使农业转移劳动力转变为城市市民。除了农村工业布局调整之外，大中城市也应进一步调整农民、非农产业进城的政策，农民进城后，应确立其市民的地位。在城市经济体制改革中，应赋予“市民”的概念、地位和待遇全新的内涵。

值得注意的是，在20世纪后十年，市民化问题研究并没有获得相应的学术地位，在1989—2000年期间，关于市民化问题的研究论文不足30篇。直到2003年，关于市民化问题的研究论文才呈现持续大幅增加的态势。学界关于市民化问题的研究主要涉及农民工市民化的内涵、现实基础与意义，市民化的路径，市民化的成本测算与分担机制，市民化现状、存在的问题与影响因素，推进市民化的对策建议等内容。

（1）农民工市民化的基本理论问题研究

什么是市民化？学界并没有形成统一的观点。文军（2004）认为，农民市民化是指在我国现代化建设过程中，借助于工业化和城市化的推动，使传统农民在身份、地位、价值观、社会权利以及生产生活方式等方面全面向市民转化，以实现城市文明的社会变迁的过程。郑杭生（2005）认为，农民市民化主要体现为农民在转变身份和职业过程中，逐渐拓展出的潜在能力，在通过学习获取市民基本资格的基础上，适应城市生活并养成城市市民基本素养的过程。刘传江（2009）提出了“农民非农化+农民工市民化”的两步转移理论，认为农民工市民化是离农务工经商的农民工克服各种障碍最终逐渐转变为市民的过程和现象，它具体包括四层含义：一是职业由次属的、非正规劳动力市场上的农民工转变成首属的、正规的劳动力市场上的非农产业工人；二是社会身份由农民转变成市民；三是农民工自身素质的进一步提高和市民化；四是农民工意识形态、生活方式和行为方式的城市化。

刘小年（2010）从三个方面阐述了市民化的内涵，他认为应该把农民工市民化看成以农民工为本或为主体的市民化，农民工市民化是现代化过程，这种现代化需要主要是农民工的追求但离不开政策支持。冯奎（2013）认为，用宽泛的标准来看，农民获得本地城市户籍，也就是社会身份上获得认可，就可以算作是市民化。用严格的标准来看，农民工市民化是指在一定时间段中，从生存职业、社会身份、自身素质到意识行为多种层面，都完成市民化的转型。张国胜（2007）认为农民工市民化是指借助于工业化和城市化的推动，使农民工在身份、地位、价值观、社会权利以及生产、生活方式等方面全面向城市市民转化并顺利融入城市社会的过程。国务院发展研究中心课题组（2011）认为，推进农民工市民化是从根本上解决好三农问题、推进城镇化健康发展、扩大内需与促进国民经济平稳较快发展、加快产业结构优化升级、促进社会和谐发展的需要。从当前农民工流动的特征和环境看，一是农民工就业稳定性得到了显著提升，流动的家庭化趋势明显；二是新生代农民工成为主体，融入城市的意愿强烈。因此，推进农民工市民化已经具备一定的现实基础。

（2）农民工市民化的现状与进程测度研究

农民（农民工）市民化是一个过程，也是一种阶段性的结果。农民工市民化的现状如何，如何测量市民化的进程？这是一些学者所关注的问题。武汉大学刘传江教授对农民工市民化进程测度与指数设置进行了深入、系统的研究，其研究成果具有较强的代表性和较高的价值。

在《第二代农民工市民化：现状分析与进程测度》（载于《人口学刊》2008 年第 5 期）一文中，刘传江教授从农民工收入、职业、务工时间、居住条件、城市融入、市民化意愿、对未来的打算、自我认同与社会认同等方面，对第二代农民工市民化现状进行了分析。他指出，在生活习惯、文化习俗、就业取向、价值目标等方面，第二代农民工更接近于市民，尽管身份并没有得到彻底改变，但是他们比第一代农民工的自主和自觉意识、市民化意愿更强，更愿意成为市民。在此基础上，他构建了一个市民化进程的测度指标体系。该指标体系包括外部制度性因素、农民工群体与农民工个体三个一级指标，土地流转程度、户籍改革进程、市民化意愿与能力、个人素质等等二级指标，并给出了具体的测算方法。在其后的相关研究成果中，刘传江教授进一步丰富、拓展了农民工市民化进程研究①。此外，徐建玲（2008）从农民工市民化进程的静态度量与动态度量两个角度，对农民工市民化进程度量开展了理论探讨。王桂新等人（2008）建立了由居住条件、经济生活、社会关系、政治参与和心理认同五个维度组成的评价指标，并运用该评价指标体系对农民工市民化水平进行度量，结果显示：农民工在居住条件方面的市民化水平最高，为 61.5%，而政治参与维度的市民化水平最低。此外，郭秀云（2009），周密、张广胜、黄利（2012），傅晨（2013）等学者也进行过类似研究。

① 参见刘传江、程建林等《中国第二代农民工研究》，山东人民出版社 2009 年版；刘传江《第二代农民工的新特征及其市民化进程研究》，武汉大学经济发展研究中心编《发展经济学研究：长期经济增长对中国与欧洲的挑战》2012 年第 8 辑。

(3) 农民工市民化成本测算与分担机制研究

要让农民工平等享有城市基本公共服务，无疑需要政府投入资金，由此带来了农民工市民化成本的现实担忧与学术讨论。在一些学者看来，农民进城并非成本问题，所谓农民工市民化成本是个伪问题。[①] 但也有一些学者认为，当前政府还没有能力承担农民工市民化的社会成本，农民工市民化会压垮地方政府，阻碍经济发展。为此，很多学者开展了成本测算研究，不过，学界关于农民工市民化社会成本的测算存在较大的差距。比如，《2001—2002 中国城市发展报告》认为，依照城市化的“成本—收益”模型分析，按 2000 年不变价格，每进入城市 1 个人，需要“个人支付成本”1.45 万元，“公共支付成本”1.05 万元，总计一个农民城市化的社会成本为 2.5 万元。陈广桂（2004）认为，超大城市农民市民化的社会成本约 2 万元，大城市与中等城市的社会成本约 1 万元，小城市（镇）约 0.5 万元。中国科学院可持续发展战略研究院（2005）的测算结果是新增一个城市人口的最低投入为 2.5 万元。

其后，农民市民化成本测算研究进一步深入，除了按城市规模进行测算之外，按地域、代际差异进行测算成为市民化成本研究的重要特点，在成本类别区分上也更为细化。陈国胜（2009）建立并运用社会成本测算模型开展市民化成本测算，研究结果认为，东部沿海地区第一代农民工与第二代农民工市民化的社会成本分别约为 10 万元与 9 万元，内陆地区的第一代农民工与第二代农民工市民化的社会成本分别约为 6 万元与 5 万元。《2009 年中国新型城市化报告》预测，每进入城市一个人，需要“个人生存成本”7.35 万元，“个人发展成本”2.47 万元，总计每个农民市民化社会总成本为 9.8 万元。国务院发展研究中心课题组（2011）根据对重庆、郑州、武汉等城市的调研测算，按照 2010 年不变价格计算，每个农民工市民化的政府支出公共成本约为 8 万元。潘家华与魏后凯（2013）认为，在我国东、中、西部地区的城市，农民工市民化的人均公共成本分别为 17.6 万元、10.4 万元与 10.6 万元，全国平均约为 13 万元。人均个人支出成本分别为 2.0 万元/年、1.5 万元/年、1.6 万元/年，

① 李铁：《城镇化是一次全面深刻的社会变革》，中国发展出版社 2013 年版，第 225 页。

全国平均约为 1.8 万元/年。除此之外，绝大多数农民工还需要集中支付购房成本，东、中、西部地区分别为 12.6 万元/人、8.4 万元/人和 9.1 万元/人，全国平均约为 10 万元/人，约合 30 万元/户。

（4）农民工市民化的主要障碍与制约因素研究

刘传江（2009）认为，农民工市民化面临的障碍可以划分为三类，一是制度障碍，主要包括土地承包制度、户籍制度、劳动力市场就业制度、社会保障制度等。二是农民工个体因素，主要表现为人力资本与社会资本低、缺乏竞争力，权利资本缺失。三是市民化成本障碍，由于农民工收入水平低，市民化成本的支付自然减少了他们享受较好生活质量的支付成本。简新华（2008）把农民工市民化的障碍划分为制度、资金、法律、素质、观念五类。邓秀华（2010）认为，二元制度羁绊、社会阶层歧视、组织平台缺乏是新生代农民工市民化的主要障碍。

潘家华与魏后凯（2013）比较全面地归纳了农民市民化的障碍。他们认为，农业转移人口市民化的障碍主要包括成本、制度、能力、文化、社会排斥和承载力约束六个方面。较高的市民化成本不仅增加了政府的财政压力，更是给大部分农业转移人口带来了难以承受的经济负担，严重阻碍了市民化进程。制度障碍主要体现为户籍制度及其附属的公共服务和社会保障、土地制度等方面。由于受教育程度较低、缺乏工作技能培训等原因，农业转移人口综合能力较低。能力的缺乏使得农业转移人口只能长期从事传统行业，工作技能较低，导致其收入较低。与此同时，由于教育程度和工作技能较低，大部分农业转移人口被挡在了“积分入户”的门槛之外。农业转移人口市民化的文化障碍则主要表现为对城市生活的适应性和归属感缺乏、部分城镇居民对农业转移人口的偏见。社会排斥则主要来源于城镇居民，包括显性的制度排斥和隐性的观念排斥。承载力障碍则主要源于城镇资源环境承载力和基础设施容量有限，制约了城市外来人口的市民化进程。

（5）推进农民工市民化的途径与对策研究

刘怀廉（2005）指出，农民工问题的解决是一个社会变革过程，需要标本兼治，具体对策层面应改革现行户籍制度，完善农村土地产权制度，完善社会保障制度，建立城乡统一的劳动力市场，加强对农村劳动力的职业技能培训，转变政府职能，促进农民工合理流动。刘传江（2009）从制度安排与制度创新的角度，构思农民工市民化的总体推进思路，即明确政府、企业、组织与网络“四个支持主体”，重视“农村退出、城市进入与城市融合”三个环节，构建技能培训、社会保障、权益保障“三大体系”。在此总体框架下，政府及其相关部门应加大制度安排变革力度，以制度创新推动市民化过程中深层次、难点问题的解决。具体措施包括：加大教育力度，提高农村劳动力的整体素质；深化改革农村土地制度，规范土地流转；实行城乡统一的劳动力市场就业制度；加快户籍制度改革，剥离户籍的附属功能；建立适合农民工特点的社会保障体系；加大权益维护力度，体现社会公正。

邓秀华（2010）认为，实现农民工市民化需要创新城乡社会体制机制，包括推进户籍制度改革，整合现有培训资源和渠道、提高新生代农民工的城市就业和转岗技能，拓展普惠式社区关怀，建立统一的、完善的城乡一体化劳动力市场。国务院发展研究中心课题组（2011）指出，推进农民工市民化，是一个十分紧迫的问题，同时又是一个长期的历史过程。农民工成为市民，不是改写户口本那么简单，而是确保农民工在劳动就业、住房与养老、教育与医疗等方面与城市市民待遇同等。农民工市民化，既与城市提供非农就业岗位能力密切相关，又与城市提供公共服务和社会保障的财力有关。推进农民工市民化，必须加快劳动就业、义务教育、公共住房和社会保障等公共服务制度改革，允许符合条件的农民工在城镇就业与落户，转变为城镇居民，逐步形成农民工与城市市民身份统一、权利一致和地位平等的公共服务制度体系。

李丹和李玉凤（2012）基于生活满意度的视角，认为新生代农民工社会满意度取决于渐进式收入、社会福利、社会地位及社会关系等方面与市民的横向比较结果。因此，政府应着力建设城乡统一的劳动力市场和公平的就业制度，提供有效而相对充分的公共就业服务，规范职业技术等级与职业资格认证，提升农民工就业空间；应分层次、分步骤地实现农民工社会保险与城镇社会保险的对接，满足新生代农民工在城市生活的社会福利保障需求；建设新市民学校，开展新市民教育，提高新生代农民工心理素质。冯奎（2013）认为，推进农民工市民化的总体思路是要明确农民工市民化所处的阶段，制定农民工市民化的路线图，推进户籍制度与配套制度改革，土地制度改革要有利于农民退出，为农民工提供基本公共服务，建立市民化成本分担机制，提高农民工融入城市的能力。

潘家华与魏后凯（2013）认为，农业转移人口市民化是一项长期的艰巨任务，应按照“以人为本、统筹兼顾、公平对待、一视同仁”的总原则，分阶段稳步推进市民化进程，多种措施并举、分层次分类别地做好市民化工作，积极引导农业转移人口有序转移，形成“政府主导、多方参与、成本共担、协同推进”的机制，使农业转移人口获得与城镇户籍居民均等一致的社会身份、基本权利，能公平公正地享有同城镇户籍居民平等的基本公共服务和社会福利，同时在价值观念与自我认同、社会认同、生活方式上完全融入城市社会。为此，需要进一步加快户籍制度、就业制度、教育制度、土地制度、住房制度与社会保障制度等方面的综合配套改革，实现农业转移人口职业转换、地域转移、身份转换与价值观念和生活方式的转变。

3. 简要评价

通过上述相关研究成果的梳理可以看出，无论是在农民工研究的相关领域，还是在农民工城市融入、农民工市民化研究的专门领域，学界都开展了较为全面的、高水平的、系统性的探索，可谓成效卓著、硕果累累。国内外相关研究的丰盛成果，无疑是本研究的坚实基础，为本研究提供了极富价值的理论基础与理论工具以及多元化的认识、分析问题的视角和可资借鉴的解决问题的策略。当然，这不表示关于农民工问题的理论研究就已然修炼成功，可以“马放南山”。事实上，一方面，关于农民工问题的理论研究还具有极强的现实诉求。特别是在党和国家提出“以人为本”的新型城镇化道路与“有序推进农业转移人口市民化”的战略规划之后，关于农民工问题的理论研究又有了新对象、新内容、新视野与必须突破的难题。另一方面，关于农民工问题的理论研究还有进一步提升的空间，主要表现在：

第一，总体而言，学界关于农民工问题的研究基本上是从“个体”的视角出发，探讨如何解决农民工问题。换句话说，就是没有把“个体”

农民工置于更为宽阔的“中观”、“宏观”领域，比如家庭、社区，而它们恰恰是阻碍农民工问题得到彻底解决的关键要素。目前，大多理论成果更倾向于单纯探讨“制度”、“公共服务”等问题，严重忽视了家庭、社区等因素的重要影响。实际上，家庭可以统领所有的制度、公共服务、社会保障等问题，从家庭角度出发，可以帮助我们抓住问题的“要领”和“关键”。从家庭角度出发，有助于我们全面准确把握农民市民化的核心问题，推动相关政策变革。

第二，由于不同区域之间、不同规模城市之间资源与利益固化程度不同，因此，政策措施就会具有不同的“适应”性效果。故此，研究政策措施在不同区域与不同城市的“水土不服”程度，或者研究不同区域与不同城市的“对症”措施，就显得尤为重要。此外，社会性别视角几乎被学界遗忘，似乎男性农民工群体市民化或融入城市了，女性农民工群体自然就能市民化或融入城市。实际上，反过来看问题更为合理：女性农民工群体才是关键，没有女性群体的市民化或城市融入，男性就不能实现市民化。因此，城镇化的关键在于女性，农业转移人口市民化的关键在于女性农业转移人口的市民化。我们应该重新考虑市民化问题的性别优先序，遗憾的是，上述差异还没有引起学界重视。

三　研究内容与预期目标

（一）研究对象及主要问题

十八大以来，党的政策精神与话语特征发生了显著的变化。党的十八大报告与十八届三中全会通过的《中共中央关于全面深化改革若干重大问题的决定》正式使用“农业转移人口”一词，取代了具有“标签”化、污名化的话语名词“农民工”。适应党的政策话语特征的变化，本书以农业转移人口作为研究对象，以农业转移人口市民化问题及其公共治理作为研究主题。为此，有必要厘清两个基本概念：农业转移人口与市民化。顾名思义，所谓农业转移人口即是从农村农业劳动中转移出来进入城镇从事非农业劳动的人口，地域、职业的双重变化是农业转移人口的基本属性。从外延看，农业转移人口既包括从农村农业劳动中转移出来进入城镇从事非农业劳动的农业户口人口（进城务工经商人员），也包括了因教育、婚嫁等原因进入城镇从事非农业劳动的非农业户口人口。按照时间序列划分，农业转移人口又包括现有常住在城镇且没有实现市民化的农业转移人口（存量部分）与未来新增的农业转移人口（增量部分）。①

市民化是指农业人口获得市民的资格条件与身份地位、习得市民的生产生活方式与价值观念、养成现代城市文明素养与行为、获得市民权利待遇的过程。市民化过程以地域的迁移、职业的转变为基础，以获得城市居民身份与地位（通过获得城市户籍或建立统一的居民身份制等途径）为依托，以享受经济、政治、社会参与等市民权利待遇为核心，以实现生产生活方式与价值观念的现代转型为显著标志。本书所研究的农业转移人口及其市民化，主要是指作为存量部分的进城务工经商人员的市民化，即农业转移存量人口中在城镇从事非农业劳动的农业户口人员亦即农民工的市民化。需要说明的是，为了表述的方便，本书中也使用“农民工”一词。农业转移人口市民化是一个牵涉面广、工程庞杂、系统复杂的重大公共治理问题，不仅关乎数亿人口的生存与发展，也关乎国家建设与社会发展的进程与水平。因此，本书的核心任务是借鉴社会共生理论，引入共生的概念工具、基本原理与分析方法，从公共政策与公共管理学科角度探究我国城镇化、农业现代化、工业化与信息化进程中农业转移人口市民化的相关理论与实践问题。拟解决的具体问题包括：

1. 农业转移人口市民化政策的发展历程与变化趋势。改革开放以来，我国农民市民化政策经历了怎样的变迁，政策文本及其特征变化反映出什么样的政策范式（政策话语、价值观、政策目标与政策取向、政策工具选择）迁移，政策范式转移是否有助于农业转移人口市民化，有利于实现农业转移人口与市民之间的“共生进化”？相关公共政策的发展取向是怎样的，将“共生进化”理念引入农业转移人口市民化问题治理，公共政策该如何调适？

2. 农业转移人口与市民的共生现状。当前，我国农业转移人口（农

① 潘家华、魏后凯主编：《中国城市发展报告·No.6，农业转移人口的市民化》，社会科学文献出版社 2013 年版，第 3—24 页。

民工）市民化的状况如何？农业转移人口（农民工）市民化程度反映出他们与市民之间是什么共生状态，是一种什么样的共生模式和共生关系？

3. 农业转移人口与市民共生的制约因素。根据上述对农业转移人口与市民之间共生模式的理性分析与判断，进一步分析形成这种共生模式的原因、农业转移人口与市民共生进化的主要制约因素。当前农业转移人口（农民工）与市民的共生界面主要是什么，具有什么特征，共生资源在他们之间如何分配，共生机制是否健全，共生环境是否有利于各个共生单元的共同进化？换言之，反映农业转移人口与市民共生状态的共生界面、共生资源分配、共生机制与共生环境是如何制约农民市民化的？

4. 农业转移人口市民化的共生进化逻辑。按照共生进化的理念、原理与方法论，各级政府、公共管理者与决策者在市民化公共政策制定、执行与评估的整个公共政策过程中，应如何确立共生进化的政策价值取向与理念，如何根据这种理念调整公共政策，选择什么方式推进农业转移人口市民化进程，以实现农业转移人口与市民之间的对称互惠共生？换言之，在共生进化理念的指导下，如何通过优化共生界面、健全共生机制、创造共生条件、改善共生环境等多种措施，有序推进农业转移人口市民化？

5. 农业转移人口市民化问题的共生治理思路与对策。具体到政府的制度变革与政策选择方面，如何采取切实有效的政策措施，推进农业转移人口市民化工程，实现农业转移人口与市民的共生进化？

（二）研究的预期目标

通过对“如何完善农业转移人口市民化问题‘共生’治理”的探索，本研究尝试实现以下目标：

1. 实践目标

实践是检验真理的唯一标准，实践也是理论生命力的唯一源泉。“有序推进农业转移人口市民化”是当前和今后相当长时期内我国经济社会生活中的重点实践课题。因此，面向实践、为实践提供理论支撑，是本研究自始至终的使命。本研究秉持党的十八大与十八届三中全会精神，以实践为根本，紧紧围绕“有序推进农业转移人口市民化的制度与公共政策创新”目标，着力研究和回答我国新型城镇化建设、新型农业现代化建设、社会建设与美丽中国建设等时代背景下为什么要推进农业转移人口市民化、怎样有序推进农业转移人口市民化等重大理论和实践问题，对推进农业转移人口市民化的重点、难点和热点问题进行专门研究，为建立符合我国国情的农业转移人口市民化之路提供理论上、制度上、政策上的支持。

2. 政策目标

研究以问题为导向，对农业转移人口市民化进程中的相关政策问题开展基于共生理论视角的研究，为各级政府相关部门调整、出台相关市民化政策提供案例分析、经验总结、政策建议与可行性操作方案，为说明、解释、预测并最终解决农业转移人口市民化进程中的若干问题提供理论解释与智力支持。

3. 理论目标

理论研究以创新为使命。通过对改革开放以来我国农业转移人口市民化政策文本及其政策范式的全面梳理，对我国农业转移人口（农民工）与市民的共生现状、存在的问题与制约因素的全面、深入分析，阐释引入社会共生理念对于农业转移人口市民化政策的价值导向与方法论意义，阐明将共生理念、理论主张引入农业转移人口市民化公共政策过程的路径与具体方法，本研究试图构建起一套农业转移人口市民化问题的共生治理理论。总之，探索我国推进农业转移人口市民化进程中“共生进化”的重大理论意义、操作方法，对共生理论视域下的农业转移人口市民化公共政策进行理论诠释与规范论证，丰富本领域研究的理论体系，为推进农业转移人口市民化的伟大实践工程提供理论资源，是本研究的重要理论创新目标。

四 研究思路与方案设计

（一）研究思路

本书从公共政策与公共管理学的学科角度出发，综合运用农村经济学、社会学、政治学等学科理论，以中国社会经济转型时期新型城镇化、农业现代化、社会主义和谐社会建设等伟大实践为宏观背景，以农业转移人口城镇融入与完全市民化为现实基点，既立足当前我国推进农业转移人口市民化的紧迫现实，又放眼未来我国社会持续发展与共生进化的潜在需求。本书在全面、深入把握农业转移人口（农民工）市民化实践的基础上，紧紧围绕“农业转移人口市民化问题治理”这条主线，运用社会共生进化的理论视角和解释立场，以社会共生理论为主导分析工具，结合城乡一体化、资本建设理论、可行能力理论、公平正义理论等理论，综合运用质性研究、量化研究、文献研究、政策文本分析等多种方法开展研究。研究工作所依循的具体逻辑思路是：围绕农业转移人口市民化问题共生治理及公共政策创新的研究主旨，解决“是什么、怎么样、为什么、该如何”四个问题。首先，“是什么”的问题，是指我国关于农业转移人口（农民工）的政策有哪些，其政策范式是什么？其次，“怎么样”的问题，是指关于农业转移人口（农民工）政策的实践效果怎样？这些政策导向下的农业转移人口与市民之间是怎样的共生关系？其次，“为什么”的问题，是指为什么会产生前述的政策效果，为什么农业转移人口与市民的共生模式是这样，而不是那样？最后，“该如何”的问题，是指该如何调整、创新公共政策，实现农业转移人口与市民之间的理想共生状态？具体技术路线如图（图绪-3）：

（二）研究设计

1. 研究方法

正所谓“工欲善其事，必先利其器”，研究方法的正确选择和恰当运用既是开展理论研究工作的基础，又在很大程度上决定了研究工作的成败。本书在遵循马克思主义唯物辩证法的基本方法论原则前提下，积极运用多种方法开展研究，主要研究方法包括：

（1）规范研究与实证研究方法

规范研究与实证研究是开展社会科学研究的两种基本方法。其中，规范研究的本质特征是从价值角度出发解决“事物应该是什么”的问题，而实证研究的本质特征是从事实角度出发解决“事物实际是什么”的问题。本书运用规范研究方法开展研究，对农业转移人口市民化政策应该是什么等问题进行思考与分析、推理与判断。运用实证分析方法，探索我国农业转移人口市民化政策效果的经验事实和依据，从而找到“应当如何”与“事实如何”之间的差距，为调整、完善与创新农业转移人口

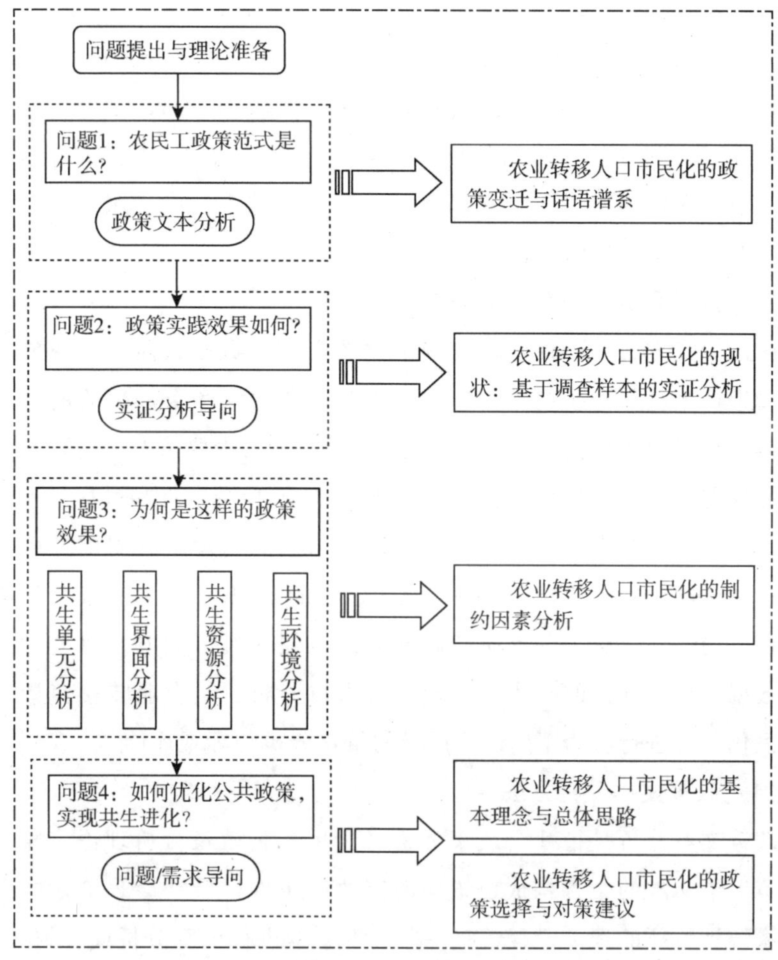

图绪－3　研究思路

市民化的公共政策提供理论依据和对策建议。

（2）历史分析与比较分析方法

历史分析方法是将某事物放在特定的历史条件与政治、经济、社会环境下予以考察的方法。自改革开放以来，我国农业转移人口（农民工）政策经历了三十余年的演进历程与变迁。不同历史时期党和政府制定、出台了不同的政策文件，不同政策背景下，农民工的生存状况、社会地位与境遇自然也有极大的差异。运用历史的方法对党和政府的农业转移人口政策及其变迁予以考察，既可以对政策进行描述、说明和解释，对政策实践及其效果予以客观评价，又可以对当前农业转移人口（农民工）的现实处境做出合理解释，同时还可以预测和判断政策变化趋势。当然，从某种意义上讲，历史分析法就是一种历时比较法。除此之外，本书还将运用共时比较方法，从共生资源、共生界面、共生环境等若干方面，对农业转移人口与市民（以及城市与乡村、大城市与中小城镇、进城务工男性群体与女性群体等）开展比较。

（3）质性研究与量化研究方法

质性研究方法是一种较不依赖量化的资料与数据，而是对现象的性质直接进行描述与分析的方法，它注重对社会现象和个人生活的解释性理解，注重对现实社会和个人生活的“呈现”，较少要求对社会现象做出本质的规定性。① 质性研究的目的，是通过理解社会事件和过程对人们的意义，探索和证明人们怎样进行互动以及人们如何理解其周围环境并与之互动，以此产生有关社会事件与社会过程的知识。② 本书将充分运用叙事分析、访谈、现场观察等质性研究方法开展研究。同时，通过对问卷调查数据、统计数据的收集、整理、录入与分析，对农业转移存量人口的市民化程度进行较为精确的、严谨的量化分析与客观评价。

（4）政策文本分析方法

政策文本分析是指社会政策分析者运用各种政策分析理论，通过社会政策话语文本的结构构成、语句的有效性条件以及社会政策话语系统本身系统性特征的理论考察，对各种政策文本进行内容分析或数据处理，初步建立一个关于社会政策文本分析的理论框架和分析模型，参照这一理论框架和模型，可以对客观的社会政策话语文本做出学理层面的分析和理解。③ 本书研究过程中，主要通过对政策文本进行梳理、话语解构，分析政策话语特征、谱系与政策范式（政策主体、政策对象、政策目标、政策取向、政策语言等）的变迁，以便对特定的政策语境下政策的特点及其对政策客体的影响做出合理的解释。

① 李晓凤、佘双好编著：《质性研究方法》，武汉大学出版社 2006 年版，第 7 页。

② ［美］普里西拉·R. 尤林、伊丽莎白·T. 洛宾森等主编：《质性研究方法：性与生殖健康应用研究之现场指南》，刘大红等编译，中国人口出版社 2005 年版，第 26 页。

③ 潘泽泉：《国家调整农民工社会政策研究》，中国人民大学出版社 2013 年版，第 113 页。

（5）资料收集与数据采集方法

为了广泛收集经验资料与数据，本书研究过程中通过问卷调查法、典型个案调查、半结构访谈、观察法、研讨会等社会调查研究方法，严格遵循社会调查研究方法的三项基本原则，即客观性原则、科学性原则、系统性原则，收集第一手资料，采集第一手数据。同时通过图书馆、互联网、政府门户网站、书店等途径广泛收集相关研究文献和统计数据，作为调研资料与数据的必要补充。

2. 调查地点和样本选取

依据研究主题，本书选取发达的东部沿海地区与欠发达的中部地区进城务工群体作为总样本框。其中，东部沿海地区选择广州市作为调查区域，中部地区则选择湖北省武汉市、大冶市、宜昌市、老河口市、鄂州市和仙桃市为调研区域。调研地点选择基于以下考虑：首先，东部沿海地区无疑是我国农村外出人口的首要输入地，而作为开放时间早与程度高、城市基础设施齐全与经济发达、流动人口较为集中的广东省无疑能成为东部沿海地区的代表。况且，该地农村转移人口流动模式多为跨省流动，总量较大，可以为本研究提供充足的调研对象资源。湖北省作为连接南北的大省，无疑能够代表中部地区经济社会发展水平。该省各大城市的外来务工群体多为附近地区的农村人口，属于省内跨市（县）流动模式。因此，在大的调研区域选取方面，主要考虑的是地域代表性与人口流动模式差异。其次，在具体调研点（城市）选择方面，主要考虑了不同城市之间级别、规模、城市化程度等差异。其中，广州市作为省会城市、东部沿海地区最发达的城市之一，其经济中心和文化中心的地位，吸引了来自全国各地的农村劳动力，调研地点主要包括海珠区、越秀区、荔湾区、番禺区和沥滘。同样作为省会城市，武汉市当然是理想的调研点。此外，还包括大冶市（县级市）、宜昌市（地级市）、老河口市（县级市）、鄂州市（地级市）和仙桃市（省辖县级市），在地理位置上涉及鄂东、中、北、西。

具体抽样方法：首先，在调研过程中，针对大城市与较小城市的不同特点，将大城市调查的范围覆盖到所有市辖区，在中等城市和较小城市中选取1—2个区作为调查点，共计抽取14个调研点。调查对象选择遵循“职业、性别、年龄基本均衡”的原则，从事职业以加工制造业、建筑业、服务业和个体户为主。以城市外来务工人员为抽样单位，以分层抽样来确定调研区域，首先选择调研城市，继而选择城区，最后确定调研社区和企业，确保调研点分布的科学性和调研样本分配的合理性。其次，在具体调研过程中，对于进城务工群体规模较大的地区，以简单随机抽样或系统抽样的方式对调查样本进行概率抽样，同时从社会性别视角出发给予女性群体应有的尊重，力求进城务工女性样本比例达40%以上。需要说明的是，本研究特别将擦鞋工、修鞋工以及从事相似工作的人员纳入到调研范围，由于从事此类工作的人员相对较少，分布范围广，因此，对于该类样本主要采用偶遇或判断抽样的方法选取。

3. 研究过程

（1）前期准备阶段

前期准备阶段的主要工作是查阅文献，收集资料，确定研究主题、需解决的关键问题以及设计研究方案。从多方面、多角度查阅和梳理相关研究文献资料，其中包括已出版著作、论文，相关的统计数据和资料，相关报道、媒体视频，相关政策、法规和文件。通过文献的查阅和梳理，较为全面了解学界研究现状和政策法规状况，在此基础上明确研究主题与意旨。此后，通过请教专家、学者，与同事交流，组织讨论会、座谈会，多方听取意见，讨论确定研究的具体内容和方法，设计调查问卷和访谈提纲，对问卷调查员和访谈员进行调查研究方法培训，为下一步工作打下坚实基础。

（2）试调研阶段

在完成上一阶段工作后，选取湖北省武汉市洪山区和汉阳区开展试调查。在调查过程中，不断发现调查问卷和调查方法存在的问题，不断分析、讨论和修正错漏，适时对问卷内容和访谈提纲进行补充和完善，并最终确定了正式调查的问卷及访谈提纲。此阶段丰富提高了调查技巧，使研究设计更为科学，更加具有操作性。

（3）实地调研阶段

调研成员分为三个小组，分别前往广州、武汉和湖北其余城镇，并按照调研计划正式开始实地调查。每个调研点都以以下步骤为参照进行调查：

①根据分层抽样选择调研社区。调研组在与广州、武汉和湖北其他各市的联系人确定区一级调研地点之后，通过分层抽样的方法确定调研社区。根据研究目的和需要，将社区内的外来务工群体作为样本框。

②进入社区或企业。调研人员在确定调查社区或企业后，与当地相关部门联系并进入社区，并向相关部门负责人阐明调查目的、调查内容和调查方法，商议调研时间等方面安排。

③确定调查对象。研究人员根据街道办或企业存档资料，进行样本编码，形成样本框，以随机抽样的方式选取调查样本，对于特定职业人群则运用偶遇抽样和判断抽样的方法抽取样本。

④正式调查与访谈。调研人员进入受访人员居所、工作场所，进行自填问卷式调研，并采用调查样本推荐、现场观察等方法对典型个案进行半结构访谈和小组访谈。调研人员在访谈过程中进行必要的记录或录音，并在工作结束后进行访谈记录、录音的整理。

（4）数据分析与资料整理

上一阶段工作结束后，邀请全体调研员进行多次研讨、交流和总结，将调研成果进行初步分析和整理。之后，组织人员将问卷编码、分组、核对、录入，对访谈记录等文字材料进行梳理和汇总。应用 SPSS17.0 和 EXCEL 软件进行数据分析，建立数据库，形成数据报告。

五 创新意图与不足之处

（一）创新点与研究特色

1. 选题时代感与前瞻性强

在未来的十年或更长时间里，我国农业转移人口将达到3亿—5亿左右，他们将终结“农民”身份，实现市民化转型。因此，农业转移人口市民化问题将在国家治理中占据重要地位。目前，党和政府已经启动了农业转移人口市民化工作，毋庸讳言，如此庞大规模的市民化工程是一个重大的实践难题，也亟待理论上的突破。但如果从家庭的角度来看，需要市民化的家庭数量明显要少得多，尤为关键的是，农业转移人口市民化进程能否获得实质性进展，最终需要从家庭角度予以介入，这有助于我们重新认识农民市民化的路径，并找到切入点和突破口。本书从治理的高度出发研究农业转移人口市民化问题，不仅因应实践需要而极具时代感，而且因对“家庭”地位的重新定位而具有极强的前瞻性。

2. 研究视角独特

与学界同类研究相比，本书采用共生的视角，将农业转移人口市民化问题看作农业转移人口与市民的共生及共生进化的问题，极具特性。长期以来，农民工在城市的身份与地位边缘化、权益与权利得不到应有的尊重和保障，他们的生存状态令人担忧。这种状况导致了他们无法与市民平等相处，也无法实现市民转型，他们在身份、地位、权利等多方面都与市民处于某种非对称状态。因此，归根结底，农业转移人口市民化问题本质上是一个农业转移人口与市民的（对称性互惠）共生问题。由非对称性向对称性的转化，就是一种共生进化，这个进化过程便是市民化过程。将农业转移人口市民化问题视作他们与市民的共生问题，有助于市民、政府决策者、城市管理者乃至全社会从共生的价值观高度，共同促进农业转移人口的市民化进程。

3. 理论工具新颖

学界对“共生理论”的研究和运用，主要集中于企业共生、资本共生、金融共生、城乡共生等社会现象，其直接对象均不是“人或人群”。本书运用共生理论工具及其分析方法、分析框架来分析农业转移人口市民化问题，就笔者掌握的资料来看，乃是目前为止极富开创性的尝试。

4. 研究视野开阔

首先，本书将研究对象定位于以人为本的新型城镇化、农业现代化的宏观大背景之中。因此不难理解，农业转移人口市民化必然涉及农民工，但又不仅仅是农民工，解决了现有农民工问题也并不能解决“未来的农民工”问题。这种定位很关键，有利于我们做出战略性的长远规划，而不是就问题解决问题，即便是对农民工问题进行阐释，也只是为了找到“农业转移人口”市民化的有效路径服务。其次，本研究不仅仅限于从农民工“个体”及其与城市、市民的关系层面展开，而是从更为宏观、更为关键的“家庭—社区—国家”关系层面展开。

（二）研究的不足之处

农业转移人口市民化问题是一个极其复杂的问题，运用共生理论加以分析研究，无疑进一步增加了研究的难度。加之笔者对共生理论的熟悉程度、运用技巧均十分有限，研究过程中难免出现问题认识不透彻、分析不深入与不到位、方法运用生搬硬套、论证过程说服力不强等缺陷。同时，由于调研样本数据采集过程中可能存在的样本分布不够合理、调研员技术技巧不熟练等因素的影响，本研究实际状况可能与作者的预期目标有一定的差距，甚至在某些方面可能违背了作者的初衷，并最终影响了本书的研究质量。

第一章

共生进化：理论基础及其应用

共生，这个有着近一个半世纪悠久历史的生物学专有名词，其深刻的社会意义并不为人们所熟知。当人文社会科学正怀着极大的学术热情与人文关怀探索人类社会的“冲突”、“排斥”与“对抗”现象的时候，生物学关于“共生发源”与“共生进化”的学说已经形成了一套比较成熟且系统的理论范畴与分析框架。与共生现象无处不在的大自然一样，人类社会发展的历史与各个领域中到处都是可以感知的共生现象。如今，人类社会更是发展到了一个“多元共生”的时代。那么，何谓共生？共生的本质是什么？共生的理想模式与进化方向是什么？哪些因素影响共生体的共同进化？自然界共生现象有何社会意义？在开展农业转移人口与市民的共生考察之前，本章首先就共生的相关理论进行探讨，对上述问题做出回答，以便为后续研究奠定坚实的理念、理论与方法论基础。

第一节　共生的基本原理

一　共生概念的缘起与发展

生物界——动物、植物和微生物为了生存而紧密地联合在一起，这种“联盟”的规模是很宏伟的，其形式多种多样，数不胜数。早在索福克勒斯（约公元前 497—前 406 年）和亚里士多德（公元前 384—前 322

年）时代，就有人认为生物界中的这种“联盟”是有一定科学根据的。直到1879年，德国植物学家、真菌学奠基人安东·戴贝里（AntondeBary，1831—1888）提出广义的生物共生概念[①]，生物界的这种“联盟”才逐渐被人们认识。共生（symbiosis），是由两个希腊词“sym”（共同、一起）和“bios”（生活）组成的，两个词组合在一起就是“共同生活”[②]，由这个词派生出两个词共生与“共生物”。戴贝里认为，共生就是“不同生物密切生活在一起（Living together）”[③]，此外他还明确地提出了寄生也是一种共生的观点。德国共生生物学家保罗·布拉克（Prototaxis）对不同物种之间共生的内在联系进行了深入研究，指出动物和植物微生物（细菌）之间的内共生代表了一种曾是补充性的但广泛的机制。他认为，共生就是两种不同物种参与者之间有规则的且不受干扰的合作生活。科勒利（Caullery，1952）和列维斯（Lewils，1973）进一步区分了偏利共生、互惠共生和寄生等概念，指出一种生物寄居在另一种生物的体内或体表，从中吸取营养的寄生关系也是共生关系。此外，他们对共生能量分配关系也开展了深入研究，由此进一步拓展和丰富了共生理论研究。[④]

生物学家斯科特（Scott，1969）将共生定义为两个或多个生物在生理上相互依存程度达到平衡的状态，认为共生关系是生物生命周期的永恒特征并致力于寻找共生双方的物质联系。原生动物学家威斯（Dale. S. Weis）认为，共生是几对合作者之间的稳定、持久、亲密的组合关系，即所谓普通生物学原理——细胞或个体内外生物之间的共生组合（Symbiotic association）的普遍法则。1970年，美国生物学家林恩·玛格丽斯（Lynn Margulis）提出了“细胞共生学”、“共生学说”，由此盛极一时。1981年她又从生态学角度指出，共生是不同生物种类成员在不同生活周

① 参见 A. E. Douglas, Symbiotic Interactions, 1994, Oxford University press, pp. 1－11; Jan Sapp, Concepts of symbiogennesis, 1992, Yale University Press, pp. 47－59, 148－188。

② 陈效一编译:《共生趣谈》，气象出版社1986年版，第2页。

③ 洪黎民:《共生概念发展的历史、现在与展望》，《中国微生态学杂志》1996年第4期。转引自胡守均《走向共生》，上海文化出版社2002年版，第32页。

④ Maurice Caullery, *Parasitism and symbiosis*, London: Sidgwick and Jackson Limited, 1952.

期中重要组成部分的联合。① 此后，她进一步在相关著作中论述过共生概念，比如在1997年出版的《倾斜的真理：论盖娅、共生和进化》一书中，玛格丽斯认为，共生是指不同物种的有机体之间的自然联系，要成为共生者，至少两种物种的个体成员必须在大多数时间里相互接触。一些共生是偶然的，共生的伙伴就像客人，来去受条件支配。另外的共生体，当一度松散的联系固定下来后便成为永久的伙伴。② 在《生物共生的行星》一书中，她论述到，“共生是不同物种的生物个体保持机体的相互接触而生活在一起的系统”。在沃林（Ivan Ewallin，1883—1969）新物种是通过共生产生的思想基础上，玛格丽斯进一步从进化论的角度，提出了共生发源（Symbiogenesis）概念，即新的组织、器官、生物甚至物种的起源，都建立在长期或者永久的共生之上。我们是一个生物共生的行星上的共生生物，只要我们留意，就能发现共生现象无处不在。对许多不同种类的生命来说，与其他生物间相互的机体接触是一种没有商量余地的需要。③

二 共生的基本要素

共生是不同物种的生物个体保持机体的相互接触而生活在一起的系统，这是生物学意义上的狭义共生概念。从一般意义上而言，共生是指共生单元之间在一定的共生环境中按照某种共生模式形成的关系。共生单元按照某种共生模式和共生关系组合在一起而形成的系统，即共生系统，又称为共生体。共生体的构成，离不开三个基础性条件，即共生单元、共生单元之间所形成的共生模式、共生模式得以形成的条件和环境。因此，共生单元、共生模式与共生环境，构成了共生的三大要素，任何共生关系都是共生单元、共生模式与共生环境的集合。

（一）共生单元

共生单元是指构成共生体或共生关系的基本能量生产和交换单位，

① 洪黎民：《共生概念发展的历史、现在与展望》，《中国微生态学杂志》1996年第4期。转引自胡守均《走向共生》，上海文化出版社2002年版，第32页。

② ［美］马古利斯、萨根：《倾斜的真理：论盖娅、共生和进化》，李建会等译，江西教育出版社1999年版，第4—5页。

③ ［美］林恩·玛格丽斯：《生物共生的行星——进化的新景观》，易凡译，上海科学技术出版社1999年版，第2—5页。

它是形成共生体的基本构成要素。不同的共生体是由不同的共生单元所组成的。比如，在细胞共生体中，细胞核、细胞质与线粒体都是共生单元。在细菌与植物的共生体中，植物和菌类是共生单元。在石珊瑚和虫黄藻、绿丝藻的共生体中，石珊瑚、虫黄藻、绿丝藻是共生单元。在小丑鱼（双锯鱼）和海葵共生体中，小丑鱼、海葵是共生单元。在昆虫与鲜花共生体中，昆虫与鲜花是共生单元。同样的道理，不同的生物个体（共生单元）可以形成不同的共生体，比如蚂蚁与牛蒡花所形成的共生体和蚂蚁与白杨树形成的共生体，自然是属于具有不同性质与特征的共生体。可见，所分析的共生体或共生系统不同，共生单元的性质与特征也不同。共生单元所具有的这种相对性，致使共生体也具有相对性。比如，作为一个个独立的人，即是家庭共同体的构成成员，也是整个社区、民族与社会的构成成员。相应地，由人这个共生单元所组成的共生体也有家庭、社区、民族、国家等不同层次的共生体之分。

在鉴别共生单元所构成的共生模式时，需要把握共生单元的性质与特征。在共生理论中，反映共生单元内在性质与外部特征的范畴分别称为质参量和象参量。通常情况下，质参量是决定共生单元内在性质及其变化的因素，象参量则是映应共生单元外部特征的因素。任何共生单元都同时拥有质参量与象参量，其中质参量的变化往往引起共生单元的突变，同时质参量决定了象参量的变化，象参量的变化积累到一定程度会对质参量产生显著影响，但象参量的变化则一般不会引起共生单元突变。共生关系能否形成、形成何种共生关系或模式，主要依赖于共生单元的内在性质及其相互作用方式，即共生单元质参量是否兼容以及质参量兼容的方式。

（二）共生模式

共生模式也称为共生关系，是共生单元相互作用的方式或相互结合的形式，它既反映共生单元之间作用的方式，也反映作用的强度；它既反映共生单元之间的物质信息交流关系，也反映共生单元之间的能量互换关系。共生关系种类繁多，可以依据不同的标准进行分类。根据共生单元之间利益和信息的交流与联系方式的不同，可以将共生模式分为两大类，即共生行为模式和共生组织模式。其中，共生行为模式主要反映共生单元之间或共生关系内部的相互作用，揭示共生单元之间的本质联系。依据共生单元的行为方式及其特点，可以将共生行为模式划分为寄生、偏利共生、非对称互惠共生与对称互惠共生四种。这四种共生行为模式在共生单元特征、共生利益特征与共生作用特征方面存在明显的差异（表1－1）。

表1－1　　共生行为模式特征比较①

	寄生	偏利共生	非对称互惠共生	对称性互惠共生
共生单元特性	1. 共生单元在形态上存在明显差异； 2. 同类单元亲近度要求较高 3. 异类单元只存在单向关联	1. 共生单元形态方差可以较大 2. 同类单元亲近度要求高 3. 异类单元存在双向联系	1. 共生单元形态方差较小 2. 同类共生单元亲近度虽高，但存在明显差异 3. 异类单元之间存在双向联系	1. 共生单元形态方差接近于零 2. 同类共生单元亲近度高，且相同或相近 3. 异类单元之间存在双向联系
共生利益特征	1. 不产生新利益 2. 存在寄主向寄生者利益的转移	1. 产生新利益 2. 一方全部获取新利益，不存在利益的广谱分配	1. 产生新利益 2. 存在利益的广谱分配 3. 广谱分配额度按非对称性机制进行	1. 产生新利益 2. 存在新利益的广谱分配 3. 广谱分配额度按对称性机制进行
共生作用特征	1. 寄生关系并不一定对寄主有害 2. 存在寄主与寄生者的双向单边交流机制	1. 对一方有利而对另一方无害 2. 存在双边双向交流 3. 有利于获利方进化创新，对非获利方进化无补偿机制时不利	1. 存在广谱的进化作用 2. 不仅存在双向双边交流，而且存在多向多边交流 3. 由于分配机制的不对称性，导致进化的非同步性	1. 存在广谱的进化作用 2. 既存在双边交流机制，又存在多边交流机制 3. 共生单元的进化具有同步性

根据共生单元之间的组织程度，共生组织模式可以分为点共生、间歇共生、连续共生与一体化共生四种。共生组织模式揭示了共生单元之间、共生单元与共生界面之间以及共生体与共生环境之间的动态关系。无论是共生行为模式还是共生组织模式，均不是一成不变的，随着共生单元性质的突变以及共生界面、共生条件与环境的变化，共生模式和共生关系也会相应变化。

（三）共生环境

任何共生体及其共生关系都是在一定的时空条件下产生并演化的，

① 袁纯清：《和谐与共生》，社会科学文献出版社2008年版，第11页。

不同的时空条件下形成的共生关系自然也不同，所有存在于共生单元之外的条件或因素即为共生单元的共生环境。共生体与共生环境之间存在交互作用，只是具体的交互形态又可以区分为不同种类。在生物学经典菌根共生体——由根瘤菌和植物根系所组成的互利共生体中，宿主植物能给根瘤菌提供能源和碳源，根瘤菌则将空气中的氨类化合物提供给宿主植物作为氮源。① 在这个共生关系中，温度、湿度、酸碱度、土壤中的化学成分以及阳光、空气等共同构成了根瘤菌、植物的共生环境。菌根共生体的形成改变了根系分泌物的种类和数量，进而影响根际微生物的种群组成，影响高山草地植物和土壤环境。反过来，共生体又受到环境的深刻影响。随着土壤的化学成分、温度与湿度等共生环境的变化，根瘤菌共生体的发育及其共生进化进程也随之被改变。

根据共生环境对共生体的作用性质及其影响方向，可将共生环境分为三类（表 1－2）：正向环境、中性环境与反向环境。正向环境能够对共生体产生积极的激励和正向作用，反向环境对共生体产生抑制和消极作用，中性环境则对共生体既没有积极作用也没有消极作用。

表 1－2　　环境与共生体的相互作用②

共生体＼环境	正向	中性	反向
正向	双向激励	共生激励	环境反抗
中性	环境激励	激励中性	环境反抗
反向	共生反抗	共生反抗	双向反抗

三　共生的条件与影响因素

各个共生单元之所以能构成共生体，并形成某种共生模式或共生关系，是基于一定的条件发生的。换句话说，一个共生体中的共生单元之所以会形成某种共生模式与共生关系，而不是另一种共生模式，是受共生条件与环境制约的。袁纯清博士在其博士论文《共生理论——兼论小型经济》一文中，全面系统地论述了共生的条件。在该文中，他认为共

① 何平林：《资本共生与产业发展》，中国水利水电出版社 2011 年版，第 40 页。

② 袁纯清：《和谐与共生》，社会科学文献出版社 2008 年版，第 13 页。

生条件是解释共生为何发生必须回答的问题，并且从共生的必要条件、共生的充分条件、共生的均衡条件、共生的稳定条件与共生的一般条件五个维度对共生的条件进行了深入分析。在后来的相关著作中，他进一步对共生的条件进行了拓展论述。本书主要依据袁纯清博士的论著，对共生的条件以及影响因素进行分析。

（一）共生的条件

1. 共生的基本条件

共生的条件是要解决为什么会存在共生，以及在什么情况下共生关系会维持稳定或发生变化的问题。一种共生关系的形成需要具备一些基本的条件，包括必要条件与充分条件。其中，必要条件是构成一种共生体或共生关系的共生单元所必须具备的必不可少的条件，它主要体现了共生体对共生单元的性质和特征要求。共生单元的必要条件包括三个：一是共生单元之间至少有一组质参量是可以兼容的，所谓质参量兼容，是指质参量可以相互表达。二是共生单元至少能生成一个共生界面，而且共生单元可以在共生界面自主活动。三是同类同代共生单元的同质度应不小于某一临界值，同类异代共生单元亲近度不应小于某一临界值，异类共生单元之间的关联度也不应小于某一临界值。

当然，具备共生的必要条件并不必然产生共生关系，共生关系的形成还需要具备相应的共生充分条件。共生的充分条件也包括三方面：一是共生单元之间能够通过共生界面进行物质、信息与能量交换，共生单元之间物质、信息与能量的交换是共生赖以存在的物质基础。二是共生单元之间通过共生界面的相互作用产生共生能量或利益。三是共生单元之间在给定的时空结构中拥有关于对方的一定信息量。共生单元所拥有的信息量称之为信息丰度，它对于共生识别过程具有重要意义。信息丰度增加的过程就是共生识别过程，达到临界信息丰度后，共生识别过程即得以完成。

2. 共生的动态均衡条件

共生的基本条件是共生关系产生的基本前提，共生关系的维持与发展则依赖于共生的动态特性。因此，动态均衡条件是分析共生的动态特性的基础。共生的动态均衡主要包括共生维度均衡、共生密度均衡与共生体结构均衡，因此，共生的动态均衡条件也主要包括共生维度均衡条件、共生密度均衡条件与共生体结构均衡条件三个方面。

首先是共生维度均衡条件。共生维度是指共生关系中异类共生单元种类数量的多少，用不同类共生单元的种类数量与共生空间之比表示。共生的形成能够使共生体产生共生能量或共生利益，但也可能使共生体存在某些利益耗损。共生利益的增加或耗损是由共生界面的大小、共生界面介质特征、界面种类和共生模式等因素共同决定的。在共生利益分析中，主要使用边际共生维度的概念对共生体因增加一单位共生维度而增加或减少的共生利益进行分析。每增加一个单位的共生维度所增加的共生利益称为边际维度共生利益，每增加一个单位的共生维度所增加的共生利益耗损则称为边际维度共生耗损。共生维度均衡条件就是每增加一个单位的共生维度所增加的共生利益等于增加该单位共生维度所增加的共生利益耗损。

其次是共生密度均衡条件。所谓共生密度是指共生关系中同类共生单元数量的多少，用同类共生单元数量与共生空间之比表示。共生理论认为，在一个共生体中，任何种类的共生单元即使具备共生的所有条件，共生密度也不可能无限增加。这是因为，共生密度的增加过程既是共生利益增加的过程，也是共生利益耗损增加的过程。共生密度的无限增加可能导致共生体利益增加呈递减状态下降，并最终使共生利益耗损到最小值，由此导致共生关系终结。与定义共生维度相似，描述和分析共生体增加一个单位共生密度所增加的共生利益与共生利益耗损状态的方法是边际密度共生利益与边际密度共生利益耗损。当共生体每增加一个单位的共生密度所增加的共生利益等于该单位共生密度增加所引起的共生利益耗损增加值时，共生密度即为均衡状态。当共生体处于共生密度均衡状态时，因共生密度增加所产生的净共生利益增加值为零，共生体的共生利益达到最大值。

再次是共生体系内部的结构均衡。共生维度均衡与共生密度均衡所描述的是共生体的总量均衡特征，而没有涉及共生单元的组成特征，即共生单元结构特征。此时，即便实现了共生维度与共生密度均衡的理想状态，共生体也不一定能维持稳定，只有在共生体系结构实现均衡的条件下，共生体才能维持稳定状态。共生形成过程不仅是共生单元信息裸露的过程，也是共生单元依赖共生界面进行物质、利益与信息交换的过程。在不完全信息条件下，由于共生信息丰度的增加，共生体的组成单元也会发生变化，共生单元可能的进入或退出会改变共生体的结构。此外，由于共生维度或共生密度的变化，会引起共生单元之间利益分配方式的变化，由此也会导致共生体系内部的结构发生变迁。

因此，共生体要在结构上维持稳定，必须满足两个条件：一是共生体系内部的利益分配方式必须达到维持共生体稳定的分配系数，共生单元之间的利益分配是对称性分配。二是共生单元之间的亲近度或关联度最大化。构成共生体的共生单元在性质上可以是同种同代、同种异代、不同种类三大类，属于不同类别的共生单元之间的关系用不同范畴表述。其中，亲近度表征同类异代共生单元之间关系密切程度，关联度则是表征异种共生单元之间关系密切程度，同种同代共生单元之间的关系则用同质度表示。一般而言，在给定的信息条件下，亲近度最高的同类共生单元之间或关联度最大的异类共生单元之间的共生具有最强的稳定性。

（二）共生的影响因素

共生的影响因素分析是要解决共生关系受哪些因素影响的问题。共生的影响因素可以大致划分为共生单元内部因素、共生环境因素与共生界面因素三类。由于共生单元内部因素、环境因素对共生体的影响均需通过共生界面来实现，因此，本书重点分析共生界面及其对共生体的影响。

1. 共生界面的含义、性质与功能

共生界面是指共生单元之间的接触方式与机制，也是共生单元之间开展物质、信息与能量交换的媒介、通道、载体。共生界面既可以是有形界面，也可以是无形界面；既可以是单介质界面，也可以是多介质界面；既可以是内生界面，也可以是外生界面。共生的无介质界面，是指共生单元之间不通过任何媒介直接进行物质、信息与能量的交换，产生相互作用。共生理论认为，生物界中的共生一般采用无介质界面。有介质界面是指共生单元之间通过一定的介质来实现物质、信息与能量的交换，并发生相互作用。比如海葵的触手、人类的语言和文字，都是介质。人类社会的共生大多属于有介质界面。有介质界面是建立匹配的共生关系的基础，相较于无介质界面而言，有介质界面不仅能够缩小共生单元之间的共生时间与成本，而且能够拓展共生维度与密度。共生界面具有内生性，即共生界面不是由构成共生关系以外的其他单元或环境决定，而是由共生单元的性质所决定的。

作为共生单元之间相互作用的中介和实现形式，共生界面具有强大的物质交换、信息传输、能量转换与共生秩序形成功能。物质交换功能是共生界面的关键性功能，是共生关系存在与发展的基础。没有物质交流，共生单元之间的共生利益就不能生成，共生关系也难以维持，共生体的性质就会发生变化。在有介质界面的共生关系中，介质往往是共生单元得以直接接触并实现物质交换的重要渠道。信息传输功能是共生界面的基本功能，在共生体中，共生单元之间的信息交换与传递，主要依赖共生界面，共生介质则是信息传导的载体。能量传导功能是指共生单元之间的能量是通过共生界面来转移与输送的，能量传导方向与物质交换方向不一定一致。共生秩序形成功能是指共生过程中共生界面可以为某种有序关系的建立提供规则与尺度。

此外，共生界面还有助于实现共生单元的分工与合作。在有介质界面的共生关系中，共生介质可以是一元的，也可以是多元的。一般来说，共生介质的作用具有专一性，一种共生介质只能反映共生单元之间的某一方面的关系。在多介质共生界面中，多种共生介质则能反映共生单元之间多重多维度的相互作用关系。因此，可以说，反映共生单元之间相互关系的所有介质的有机结合就构成一个共生界面。

2. 共生界面的影响

共生界面对共生体的影响是多方面的。因为共生单元之间相互联系与相互作用是通过共生界面产生的，因此共生单元之间相互作用的强度（即共生度）必然受到共生界面的性质与功能的影响。除此之外，共生界面还会对共生机制、共生均衡产生深刻的影响。

第一，共生界面对共生机制能产生深刻影响。所谓共生机制，就是指共生单元之间相互联系相互作用的方式。在任何一个共生体中，共生机制包括三个层面：由环境对共生单元发生作用所形成的环境诱导机制，由共生单元之间的相互作用所形成的共生动力机制，由共生单元之间的性质、空间距离与共生介质性质所形成的共生阻尼机制。三种机制相互结合，共同构成了共生单元之间的作用方式，反映并决定了共生系统演化的基本规律。那么，共生界面是如何影响共生机制的呢？在环境诱导机制方面，环境往往拥有共生界面中的一种或多种介质，正是由于这些共生介质的存在，使得环境与共生体的相互影响得以实现。根瘤菌共生体存在于一定的环境中并受环境的影响，同时根瘤菌共生体又能够改变土壤、空气等外部环境，就是这个道理。

共生体通过共生界面中的一种或多种介质与环境发生关系，可以从多方面进行考察。从环境构成因素来看，有些共生体的共生界面本身就是属于共生环境的范畴，多数外生的有介质界面就属于这种类型。从共生的层次范围来看，某个层次的共生体可能是构成更大范围共生体的共生单元。比如家庭成员构成了家庭共生体，而家庭共生体则构成了社区共生体的共生单元。可见，一个共生体与环境以及环境中的其他共生体也是共生关系。环境对共生体的影响可以是正向激励的，也可以是反向抑制的，但是不管是何种性质的环境影响，都是通过共生界面中的共生介质完成的。

共生界面在共生动力机制中的作用主要表现为共生界面是共生动力机制形成和发展的先决条件。所谓共生动力机制，反映的是共生过程中共生单元之间相互联系、相互作用、相互激励、相互促进与相互制约的内在联系及其实现方式。由于共生动力机制的作用，共生能量朝着最大值增加、共生利益分配更加趋向对称互惠，共生单元、共生体得以发展和共同进化。共生动力机制要回答的本质问题，是共生单元之间的发展和共生体的进化是如何实现的？换言之，共生界面的性质和功能要实现怎样的变化，才能形成适合共生单元与共生体发展进化的共生动力机制。从某种意义上讲，在既定的共生体中，共生动力机制能否正常、高效运行，即共生动力机制的优劣，取决于共生界面的性质和功能。

受共生界面影响的第三个机制是共生阻尼机制。共生界面对共生阻尼机制的影响主要体现在共生界面是共生单元作用的媒介与通道。在既定的条件下，共生体之所以形成的关键原因是共生单元之间的物质、信息与能量交换能够产生共生能量或共生利益。但是，共生单元之间的内在联系与相互作用是通过共生界面实现的。共生界面的性质与功能不总是产生共生能量或共生利益，也产生共生能量或共生利益耗损，这种耗损即为共生界面的阻尼作用。能量耗损的程度也就是共生界面的共生阻尼程度，能量耗损的过程与机制即共生界面产生共生阻尼的过程和机制。

第二，共生界面影响共生均衡。共生均衡可以分为静态均衡（共生的充分、必要条件）与动态均衡，由于静态均衡条件主要是说明共生的形成条件，而动态均衡是说明共生体得以维持、发展进化的条件。因此，在探讨共生界面对共生均衡的影响时，共生的动态均衡特性方面具有重要的意义。本书仅以共生均衡中的共生密度、共生结构为例，讨论共生界面对共生均衡的影响。就共生界面对共生密度的影响来看，一个共生体中共生单元数量的多少，显然受到共生界面的性质的影响。

首先，共生界面影响共生体的开放度。开放度是指共生体与环境之间的共生介质的同质程度。共生体（主要通过共生界面）与环境的共生介质同质程度越高，共生体与环境之间的界限越模糊、开放程度越高。此时，共生密度及其边际共生能量会随着开放程度的提高而增加，直到边际共生密度增加所产生的边际共生利益达到零值。

其次，共生界面影响共生体分配系数。分配系数是反映共生界面性质与功能的重要变量之一。在对称分配条件下，分配系数等于零，此时共生体具有最大的边际密度能量和净能量；如果分配系数大于零，则不能实现最大的边际密度能量和净能量。

再次，共生界面影响阻尼系数。阻尼系数是一个表示因共生界面所产生的阻力或代价大小的变量，阻尼系数越大，表明共生体所产生的边际共生密度耗损越大，此时越不利于共生体的共生进化。此外，由于共生界面的性质和功能直接影响到共生体中共生单元的进入与退出，以及共生单元之间的同质度、亲近度与关联度等特性，由此也会影响到共生体系内部的共生结构的发展变化。

四　共生理论的分析方法

（一）共生的基本原理

共生理论在分析共生系统形成与发展过程中一些内在的本质的必然联系时，形成了一些带有普遍规律性的思想、观点与主张，为人们认识共生现象及其形成与发展提供了基本规则。这些基本规则包括：质参量兼容原理、共生能量生成原理、共生界面选择原理、共生系统相变原理与共生系统进化原理，等等。下面择其主要内容予以介绍。

质参量兼容原理。共生单元之间只有具备某种内在的联系才可能构成共生关系，并按照某种共生行为模式与共生组织模式形成共生体。质参量兼容是指备选共生单元的质参量之间可以相互表达。质参量兼容与否决定了共生关系形成的可能性，而质参量兼容的方式决定了共生模式的类型。质参量兼容的方式主要分为随机性兼容、不连续的因果性兼容与连续的因果兼容，相应地，三种兼容方式会分别形成点共生模式、间歇共生模式与连续共生或一体化共生模式。

共生利益形成原理。共生过程能够产生共生利益，是共生的本质特征之一。共生利益形成原理表明了共生体发展的本质属性即共生利益及其最大化。无论是生物共生，还是社会共生，共生利益形成原理是相通的。生物界中的共生利益表现为植物、动物与微生物在共生中存在和繁殖，人类社会中的共生利益表现为共生单元（个体、组织等）的生存、发展。共生利益是共生界面作用的物质（或精神的）成果，是共生体及其共生单元的质量提高和数量扩展的前提条件。

共生界面选择原理。在共生体中，共生界面选择直接决定了共生单元的数量与质量，也直接决定了共生利益的形成及其增长方式。所谓共生界面选择，主要包括两层内涵：一是共生界面对共生对象的选择。在不完全信息条件下，通过竞争来实现对共生对象的选择；在完全信息条件下，则通过非竞争性的亲近度规则和关联度规则实现对共生对象的选择。二是共生界面对共生利益分配的选择。在完全非密度制约条件下，主要根据共生单元数量增值的需求进行分配，在完全密度制约条件下，则主要根据共生单元功能改进的需要进行分配。当然，还有一种情况就是在非完全密度制约条件下，采取混合选择的方式分配利益，其中一部分用于共生单元的数量增值，一部分用于共生单元的功能改进。

共生系统相变原理。共生系统（即共生体）相变是指系统从一种状况向另一种状态的转变过程。由于共生单元构成的共生关系可以分为共生组织模式与共生行为模式，因此，共生系统相变也可以分为组织模式相变与行为模式相变两种最基本的形式。共生系统相变分析的意义在于从一般意义上指出共生状态的动态发展特点，并分析共生状态之间相互转化的原因。共生系统相变原理指出，共生利益的非对称性分配、不匹配使用（共生界面选择的共生利益分配方式）和全要素共生度变化是共生相变产生的基本原因。上述三方面原因会引起不同类型的共生系统相变。其中非对称性分配因子变化主要引起共生行为模式的变化，全要素共生度变化主要引起共生组织模式的变化，利益分配方式选择变化则可能引起混合相变，即共生组织模式与共生行为模式的共同变化。

共生系统进化原理。无论在生物界，还是人类社会，进化都是共生系统的本质，也是共生系统的最终归属。在若干共生关系中，对称性互惠共生是共生系统理想的共生模式，也是共生系统进化的一致方向，是生物界、人类社会必须共同遵守的根本法则。共生系统进化原理表明，任何无效与不稳定的共生系统都是因为违反了对称性互惠共生的法则，而这种共生系统中的非对称性、非互惠共生性则既是共生系统低效、不稳定的根源所在，也为共生系统向理想的共生模式进化提供了根本动力。

（二）共生分析的逻辑与方法

共生原理的本质是要通过对若干共生现象的分析来发现和探索共生的客观规律，揭示共生单元之间、共生单元与共生系统之间、共生系统与共生环境之间的内在的、必然的、本质的联系，为人类认识、掌握自然界客观事物与人类社会实践活动的规律提供依据。一般而言，运用共生理论分析共生现象的基本逻辑是采取三个步骤，围绕以下八个方面的判据逐步展开：质参量兼容、共生组织模式、共生行为模式、共生利益形成、共生系统与环境关系、共生系统相变类型、共生系统进化方向与共生系统稳定性。下图（图 1－1）展示了共生理论分析的基本逻辑步骤。

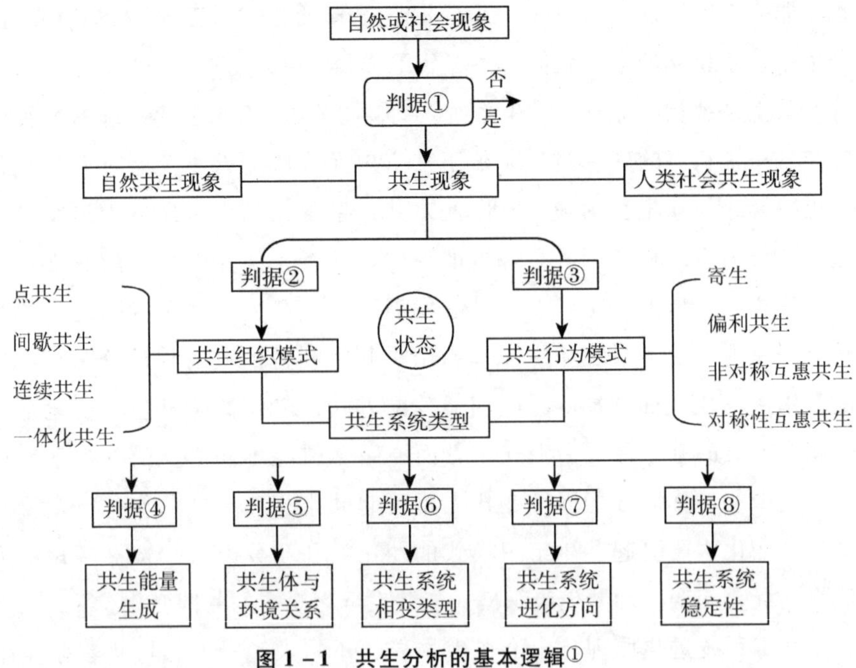

图 1－1　共生分析的基本逻辑①

在运用共生理论对共生现象进行分析时，主要使用共生度分析、共生界面分析与共生模式分析三种相互联系又相互交叉的方法。

共生度分析方法。共生度是共生单元之间、共生体之间质参量变化的关联度，反映共生单元或共生体之间质参量相互影响的程度。共生度分析在共生条件、共生组织模式、共生系统相变、共生系统稳定等方面都有体现。共生度存在的基础是质参量兼容原理，质参量兼容表明共生单元质参量可以相互表达，即质参量之间存在联系。共生度是共生系统最基本的特征量，最直接地反映了共生系统的本质和发展规律，因而共生度分析方法对于共生现象分析具有最基本的方法论意义。

共生界面分析方法。共生界面是影响共生单元之间物质、信息与能量交换的基本媒介，共生界面的性质与功能是共生关系的重要影响参数，是决定共生体效率与稳定性的核心要素。共生界面分析方法是要通过对共生界面性质、特征及其变化的分析，揭示共生系统的效率特征、稳定

① 袁纯清：《共生理论：兼论小型经济》，经济科学出版社 1998 年版，第 74 页。

系数、分配特性与发展特性的变化规律。

共生模式分析方法。共生模式分析是要通过共生模式的分析与比较，揭示各种共生模式之间的联系与区别及其演化方向。在特定的共生现象分析过程中，对共生模式的分析与把握，有助于识别共生单元之间的共生关系。进一步地，共生模式的分析引发对共生相关问题的深入思考，为何共生单元之间会形成这种共生模式而不是另一种共生模式，如何实现共生关系的发展进化？等等。

第二节　社会共生理论的基本观点

一　社会共生概念的提出

运用生物学的共生概念，考察和分析人类社会现象，不难发现，人类社会中的共生现象无处不在，如同玛格丽斯所言，我们是一个生物共生的行星上的共生生物，只是我们没有认识到共生现象的普遍性罢了。社会共生现象随处可见，充斥于人类社会政治、经济、文化与社会生活，遍布于人类社会生产的各个行业与生活、休闲娱乐的各类领域。世界上不同的国家之间是一种共生关系，不同的民族是一种共生关系，不同的种族与人群之间是一种共生关系，不同行业与职业的人群之间、不同性别与年龄的人群之间、不同的社会地位与身份的人群之间、不同的文化与信仰的人群之间……凡此种种，无不是一种共生关系。

社会共生是人的基本存在方式，也是人们认识社会现象的基本方法。正因为如此，共生方法在20世纪中期开始引起了人文社会科学乃至哲学的关注，人类学、生态学、社会学、经济学、管理学、政治学、哲学、医学、建筑学等众多学科的学者运用共生的概念工具、基本思想与方法，对本学科领域中的众多问题开展了研究。借鉴生物学的共生概念，社会科学提出了“社会共生”概念并逐步形成了社会共生理论雏形。复旦大学胡守均教授认为，共生概念用于人类社会，可以界定为“人与人之间、人与自然之间，关于资源所形成的关系”①，“共生是不同的个人密切地生

① 胡守均：《社会共生论》（第2版），复旦大学出版社2012年版，第3页。

活在一起，共生是人的基本存在方式。”[①] 袁纯清博士认为，社会共生就是指社会系统中的人、由人组成的社会组织与自然之间，在一定的环境中、按照一定的模式生活在一起。[②]

还有学者从世界观、方法论与价值观的高度来阐述共生概念。钱宏认为，共生是指不同主体各得其所的状态，共生就是法则、关系、智慧、价值观。[③] 李思强则认为，共生是泛指事物之间或单元之间形成的一种和谐统一、相互促进、共生共荣的命运关系。共生是宇宙万物的存在方式，也是人类社会生存与发展的本质。进一步地，他提出了共生构建的思想：共生是一种可塑状态，共生的可塑状态表明，共生需要构建。所谓共生构建，就是人们按照共生的特点、原则、规律进行构建人与自然、人与社会以及物与物之间的关系。[④] 日本学者井上达夫认为，共生是向异质者开放的社会结合方式，是相互承认不同生活方式的人们之自由活动和参与的机会，积极地建立起相互关系的一种结合。[⑤] 此外，日本学者尾关周二、黑川纪章、石川统等均对社会共生进行过研究。[⑥] 总之，共生不仅仅是一种生物现象，也是一种社会现象；共生不仅是一种自然状态，也是一种可塑形态；共生不仅是一种生物识别机制，也是一种社会科学方法；共生不仅是一种生物生存方式，也是一种人的生存哲学。

二　社会共生理论要点

毋庸置疑，生物共生的基本概念、原理与分析方法理所当然地构成了社会共生理论的思想源泉，也是社会共生理论的基础构成元素。比如，社会共生系统也包括社会共生单元、社会共生模式与社会共生环境三大要素；共生的条件与影响因素分析同样适应于社会共生现象，共生利益

---

① 胡守均：《走向共生》，上海文化出版社2002年版，第32—35页。

② 袁纯清：《和谐与共生》，社会科学文献出版社2008年版，第22页。

③ 钱宏：《中国：共生崛起》，知识产权出版社2012年版，第2页。

④ 李思强：《共生构建说论纲》，中国社会科学出版社2004年版，第136页。

⑤ ［日］井上达夫：《走向共生的冒险》，每日新闻出版社1992年版，第24—25页。转引自［日］尾关周二《共生的理想——现代交往与共生、共同的理想》，卞崇道等译，中央编译出版社1996年版，第120页。

⑥ ［日］尾关周二：《共生的理想——现代交往与共生、共同的理想》，卞崇道等译，中央编译出版社1996年版，第115—137页。

分配、共生界面选择、共生系统进化等原理同样是社会共生理论的基本原理；共生度分析、共生界面分析、共生模式分析等分析方法也是社会共生的基本分析方法。不过，基于人的社会性与能动性特征，社会共生还存在一些独特的基本原理。需要指出的是，即便是生物学意义上的共生现象，也还有很多亟待人类深入研究、深化认识的理论课题。更何况，社会共生理论完全脱胎于生物学共生理论。因此，作为生物共生理论研究在社会科学领域的延伸与拓展，社会共生理论还远没有成为一门系统、完整的科学理论。基于此，本书主要通过梳理国内外社会共生理论的代表性研究成果，阐述社会共生理论的基本原理与理论观点。

（一）基本观点

首先，社会共生的本质是人与人之间的共生。如果将生物界共生现象引入人类社会领域，我们会发现，共生是一种普遍的社会现象，社会共生现象无处不在，整个人类社会就是一张由社会共生关系编制成的网。人与自然的共生，人与社会的共生，人口、资源与环境的共生，人与人、组织、社区、民族之间的共生……社会共生现象既贯彻于人类社会各个领域、各个层次、各个共同体，又横贯人类社会发展的各个阶段和每个个体生存的各个时期。与生物共生不同的是，生物共生单元是不同的物种，而构成形形色色、千姿百态社会共生体系的共生单元则离不开人或由人组成的共同体，因此社会共生体系本质上是人的共生体系，共生是人类社会生存与发展的基本形式。

与生物共生现象一样，社会共生现象也包括了共生单元、共生模式、共生环境等基本要素。由于人的社会性、丰富性、主动性等特征，社会共生现象的类型划分比生物共生现象更加多样化，社会共生可以从“共生单元的基本性质、共生资源的类型、共生单元力量对比、共生收益分配、共生主体的意愿、共生关系的强弱程度、共生相变的约束条件”等诸多标准出发进行分类。既然共生是一种普遍的社会现象，是人类生存与发展的基本形式，就应该把社会共生现象当作一种客观事物加以对待，并且将社会共生当作一种价值观、一种方法论，将共生作为观察和认识社会现象的基本准则。

其次，社会共生利益包括物质与精神两个方面。作为共生现象的普遍规律，共生利益是共生系统存在和发展的物质基础，也是推动共生系统进化和发展的动力源泉。社会共生系统亦是如此，所不同的是，社会共生不仅仅能够产生物质利益，也能够产生精神利益。而人的发展过程本质上是人与人之间的共生进化过程，是人的价值不断被挖掘出来，人在物质利益与精神利益两个方面的满足程度不断提高的过程。

再次，竞争仅仅是实现社会共生进化的手段，而不是目的。在达尔文的“适者生存”理论看来，与同种的其他个体之间的生存斗争是进化的主要动力。在达尔文的进化理论中，几乎没有考虑异种生物个体间的相互作用。有生态学学者认为，若不充分理解异种个体间的相互作用，就不能说明进化的整体状况，从而关注共生与共同进化现象。社会达尔文主义者将生产斗争运用到人类社会，致使19世纪后半叶到20世纪，生存斗争成为人类社会的基调。进入21世纪，作为一个与之相互补充的概念，“生存斗争”也许会让位于共生概念。生物共生概念提倡对达尔文“进化论”进行批判，但是绝不是排除生存斗争本身的概念，不过生物学中的共生更多地表明，生物之间是通过友好联盟的方式，实现共同进化的目的。说到底，竞争只是实现生物共生的手段。将生物共生概念引入社会，要警惕社会达尔文主义者将竞争作为人类生存手段的错误做法。无论是生物共生论，还是社会共生论，竞争绝不是社会进化的最终目的和结果，对称性互惠共生才是社会进化的目的和结果。因此，将竞争作为手段，要保持其限度，否则社会共生关系会遭到破坏，共生“进化”也无从实现。

（二）核心原理

社会共生相对性原理。从马克思主义唯物辩证法的角度出发理解社会共生，不难推断，社会共生现象是一种客观存在，因而具有绝对性，但是社会共生性质、方式与特点是多种多样的，因而又要把握社会共生的相对性。首先，社会共生现象及其共生单元都是相对的。共生单元不同，所构成的共生体也不同；时间、空间条件不同，相同共生单元之间的共生关系也会发生变化。其次，共生不是同一或同质化。与不同种属共生单元构成的共生体不同，构成社会共生体的是同种共生单元，但是同种不表明同一或同质，人是多样性的集合。任何个体的人都是相对独立的个体，具有不同性质与特征，强调人与人之间的共生，并不是完全无限度的同质化，那样只会抹杀人性的丰富性、多样性，阻碍人类实现全面自由发展。共生的相对性原理，对于认识和分析人类社会现象具有重要的现实意义。

社会共生进化原理。与生物共生关系类似，社会共生关系也存在寄生、偏利共生、非对称性互惠共生、对称性互惠共生等基本类型；社会共生利益的非对称性分配、社会共生利益的不匹配使用与社会共生系统全要素共生度的变化也是社会共生系统相变的基本原因。整体而言，社会中的偏利共生、非对称性共生甚至寄生的共生关系虽然广泛存在并在某种意义上讲具有现实合理性，但是建立对称性互惠共生关系既是人类社会发展的方向与趋势，又是人类社会发展进化的目标。社会共生模式越高级，社会共生利益分配越对称，表明人类自身发展与社会发展越进步。而某种低级共生模式及其共生利益非对称性分配等不合理因素，正是推动人类社会对共生界面做出变革，改善共生机制与共生环境，实现社会共生进化的根本动力。

社会共生建构原理。与生物中的共生单元不同，作为社会共生单元的人具有主观能动性，因此能够对社会共生关系施加影响，改变某种不利于人类发展的共生关系，建立某种适合人类发展的共生关系，即所谓共生建构原理。人类建构起了各种制度、规则和价值观念，用以规划和约束人类社会生产与生活，包括政治法律制度、经济交往规则、宗教伦理、道德规范与社会习俗等。这些即是各个层次、各种类型的社会共生体得以形成与发展的共生界面。由于人的主观能动性，使得人们可以对共生界面做出主动选择和改变，以促进共生关系的改善与发展。相对于生物共生界面选择和改变的时间周期而言，人类改变共生界面既可以是渐进而缓慢的，也可以是突变的。选择任何一种改变方式，从根本上说，都是基于人类自身生存与发展的需要。

第三节　理论运用与分析框架

一　理论假设

本书的意旨是运用共生理论对农业转移人口市民化相关问题进行分析、论证，并从共生视角出发，提出治理农业转移人口市民化问题的基本思路与政策建议。共生理论是统领整个研究工作的核心概念体系、理论工具与分析方法，研究过程中相关论点的提出、论证的展开及相关材料的组织与描述，都离不开共生概念及其相关理论。运用共生理论进行社会科学研究的立论基础是该研究对象（社会现象）是一种共生关系。由于生物学意义上的共生关系形成有一系列严格的基本条件，因此共生现象理论研究的出发点是对共生的基本条件特别是质参量是否兼容进行研判，以此识别一种现象是否是共生现象。不过，社会领域中的共生现象普遍存在，社会共生本质上就是人与人之间的共生，这几乎是不证自明的。同时，为了简化繁复的论证，本研究提出如下理论假设：

1. 农业转移人口与市民之间是一种共生关系。社会共生本质上是人与人之间的共生，农业转移人口与市民之间的共生关系是一种客观存在，只不过这种共生关系在不同时期具有不同的性质特征。基于此，农业转移人口市民化问题治理本质上就是如何改善农业转移人口与市民之间现有的共生关系，实现农业转移人口与市民的共生进化的问题。换言之，农业转移人口市民化问题治理的本质是如何建构农业转移人口与市民的对称性互惠共生关系。

2. 人是社会共生关系基本组成单位，又深刻影响社会共生关系。在社会共生关系中，人是直接或间接地构成共生单元的基本单位。人的本质属性决定了人能够对社会共生关系的建构产生深刻影响。这种影响主要包括：人类可以主动选择、改变共生界面；主导社会共生利益形成、分配方式；改变共生资源、机制与环境；促进或抑制共生系统的发展进化，等等。

3. 人的能动性决定了人类具有促使共生系统相变，实现共生系统从低级形态向高级形态发展的动机。追求人的价值实现，追求人的全面自由发展与社会进步，是人的能动诉求。这使得人类具有积极创造条件促进社会共生模式从寄生、偏利共生、非对称性互惠共生等低等级共生状态向对称性互惠共生与一体化共生的高等级共生状态进化的需求和动机。当然，由于人的本质属性的复杂性，社会共生关系在从低等级向高等级进化过程中自然也会受到很多阻力（即阻尼特征），但是不会影响共生系统共生进化的整体方向和进程。

二　话语体系

共生概念是贯穿于本书始终的基本概念，共生理论是本书的理论基础，共生分析方法是本书分析、论证和解决问题的基本方法。因此，本书的写作思路、结构布局、内容安排以及行文风格始终围绕共生这一核心概念，始终体现着“共同进化”的研究目标与主旨，并形成了一套“共生进化”的话语体系。其中，共生话语运用主要包括：

1. 共生单元：在由农业转移人口与市民构成的共生体中，共生单元是农业转移人口（在某些场合，也使用农民工一词）、市民。这是本书撰写过程中涉及的一组最核心的共生单元。当然，农业转移人口市民化的问题不仅仅涉及这一组共生关系，事实上，在当前我国农民市民化进程中，还有一组共生关系是值得特别关注的，那就是农业转移人口与其家庭成员之间的共生关系。其中，又有几种类型的共生关系。以农民工为例，农民工与其配偶的共生关系问题、农民工与其子女的共生关系问题、农民工与其父母的共生关系问题是市民化进程中尤为值得重视的问题。此外，还有城乡的共生、不同规模不同级别城市的共生、不同代农民工的共生以及农民工经济地位、政治权利、思想观念与文化、精神与心理的共生等多方面、多领域的共生问题。

2. 共生模式：既然农业转移人口与市民是一个共生体，他们必然会形成某种共生模式（共生关系）。只不过在不同的历史时期里，他们所形成的共生模式属于不同的类型，具有不同的特点而已。本书主要根据四种共生行为模式中的非对称性互惠共生与对称性互惠共生开展相关论述。

3. 共生界面：农业转移人口与市民之间的共生关系或共生模式，是依赖于一定的共生界面才得以形成的，而且这种共生界面多为有介质界面。其中，政府（制度与政策）、市场、社会是形成上述共生关系的三类最基本的共生介质，每种类型共生介质又可以进行细分，比如政府类共生介质包括法律、制度与政策、发展规划与项目等，社会类共生介质又包括家庭、社区、企业、社会组织与社会团体等。

4. 共生环境：农业转移人口与市民之间共生关系的形成与变化，是受特定的共生环境影响的。从共生体角度看，上述共生介质本身就属于共生环境的范畴。除此之外，政治法律、经济、科技、文化、舆论都是构成共生环境的重要因素，并且可以形成一个宏观的环境系统与若干子环境系统，它们对农业转移人口与市民之间的共生关系建构具有重要影响。

5. 共生进化：共生进化是共生体发展、演化的基本规律，农业转移人口与市民的共生进化亦是无法回避的基本法则。实现农业转移人口与市民之间的共同进化，极度依赖于人类自身的能动性。人们可以通过政府、市场、社会等多个维度，优化共生界面，创造农业转移人口与市民共同进化的条件与环境。

6. 共生资源：共生资源是共生关系形成的物质基础，共生资源的分配与使用方式在某种程度上决定了共生模式的性质、类型及特征。因此，分析并解决共生资源的对等分配问题，对于分析和研究农业转移人口与市民的共生关系具有重要意义。

7. 共生利益：共生利益的分配方式，既是特定的共生状态或模式的重要特征，反过来对共生关系的发展变化又具有重要影响。特别是在共生利益非对称性分配的共生模式中，实现利益的对称性分配无疑是处于利益分配弱势地位的共生单元表达、维护和增进自身利益的重要途径，是推动共生关系向对称性互惠共生关系发展的基本动力。

8. 共生约束条件：共生关系的形成，特别是人类社会中对称性互惠共生关系的建构虽然可以采取主动、突变的方式得以实现，但是并非可以违背客观规律，它受制于一定的条件。实现农业转移人口与市民的共生进化虽然是整体方向、目标，但是要考虑不同城市的承载力、农业转移人口自身的意愿、能力与素质以及公共财政资金等约束条件，不能盲目，也不能急于求成。

三　共生分析框架

共生理论是一个较为复杂的理论体系，有其专门的术语、分析问题的逻辑、理论工具与分析方法，生物共生理论尤其如此。在研究社会问题时，共生理论无疑为人们提供了很好的理论视角和分析框架。不过，理论借鉴的目的在于为研究工作提供理论依据和学理支撑，最终为深入分析问题，找到解决问题的可行方法奠定基础。因此，理论的运用应充分考虑实际社会问题，具体情况具体分析，包括理论工具的契合性或适用性，现实问题形成的背景、原因及发展趋势，等等。借鉴共生理论的基本原理与分析方法，本书构建了农业转移人口市民化问题的共生分析框架（图 1－2）。本书对于农业转移人口与市民的共生分析，重点围绕以下问题展开：

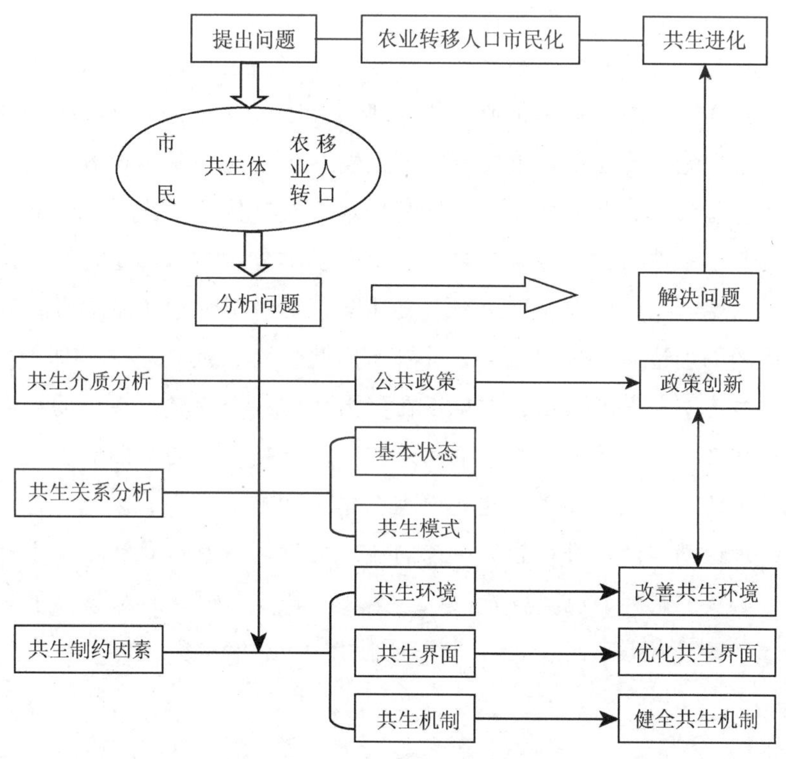

图 1－2　本研究的共生分析框架

第一，作为社会共生的一种主要共生介质，农民市民化公共政策有何特性？是如何影响农业转移人口与市民的共生关系的？

第二，农业转移人口与市民的共生现状如何？属于何种共生模式，这种模式有何特点？

第三，实现农业转移人口与市民对称性互惠共生，需要如何改善共生环境，优化共生界面，健全共生机制？作为一种关键的共生影响因素，公共政策应做出什么回应，在理念与具体政策措施上如何创新，以推动农业转移人口与市民的共生进化？

第四节　本章小结

共生理论是本书研究农业转移人口市民化问题所运用的重要理论工具，其分析方法和分析框架贯彻于整个研究过程之中。在正式探讨农业转移人口与市民的共生关系之前，有必要梳理共生理论的观点、原理与思想及其在本书中的运用价值。共生理论大体可以分为生物共生理论和社会共生理论，因此本章首先介绍了生物共生理论的基本内容，包括生物共生概念的缘起及其发展、生物共生现象及其构成要素、生物共生体形成的基本条件与影响因素、共生理论的基本分析方法和逻辑过程。受生物学共生理论的启发，近年来人文社会科学乃至哲学领域学者在开展相关问题的理论研究过程中，尝试着运用共生概念及其理论工具，社会共生的概念遂被学者提出，并且正在努力建立一个完整、系统的社会共生理论体系。尽管社会共生理论远未成熟，但是已经初步形成了很多具有说服力的观点或者原理。这些原理在本书中亦有体现，因此，在对生物共生理论基本内容进行较为系统的梳理之后，本章也对社会共生理论进行了必要的解释、说明与描述。最后，就本书所研究的对象做了与共生相关的理论假设，并介绍了本书所使用的话语体系以及“共生分析框架”。

第二章

市民化政策的发展演变与范式变迁

公共政策是社会共生系统中一种重要的共生介质，又是共生界面的重要组成部分。公共政策不仅可以促成、改变社会共生环境，而且也深刻影响社会共生单元之间相互作用的性质、方式与力度，并在某种程度上决定社会共生资源配置方式，决定社会共生利益分配方式的选择及其结果，最终主导社会共生关系。作为我国社会中一种典型的共生现象，农业转移人口与市民之间的共生及其发展变化，无不体现着公共政策的这种显著影响。因此，系统梳理党和国家关于农民市民化的相关政策，并考察这些政策的语言特点、政策目标与价值取向，不仅有助于从宏观上了解政策演变的脉络，把握政策变迁的特点与发展趋势；而且对于充分了解农业转移人口当前的地位与处境，深刻认识农业转移人口与市民的共生现状，找出破解农业转移人口市民化难题的策略与方法有着重要的现实意义。鉴于此，本章运用政策文本分析方法，梳理农民市民化政策的发展历程，对各阶段政策话语、政策意图进行描述与解释，分析农民市民化政策范式及其转移特征，预测农业转移人口市民化政策发展趋势。

第一节　市民化政策的发展轨迹与历程

一　改革开放前的管制政策与封闭模式

新中国建立初期，按照党的第一代领导集体确立的“以工业为主导，以农业为基础”的基本发展方针和对社会主义现代化发展道路的构想与规划，国家的社会主义现代化建设随即拉开帷幕。城市成为现代化、工业化建设的前沿阵地。为了保护以城市为中心的现代化、工业化发展，国家政策及其主导下的资源配置给予城市极大的优惠与倾斜，其后果之一就是产生并逐步扩大了城乡差距。而这种差距，正是农民流向城市的起始诱因。从 1952 年开始，农民大量涌入城市的现象开始出现。随着国家工业化的大规模展开，进城农民的数量也不断增加。农民大量进城，一方面威胁农业生产与发展，另一方面也给城市的就业、秩序形成冲击。相应地，国家采取了多种措施控制农业人口流动，力求将农民稳定在农村。具体措施包括建立农业生产合作社、兴修水利以提高农业生产率，改善农村面貌和环境，同时加强农业人口流动管制，阻止农民进城。

为了实现把农民稳定在农村的政策目标，建国初期国家发布了一系列政策文件，包括 1952 年 7 月政务院通过的《关于就业问题的决定》，1953 年 4 月政务院发布的《关于劝止农民盲目流入城市的指示》，1954 年内务部和劳动部联合发布的《关于继续贯彻〈劝止农民盲目流入城市〉的指示》等。1955 年 6 月，国务院在 1953 年人口调查登记工作的基础上，发布了《关于建立经常户口登记制度的指示》，明确了在全国城市、集镇、乡村建立户口登记制度的思想。具体规定包括，城市户口登记仍按照 1951 年公安部颁布的《城市户口管理暂行条例》执行，乡和未设公安派出所的集镇，乡、镇人民委员会应当建立乡、镇户口簿和出生、死亡、迁出、迁入登记册。乡、镇户口簿登记全乡、镇的常住人口，并且根据人口变动，随时填入或者注销，以掌握全乡、镇实有人口的情况。出生、死亡、迁出、迁入四种登记册，随时登记变动人口，以掌握人口变动的情况。1955 年 11 月，国务院发布《关于城乡划分标准的规定》，正式将“非农业人口”与“农业人口”分别作为城乡人口的统计标准。

1956 年，全国农民工使用量达 300 万人次，劳动部门认为，用工单位在招临时工的时候，没有严格遵守先城市后农村的原则，放着城市中剩余劳动力不加利用而去农村招工，对城市安排劳动就业和农业生产，都是不利的。任意录用盲目流入城市的农民，造成在招工时刺激农民大量涌入城市，既妨碍农业生产的发展，也影响城市建设。[①] 国务院随即于1956年底出台《关于防止农村人口盲目外流的指示》，指出要加强对农民的教育，预防农民外流。1957年3月，国务院又颁布《关于防止农村人口盲目外流的补充指示》，紧接着于9月14日颁布《关于防止农民盲目流入城市的通知》，同年12月13日，国务院又通过《关于各单位从农村中招用临时工的暂行规定》，明文规定各单位必须根据国家批准的劳动计划，拟定本单位临时工使用计划并向主管机关报批，“各单位一律不得私自从农村中招工和私自录用盲目流入城市的农民。农业社和农村中的机关、团体也不得私自介绍农民到城市和工矿区找工作”。

专栏1

由于城市人民同乡村人民的经济条件和生活方式都不同，政府的各项工作，都应当对城市和乡村有所区别，城乡人口也须要分别计算。为了让各部门在区别城乡的不同性质来进行计划、统计和其他业务工作的时候有统一的依据，现在规定城乡划分标准如下：

（一）凡符合下列标准之一的地区，都是城镇：

甲、设置市人民委员会的地区和县（旗）以上人民委员会所在地（游牧区流动的行政领导机关外）。

乙、常住人口在二千人以上，居民百分之五十以上是非农业人口的居民区。

（二）工矿企业、铁路站、工商中心、交通要口、中等以上学校、科学研究机关的所在地和职工住宅区等，常住人口虽然不足二千，但是在一千人上，而且非农业人口超过百分之七十五的地区，列为城镇型居民区。具有疗养条件，而且每年来疗养或休息的人数超过当地常住人口百分之五十的疗养区，也可以列为城镇型居民区。

（三）上列城镇和城镇型居民区以外的地区列为农村。

（四）为了适应某些事务部门工作上的需要，城镇可以再区分为城市和集镇。凡中央直辖市、省辖市都列为城市，常住人口在二万人以上的县以上人民委员会所在地和工商业地区也可以列为城市，其他地区都列为集镇。个别部门因为工作需要有另订城市与集镇区分标准的必要的时候，应当报告本院批准。

（五）市的郊区中，凡和市区毗邻的近郊居民区，无论它的农业人口所占比例的大小，一律列为城镇区，郊区的其他地区可按第（一）、（二）、（三）三条标准，分别列为城镇、城镇型居民区或乡村。近郊区的范围由市人民委员会根据具体情况确定。

以上城乡划分标准，是为了便于计划、统计和业务计算的，并不因为这个而改变各地区的行政地位和机构编制。

第（一）条甲款以外的城镇及城镇型居民区的确定必须经过批准，应当由内务部制订《城镇和城镇型居民区申请批准办法》报送本院批准后发布施行。

为了利于各项工作的进行，责成内务部在1956年内，对我国现有的城镇和城镇型居民区尽速作一次统一的审定，并编制《全国城镇和城镇型居民区一览表》报送本院核准使用；此后，城镇和城镇型居民区的增减变动，应当由内务部定期统一通知。

资料来源：《国务院关于城乡划分标准的规定》（1955年11月7日国务院全体会议第20次会议通过）。

① 参见马文瑞《关于“国务院关于各单位从农村中招用临时工的暂行规定”的说明》，《劳动》1958年第1期。

1957年12月18日，中共中央、国务院发布了《关于制止农村人口盲目外流的指示》，明确指出我国社会主义建设的方针是在优先发展重工业的基础上，发展工业和农业并举。农村人口大量外来，不仅使农村劳动力减少，而且使城市增加了无业可就的人口，也给城市工作带来了不少困难。一切用人单位需要增加工人或临时工，必须通过当地劳动部门同意调配或者招收，一律不得擅自招用工人或临时工。同时，对于盲目流入城市和工矿区的农村人口，必须动员他们返回原籍，并且在外出农民流经的城市或交通中心、火车站等地设立劝阻站，专门负责劝阻和及时遣送外流农民回乡。1958年，第一届全国人大常委会通过了《中华人民共和国户口登记条例》，以国家法律的形式对户籍管理的宗旨、户口登记范围、主管机关、户口管理的程序等做了明确规定，从而确立了一套完善的户口管理制度体系。这部全文仅2400余字的法规，成为新中国户籍制度历史上最重要的一部法规，它不仅标志着我国城乡二元的户籍制度正式建立，而且为半个多世纪以来城乡二元体制、二元对立关系的建立与巩固发挥了重要作用。

专栏2

据各劝阻站反映，近来我省部分地区农民盲目外流又有发展。为了加强对各交通要道外流农民的劝阻工作，已经设立劝阻站的地方，应加强领导，适当增配干部；没有设站的要继续增设劝阻站。为此，特作如下补充通知：

1. 蚌埠站原有干部10人，现确定蚌专再增配7人，阜专再增配5人，共为22人。徐州站由蚌专再增配干部5人，共为20人。芜湖站由蚌专再增配干部3人，芜专、巢县各增配干部1人，蚌专减去干部1人（一般干部），共为23人。原确定六专驻芜湖站的4名干部，应由六安专署安丰、寿县、庐江县各抽干部1人参加。横港站由铜官山市抽一干部负责领导由无为和含县各抽3人，庐江、当涂县各抽2人参加该站工作，并迅速把站建立起来，及时进行劝阻工作。

2. 淮南市八公山、合肥市车站、无为县土桥应即增设劝阻站。八公山站由淮南市负责并抽一干部负责领导，凤台、颍上、寿县各抽2个干部参加该站的工作；合肥站由合肥市负责，并抽一干部驻车站，负责接收芜湖、蚌埠等站转送肥东、肥西两县回乡的农民；土桥站由无为县负责抽调干部负责劝阻工作。

3. 各专县应加强劝阻站工作的干部的教育，使其安心站的工作。各专署应将抽至各站的干部确定下来，站根据专署确定的干部，把名单汇总报省民政厅。今后各地不得擅自抽回站的干部，如必需调回站的干部，应征得专署和省的同意，才能抽回。在各站工作不脱产干部差旅费，由所在县报销。

4. 向省报销的各劝阻站的经费开支项目，主要是回乡农民的路费，途中伙食费和必要治理的医药费，死亡埋葬费以及劝阻登记所用的表格纸张墨水等。

资料来源：安徽省人民委员会关于劝阻农村人口盲目外流的补充通知（民字第83号），《安徽政报》1959年第2期。

自《中华人民共和国户口登记条例》实施以后，与户籍相关的劳动就业、社会保障、法律援助的政策法规相继出台。1959年，中共中央发布

《关于立即停止招收新职员和固定临时工的通知》。1962 年 12 月，公安部出台《关于加强户口管理工作的意见》，明文规定严格控制城乡人口迁移。1963 年，公安部在人口统计中明确使用了“非农业户口”一词。1964 年，国务院批准《公安部关于处理户口迁移的规定（草案）》，对城乡人口流动做出了进一步的严格限制，包括从农村迁往城市、集镇，从集镇迁往城市。1977 年，国务院批转《公安部关于处理户口迁移的规定》，明确指出，严格控制市、镇人口，是党在社会主义历史时期的一项重要政策，处理户口迁移，首先要贯彻严格控制市、镇人口增长的方针。从农村迁往市、镇，由农业人口转为非农业人口，从其他市迁往北京、上海、天津，要严加控制，并且对户口迁移审批权限、迁移手续等做了详细规定。此后，为了贯彻严格控制城市人口的方针政策，国家又采取了“农转非”控制指标措施。

专栏 3

当时（安徽省，笔者注）人口外流的主要去向，是河南省的郸城、鹿邑、虞城、永城等县。1959 年 2 月下旬至 3 月上旬是人口外流的高峰期。全县（安徽亳县，笔者注）外流人口在 2 万人以上。特别是靠近河南省的双沟、十河、十八里、魏岗、张集、五马、观堂七个公社，外流的人口接连不断。观堂公社刘集大队去永城的人数达 2000 人之多。

……县委在大批右派势力反攻的同时，层层设卡阻拦。但不论如何“批”、“拦”，也难以控制农民盲目外流的发生。直到地委工作组到亳县帮助搞清无粮的事实，并安排了粮食回销后，农民盲目外流才得以缓和。1959 年麦收时，外流人员大多数回归。但麦收后不久，由于浮夸，粮食统购又过了头，人口外流又有发生。7 月份以后，由于连续几个月大旱，夏荒接着秋荒，外流人口急剧增加，查禁不止。

1959 年冬，面对严峻形势，县委并没有安排农民的生活，却一方面大抓粮食征购，另一方面指定严管措施，部署各公社大队建立劝阻站或劝阻所。到 12 月 14 日全县共建立劝阻站、所 212 处，抽调人员 747 人。其中生活困难比较严重的五马公社就建站、所 50 个，抽调专人 150 人。城关公社设 17 个站、所，分布在出入城的主要街道和汽车站，并在村头、街道设有许多流动岗哨巡逻。这些站、所，大部分有专门的房子，用于扣留、关押外流人员。不少地方连正常走亲串友的农民也予以查扣。除此之外，县委还加强了外线封锁，增派了大批干部到商丘、郸城、鹿邑、永城等地，查扣外流农民。

外流农民在被查扣送回的过程中，受到了多种多样的折磨。在被任意拦截检查时，不仅通常被没收钱物，特别是食物之类的东西，均予没收。他们常常被搜身，受到人身侵害；在关押收容中，经常一关押就是许多天，夏天热晕、冬天冻坏的情况时有发生；在转送途中管理更严，大小便都要经过批准，稍有违抗，便遭到训斥、打骂或绑铐。不仅如此，还遭受饥饿之苦，虽然每天都有少量的饭吃，但都吃不饱，吃不够规定的口粮标准。而且有病也得不到及时治疗。许多农民从外流长途跋涉，到扣留、收容、转送，经过多日折腾，饿病交加，中途死亡者，屡见不鲜。

尽管如此，但由于生活日趋困难，一些不甘心在家挨饿的农民，还是冒着风险，拖着瘦弱的身体，穿着脏烂的寒衣，挎条筐，背破被，顶风冒雪，扶老携幼或者单独地背井离乡。他们用走背道、沿河崖、装探亲、白天藏、夜间走等方法外出，但大多数被查扣送回。……从 1959 年秋到 1960 年冬，全县农村人口外流约有 4 万人以上。

资料来源：中共中央党史研究室编《中共党史资料》（第 75 辑），中共党史出版社 2000 年版，第 27—30 页。

城市和乡村之间虽是两个相对独立的共同体，但是又具有天然的内在联系，而城乡之间互为补充、相互作用的主要纽带是人，人的要素是一切其他生产力要素得以自由流动的基础。为了贯彻实施优先发展重工业、工业与农业发展并举的基本战略方针，党和政府颁布了一系列法规政策，采取了一系列措施严格控制农村人口流入城市，甚至在某些历史时期还采取了鼓励城市知识青年上山下乡、干部下放农村等压缩城市人口的政策措施。在当时的国际国内形势以及中央高度集权的计划经济体制背景下，国家阻止农村人口迁移的法规、政策的出台自然有其服务我国发展战略的逻辑依据、经验基础、现实出发点和政策合理性，其历史作用自然也不可低估。但是，不容置疑，以户籍制度为核心的城市保护战略和以城市为中心的发展主义[①]构建了中国城乡二元体制，形成了城乡之间在空间上的隔离与发展上的封闭模式，阻断了城乡之间的自然联系，扩大了城乡之间发展的不平等与不平衡。广大农村居民不仅被严格限制在相对落后、封闭的空间里无法自由迁徙，而且被终身烙上农民身份并世代相传。这种以户籍制度为核心支柱的城乡二元体制不仅固化了农民的身份与底层社会地位，阻碍了农民向上流动，制约了农业与农村的发展，而且也制约了我国城市化的历史进程。相关数据显示，截至1978年，我国城市人口共1.7亿，20年里城市化率年均增长仅0.08个百分点[②]。

二　改革开放以来的发展进程

（一）严格控制阶段（1978—1991年）

改革开放后，国家经济社会管理在某种程度上依然沿袭计划经济模式，有关农村流动人口的政策与管理措施依然体现出强烈的管制色彩，虽然国家相关政策对农村人口流动的限制有所松动，并且在某些时期甚至鼓励农村劳动力的地区流动，但总体上仍然以严格控制为主。这一时期国家的农民工政策大致可以分为三个阶段：

---

① 潘泽泉：《国家调整农民工社会政策研究》，中国人民大学出版社2013年版，第113页。

② 1958年全国总人口65994万人，城镇人口10721万人，城镇化率16.25%，1978年全国总人口96259万人，城镇人口17245万人，城镇化率17.92%。参见《新中国五十年统计资料汇编》，中国统计出版社1999年版。

1. 严格控制流动阶段（1978—1983 年）

改革开放初期，农村家庭联产承包责任制的建立与实施，极大地解放了农村劳动生产力，激发了农民生产的积极性。由于农业劳动生产率的提高，农民得以从土地的束缚中解放出来，为农业剩余劳动力非农转移奠定了基础，农业剩余劳动力向城市转移成为不可逆转之势。这个阶段国家政策的特点是放开了对农村劳动力流动的限制，但仍然对农民进城实行严格的控制政策。1980 年，中共中央、国务院发布了《关于进一步做好城镇劳动就业工作的意见》，确立了对农村剩余劳动力要采取发展社队企业等方式加以吸收的整体思路，同时要求控制农业人口盲目流入大中城市，要压缩、清退来自农村的计划外用工。1981 年中共中央、国务院颁布的《关于广开门路，搞活经济，解决城镇就业问题的若干决定》规定，要严格控制农村劳动力流入城镇，对农村剩余劳动力，要通过发展多种经营等方法，就地安置，不使其涌入城镇。1981 年 12 月，国务院发出《关于严格控制农村劳动力进城做工和农业人口转为非农业人口的通知》，对单位用工、清退农村劳动力等问题做了规定。

2. 允许农民有限流动阶段（1984—1988 年）

这个阶段，国家政策开始允许农民“自带口粮”式流动。1984 年 1 月，中央一号文件《中共中央关于 1984 年农村工作的通知》规定，各地方政府可选取若干集镇试点，允许务工、经商、办服务业的农民自理口粮到集镇落户。同时指出，农村剩余劳动力转向小工业与小集镇服务业，可以为农业生产向深度广度进军、为改变人口和工业布局创造条件，这是一个必然的、历史性的进步。同年 10 月，国务院发布《关于农民进入集镇落户问题的通知》，再次就有关自理口粮式落户做出规定，要求地方政府积极支持有经营能力、技术专长的农民进入集镇从事工商业，并准予其落户，统计为非农业人口。1985 年 1 月，中央一号文件《关于进一步活跃农村经济的十项政策》规定，在各级政府统一管理的条件下，允许农民进城开办商店、作坊，兴办服务业，提供各种劳务，城市要在服务设施等方面提供便利。1986 年 7 月，国务院《关于国营企业招用工人的暂行规定》规定农村人员与城镇行业人员具有同等报考条件。

20 世纪 80 年代后期，国家政策对于农民流动的基本态度开始由被动允许转向主动促进。1987 年中共中央政治局发布《把农村改革引向深入》的决议，指出“我国人多耕地少，今后将有亿万劳动力逐步从种养业转移到非农产业”，要“调整产业结构，促进农业劳动力转移”。1988 年，劳动部、国务院联合下发的《关于加强贫困地区劳动力资源开发工作的通知》中对“组织劳动力跨地区流动及其原则，沿海地区、大中城市吸纳贫困地区劳动力，国营企业招用贫困地区劳动力”等问题做出了规定。国家政策除了在农村劳动力向城市流动环节松绑之外，这一时期国家还加强了对农民流动行为与城市流动人口的管理。主要措施包括实行“暂住证”、“寄住证”制度，外来务工证、居民身份证制度。主要法规政策包括 1985 年公安部颁布的《关于城镇暂住人口管理的暂行规定》、全国人大常委会颁布的《中华人民共和国居民身份证条例》。一些城市政府也颁布了地方性管理办法、条例，并且在实践中探索出了不少规范进城农民的管理制度，比如安徽滁州天水县实施了“绿卡户籍制”。

3. 控制盲流阶段（1989—1991 年）

由于此前农民流动政策的松动等方面原因，直接引发了 80 年代末“民工潮”的爆发。大规模农民进城给城市运行与管理带来了巨大压力，1989 年 3 月，国务院发出《关于严格控制民工外出的紧急通知》，要求地方政府采取有效措施严格控制当地民工盲目外出。同年，民政部、公安部联合发出《关于进一步做好控制民工盲目外流的通知》，要求四川等地方政府严格控制民工外流。1990 年 4 月，国务院颁发《关于做好劳动就业工作的通知》中规定了“离土不离乡”、就地消化与转移农村富余劳动力政策，防止大量农村劳动力盲目进城。同时，要求城市政府采取措施加强流动人口的管理，如建立临时务工许可和就业登记制度，清退计划外农民工等。

（二）鼓励和引导阶段（1992—1999 年）

1992 年，邓小平发表南方讲话，标志着我国改革开放进入一个新阶段。同年，党的十四大召开并确立了社会主义市场经济体制改革的目标。允许劳动力城乡流动成为适应市场经济发展的现实需要，与此同时，又必须考虑农村大量劳动力进城给城市基础设施、城市安全与管理带来的负面影响。因此，这一时期，国家对待农民工的政策基调是疏导，促进其有序流动和进城。一方面，继续倡导农民“离土不离乡”，另一方面，将农民工纳入城市就业管理的主渠道。[①] 1993 年 11 月，党的十四届三中全会通过《中共中央关于建立社会主义市场经济体制若干问题的决定》，明确提出“鼓励和引导农村剩余劳动力逐步向非农产业转移和地区之间的有效流动”、“在保障粮棉等基本农产品稳定增长的前提下，调整农村产业结构，加快乡镇企业和其他非农产业的发展，为农村剩余劳动力提供更多的就业机会”等方针政策，为农业剩余劳动力非农转移做出了战略性制度安排。

同年 11 月，劳动部印发《再就业工程》与《农村劳动力跨地区流动有序化——“城乡协调就业计划”第一期工程》指出，异地就业是解决农村剩余劳动力就业问题的重要渠道，但是“民工潮”现象充分反映了流动混乱无序状态严重，也反映了现行就业管理体制不适应。因此要形成劳动力跨地区流动的基本制度，发展各种服务组织，完善信息网络，强化区域协作，实现劳动力输入地输出地之间的流动就业有序化，即做到“输出有组织、输入有管理、流动有服务、调控有手段、应急有措施”。同年底，劳动部发布《关于建立社会主义市场经济体制时期劳动体制改革总体设想》，提出了规范劳动力有序流动的若干具体办法。1994 年 8 月，劳动部发布了《关于促进劳动力市场发育，完善就业服务体系建设的实施计划》，要求到 1995 年，在若干重点省份形成有效的管理制度、服务手段和调控方法，实现农村劳动力有组织地流动且跨地区流动持证率达 60% 的总体目标。同年 11 月，劳动部发布《关于农村劳动力跨省流动就业管理暂行规定》，进一步明确了农民工必须办理外出就业登记和持有流动就业证的要求。

1995 年 9 月，中共中央、国务院联合转发《关于加强流动人口管理工作的意见》，要求各地政府建立统一的流动人口就业证和暂住证制度。1997 年 11 月，国务院转发劳动部等部委《关于进一步做好组织民工有序流动工作的意见》，要求各地政府及有关部门对城乡劳动力就业进行统筹

---

① 潘家华、魏后凯主编：《中国城市发展报告·No. 6，农业转移人口的市民化》，社会科学文献出版社 2013 年版，第 87 页。

规划，引导和组织农民工按需流动。除了对农村劳动力流动行为进行引导，推进农民有序流动之外，户籍制度的弊端日渐突显促使党和政府进一步加快了户籍制度改革步伐。1997 年 6 月，公安部《关于小城镇户籍管理制度改革试点方案》提出，应适时进行户籍管理制度改革，允许已经在小城镇就业、居住并符合一定条件的农村人口办理城镇常住户口，办理了城镇常住户口的人员与当地居民享受同等待遇，并在全国 382 个小城镇进行试点。

1998 年，国务院批转公安部《关于解决当前户口管理中几个突出问题的意见》，就婴儿落户问题、夫妻分居的户口问题、投靠子女的老人户口问题以及在城市投资兴厂、购房公民的落户问题做出了相关规定，如同铁板一块的户口制度终于开始松动。此外，1998 年 10 月，党的十五届三中全会通过的《关于农业和农村工作若干重大问题的决定》也就小城镇户籍制度改革、引导农村劳动力合理有效流动等问题做出了规定。在此基础上，一些地方政府积极探索户籍管理新方法，推进户籍制度改革，比如 1992 年温州推行“绿卡制”，1993 年上海推行“蓝印户口制”，1995 年广州深圳实施“蓝印户口制”，等等①。不过，整体来看，许多城市特别是上海、北京等地依然是以限制政策为主。

（三）规范管理阶段（2000—2009 年）

跨入新世纪，我国的改革开放事业与经济社会发展进入了一个新的阶段，农民工问题被置于城乡统筹发展的高度纳入党和政府的政策框架。2000 年，国家在劳动就业上试行城乡统筹政策，并在 2002 年党的十六大报告中确立了其统领地位。在新世纪头十年里，国家以维护农民工合法权益为核心目标，以户籍制度及其附着的社会福利制度为重点，采取了若干综合性改革措施并出台了一系列政策，并在针对农民工的不合理收费、技能培训、就业环境等方面取得了重要突破。2000 年，劳动部办公厅《关于做好农村富余劳动力就业工作的意见》提出四项措施：建立流动就业信息预测预报制度、促进输出产业化、发展和促进跨地区劳务协作、开展流动就业专项检查，保障流动就业者合法权益。2000 年 7 月，

---

① 潘泽泉：《国家调整农民工社会政策研究》，中国人民大学出版社 2013 年版，第 120 页。

中共中央、国务院《关于促进小城镇健康发展的若干意见》指出，凡在县级市市区、县政府驻地镇及县以下小镇有合法固定居所、稳定职业或生活来源的农民，均可转为城镇户口，与城镇居民享受同等待遇，不得实行歧视性政策，并要求各地积极探索适合小城镇特点的社会保障制度。

2001 年，国务院《关于推进小城镇户籍管理改革的意见》取消了小城镇常住人口户口办理的计划指标管理。2001 年 3 月，全国人大《国民经济和社会发展第十个五年计划纲要》中强调要打破城乡分割体制，改革城镇户籍制度，形成城乡人口有序流动的机制，取消农民工不合理限制，引导农村富余劳动力城乡间有序流动。2002 年党的十六大明确指出，农村富余劳动力向非农和城镇转移，是工业化和现代化的必然趋势。

2003 年 1 月，国务院办公厅发布《关于做好农民进城务工就业管理和服务工作的通知》，对城市农民工管理提出了六大要求，包括取消不合理限制、不得干涉企业自主用工、不得随意拘留审查和遣返农民工、切实解决拖欠和克扣农民工工资问题等。国家对农民工的管理与相关政策开始突出服务理念。2003 年 9 月，国务院转发六部委《关于进一步做好进城务工就业农民工子女义务教育工作的意见》和 2004 年中央一号文件《中共中央国务院关于促进农民增加收入若干政策的意见》，明确了流入地政府保障农民工子女接受义务教育的责任，并对义务教育收费、教育经费预算等问题做了相关规定。此外，国务院转发农业部《2003—2010 年全国农民工培训规划》，对农民工技能培训工作做出了具体安排。

2004 年 1 月，中央一号文件再次强调，进城就业的农民已成为我国产业工人的重要组成部分，要切实保障进城就业农民的合法权益。同年，国务院办公厅发布《关于进一步做好改善农民进城就业环境工作的通知》（国办发［2004］92 号），要求地方政府把改善农民工就业环境作为重要职责，清理、取消各种歧视性规定和不合理限制。劳动和社会保障部下发《关于推进混合所有制企业和非公有制经济组织从业人员参加医疗保险的意见》（劳社厅发［2004］5 号），要求地方政府以民营、私营等非公有制企业为重点，提高中小企业参保率，积极探索农村进城务工人员参加医疗保险的有效途径和办法，极大地推动了农民工权益保护相关工作进程。

2006 年 3 月，国务院下发的《关于解决农民工问题的若干意见》指出，农民工是我国改革开放和工业化、城镇化进程中涌现的一支新型劳动大军，要求各地认真做好包括解决农民工工资偏低和拖欠工资、户籍问题、社会保障、就业服务和培训工作等七大工作。2007 年，十七大报告提出要形成城乡经济社会发展一体化新格局。同年 12 月，建设部等五部委联合发出《关于改善农民工居住条件的指导意见》，要求各地政府力争到“十一五”末使农民工居住条件得到改善。2008 年 10 月，党的十七届三中全会通过《中共中央关于推进农村改革发展若干重大问题的决定》，进一步提出要逐步实现农民工劳动报酬、子女教育、公共卫生、住房租购等与城镇居民享受同等待遇。同年 12 月，国务院印发《关于切实做好当前农民工工作的通知》，要求各地政府采取有效措施促进农民工就业。

2010 年中央一号文件《中共中央国务院关于加大统筹城乡发展力度，进一步夯实农业农村发展基础的若干意见》（以下简称《意见》）站在新的战略高度，对农业农村工作发展大计及其总体要求做出了全面部署。《意见》将推进城镇化发展的制度变革与创新作为一项重要任务，强调要深化户籍制度改革，加快实施放宽中小城市、小城镇特别是县城和中心镇落户条件的政策，促进符合条件的农业转移人口在城镇落户并享受与当地城镇居民同等的权益。采取多种措施改善农民工居住条件，鼓励有条件的城市将有稳定职业并在城市居住一定年限的农民工逐步纳入城镇化住房保障体系。

同年 1 月，国务院发布《关于进一步做好农民工培训工作的指导意见》，要求在 2015 年之前，确保有培训需求的农民工都得到 1 次以上的技能培训。6 月，住建部等七部门联合发布《关于加快发展公共租赁住房的指导意见》，提出有条件的地区可以将在城市居住一定年限的外来务工人员纳入供应范围。8 月，卫生部办公厅发布《关于开展农民工健康关爱工程项目试点工作的通知》，计划在全国 29 个省 65 个县市区实施农民工健康关爱工程。10 月，国务院办公厅下发《关于开展国家教育体制改革试点的通知》，强调完善农民工子女接受义务教育体制机制，探索非本地户籍常住人口随迁子女非义务教育阶段教育保障制度。2011 年 2 月，国务院办公厅下发《关于积极稳妥推进户籍管理制度改革的意见》，提出实施分类户口迁移政策。

总体来看，进入新世纪后农民非农化就业纵深发展，国家制度层面有所突破，而且实施得力。2001年底，国家计委要求在2002年2月底前取消对农民工的七项收费（暂住费、暂住人口管理费、计划生育管理费、城市增容费、劳动调节费、外来务工经商人员管理服务费和外地建筑企业管理费），2002年各地按中央的要求，清理对农民进城务工的不合理限制，取消对农民工的乱收费，改善农民工进城就业环境。2003年，着重解决拖欠工资、劳动环境差、职业病和工伤事故频发等突出问题。以2002年党的十六大为起点，农民工政策的目标是在以人为本的科学发展观的指引下，实行城乡统筹，保护农民工的权益，逐步解决农民入城的问题。

（四）科学规划阶段（2010年至今）

2011年，我国城镇化率首次突破50%，社会各界为之欢欣鼓舞。2012年，我国城市化率达52.6%，城市总人口达7.11亿，此时人们更多的是关于我国城市化率真实性的疑虑。社会各界随之开展了我国城镇化问题的大讨论，“虚城市化”、“半城市化”与“伪城市化”等词汇充斥于学术期刊、报纸、网络。如何走有中国特色的“人的城镇化”道路？如何有序推进农业转移人口市民化？如何解决几亿人口的城乡“漂移”问题？一系列重要的问题最终聚焦到了“农民工”这一中国独特的社会群体身上。

新世纪以来，在党和政府的高度重视和社会各界的热切关心下，在农民工自身不懈努力下，进城农民工的生存状况有了明显好转，其地位和形象有了显著提升，这是不可否认的事实。但同样不能否认的是，农民工群体仍然是被边缘化的弱势群体，他们在城市的生存与发展仍然面临很多困难，他们还无法和市民一样享受住房、教育、医疗等基本公共服务，还无法正常地参与社会管理和社交活动，他们的众多权益还没有得到有效保障，有的甚至连基本的生存需求都难以满足。正是在这种背景下，农民工城市融入、农业转移人口市民化等问题再次成为社会热点问题和国家政策关注的焦点。

2012年11月，党的十八大做出了“加快改革户籍制度，有效推进农业转移人口市民化，努力实现城镇基本公共服务常住人口全覆盖”的重要战略决策。同年12月，中央经济工作会议进一步明确指出，城镇化是我国现代化建设的历史任务，也是扩大内需的最大潜力所在，并明确要求把有序推进农业转移人口市民化作为重要任务抓实抓好。2013 年 3 月，李克强总理在《政府工作报告》中指出，要加快推进户籍制度、社会管理体制和相关制度改革，有序推进农业转移人口市民化，逐步实现城镇基本公共服务覆盖常住人口。此后，李克强总理在不同场合表达了“新型城镇化，是以人为核心的城镇化”，要“围绕提高城镇质量，推进人的城镇化，研究新型城镇化中长期发展规划”等政策主张。2013 年 11 月，党的十八届三中全会通过《中共中央关于全面深化改革若干重大问题的决定》，再次强调要“推进农业转移人口市民化，逐步把符合条件的农业转移人口转变为城镇居民”，并且针对农业转移人口在建制镇和小城市落户、进城农民住房和社会保障等问题做出了相关规定。至此，农民工市民化的问题被提上了政府政策议程，成为当前和今后一个时期我国制定相关城镇化政策，推进新型城镇化战略的主轴。

第二节　市民化政策的范式转移

一　政策范式分析框架

美国社会学家托马斯·库恩（Thomas S. Kuhn）在《科学革命的结构》一书中认为，“范式”是公认的科学成就，它们在一段时间里为实践共同体提供典型的问题和解答；范式是一个成熟的科学共同体在某段时间内所接受的研究方法、问题领域和解题标准的源头活水。[①] 彼得·霍尔运用库恩的科学范式概念对公共政策进行了研究，并指出政策制定者习惯于在一个由各种理念和标准组成的框架中工作，这个框架不仅指明了政策目标及其实现目标的工具类别，还指明了它们需要解决的问题的性质，这个框架就是政策范式（policy paradigm）。[②] 霍尔并没有明确阐述政

① ［美］托马斯·库恩：《科学革命的结构》，金吾伦、胡新和译，北京大学出版社 2003 年版，第 3、93 页。

② Peter A. Hall, *Policy Paradigms, Experts and the State: The Case of Macro-economic Policy-Making in Britain*, Stephen Brooks and A. -G. Agonon eds. Social Scientists, Policy and the State, New York: Praeger, 1990, p. 59.

策范式的内涵，也没有就政策范式的构成要素开展详细讨论。从霍尔的论述可以看出，政策范式概念至少包含了政策问题、政策目标与政策工具三个要素。

国内学者严强指出，虽然学界没有形成政策范式的统一定义，但多数政策学家认为，政策范式主要是指政策主体特别是决策者分析、研究政策的思维框架，由决策者解决政策问题的价值目标、理解政策问题的方式方法、采纳政策方案的方式、对政策工具运用的偏好等相对稳定的理念组成。通常情况下，政策研究者和实际决策者，可能习惯于在不同的时期采取较为稳定的政策思维框架、模式和方式，但并不一定就十分自觉或清楚地意识到自己在政策活动中遵循着某种政策范式。[①] 黄进认为，政策范式的基本要素包括政策主体、政策对象、政策目标、政策取向、政策资源、政策机制、政策语言以及异常事件等，我国的农民工政策经历了从“控制流动”到“权益保障”两个阶段[②]，今后应借鉴西方以资产建设为核心的发展型社会政策理论，推动农民工社会政策向“资本建设”范式转变[③]。

政策范式是政策科学的重要概念，其核心要义是“那些影响人们理解公共问题及其解决办法之可行性的既定信念、价值和态度是政策内容的重要决定因素”[④]，政策范式“影响到政策制定者们所追求的广泛目标、认识公共问题的方式，以及他们考虑采用的解决办法的种类”。[⑤] 政策范式的构成要素涉及政策主体、政策对象、政策环境与政策机制等众多因素，但是政策问题、政策目标与政策工具则是其核心构成内容。首先，公共问题是公共政策存在的前提条件，任何公共政策都是为了解决公共政策问题而制订与形成的。其次，任何公共政策都凝注着政策主体的价

① 严强：《社会转型历程与政策范式转变》，《南京社会科学》2007 年第 5 期。

② 黄进：《略论农民工政策范式的转移》，《中共四川省委省级机关党校学报》2009 年第 2 期。

③ 黄进：《资本建设：农民工政策范式的新走向》，《农村经济》2009 年第 6 期。

④ M. Howlett & M. Ramesh, *Studying Public Policy*: *Policy Cycles and Policy Subsystems*, Canada: Oxford University Press.

⑤ 岳经纶：《中国发展概念的再定义：走向新的政策范式》，岳经纶、郭巍青主编《中国公共政策评论》第 1 卷，上海人民出版社 2007 年版，第 79 页。

值诉求，都期望在解决公共问题过程中达成一定的政策目标。再次，任何公共政策问题的解决，都依赖于相应的政策工具与政策手段。

总之，公共政策总是为了解决公共政策问题并采取相应的政策措施以期达成既定的政策目标而形成的。值得注意的是，在探讨政策范式构成要素时，不应忽视政策话语的重要性。因为任何公共政策都需要借助于一定的话语体系（语言的或文字的）来表达与传播，农民市民化政策亦不例外。因此，政策问题、政策目标、政策工具与政策话语无疑是构成政策范式的四个最基本要素，运用这四个要素对我国农民市民化政策进行分析，能够在一定程度上解释我国农民市民化的政策范式及其变迁。当然，对农民市民化政策范式及其变迁的解释离不开政策文本。故此，本书以政策文本分析方法为基础，选择改革开放以来若干代表性政策文件进行解读与分析，尝试探索我国农民市民化政策发展的基本特征与规律，并分析、预测政策发展的基本走向与趋势。

二　政策话语谱系

公共政策的基本载体之一或主要载体就是各种格式的公文或文本。这些格式的公文或文本多数情况下都需要借助于语言或文字表达出来，无论是借助语言还是文字形式表达的政策，都离不开话语的运用。运用的政策话语不同或者相同话语的组织构造不同，便会形成不同的政策话语系统，反映不同政策意图、政策价值取向、政策客体与政策机制，即形成不同的政策范式。纵观1949年以来我国农民工政策的发展变化历程，不难看出，农民工政策话语系统发生了意义深刻的巨大变化（表2-1），这种变化充分表明了公共政策及其作用对象的复杂性、综合性。一方面，公共政策本身是一种错综复杂的社会公共管理现象。[①] 这种复杂性首先源于公共政策所要处理的社会现象或公共问题是复杂的、综合的，它会随着环境与条件的变化而发生变化。正如学者潘泽泉所指出的那样，政策文本是社会经济、政治、文化等在某一领域综合影响的结果，它能够敏

① 刘小年：《中国农民工政策研究》，湖南人民出版社2007年版，第6—7页。

锐地感应社会过程的变动性和多样性。① 其次，作为政策客体的社会组织或公民的复杂性，即人性的复杂性。另一方面，公共政策过程是政策主体认识、判断、分析并解决社会公共问题的过程。人的认识会随着实践的发展变化而深化，正所谓“实践是认识的来源”、“实践是认识发展的动力”。随着政策主体对社会公共问题的认识的不断深化，公共政策也会随之调整、修正，相应地政策话语体系也会发生变化甚至出现政策范式的转移。

就政策话语来看，我国农民工政策的话语变迁突出地表现在政策客体称谓话语、政策措施话语与政策客体定位话语三个方面。首先，在政策客体称谓方面，农民工政策用词用语形式纷繁多样。所使用过的称谓有临时工、盲目流入城市的农民、农村劳动力、农村剩余（或富余）劳动力、外来务工人员、民工、流动人口等十多种。总体来看，政策对农民工的称谓经历了一个由“临时工”（盲流农民等）到“农民工”（农村劳动力、农村剩余劳动力、流动人口等）再到“农业转移劳动力”的变迁过程。其次，在政策措施用语方面，农民工政策用语也十分丰富，包括严格控制、统一调配、劝阻、遣返、引导、促进、有序推进等等。再次，在对政策客体定位方面，用语不断地合理化、科学化。不同时期政策话语具有不同的特点，比如改革开放前，政策话语的歧视性、应急性特征比较突出；改革开放后，政策话语不断地体现出公平性、主体性。

总体而言，农民工政策话语的变迁深刻反映了政策主体对政策问题的认识经历了一个不断深化的过程，政策措施话语的运用也不断地趋向人性化，对政策客体定位则日渐合理化、科学化。除此之外，农民工政策话语体系的变化还体现在对政策问题界定、政策理念与目标等方面。比如政策理念方面，从“把临时工稳定在农村”以稳定农业发展到“在保障农产品稳定供给前提下为农村剩余劳动力提供更多的就业机会”，再到“让广大农民平等参与现代化进程、共同分享现代化成果，推进农业转移人口市民化”的转变，就深刻地反映出党和政府对待“农民”问题的政策理念的变化。

① 潘泽泉：《国家调整农民工社会政策研究》，中国人民大学出版社2013年版，第120页。

表 2－1　　不同时期农民工政策用语比较

时期	政策客体	政策措施	政策客体定位
1950—1978	临时工、盲目流入城市的农民	严格控制、统一调配、报批、动员返回原籍、劝阻、遣返	农村人口盲目流入给城市的各项建设计划和正常的生活秩序带来了许多困难，使得城市的交通、住房、供应、就业、上学等，都出现了一定的紧张局面。同时，农村劳动力外流，也影响农业生产建设的开展，对于发展农业生产不利，也就对整个社会主义建设不利①
1978—1991	农村劳动力、外来务工人员、民工、农村富余劳动力	严格控制民工外流；压缩、清理、清退计划外用工；准予落户，提供便利，促进农业劳动力转移	农村剩余劳动力非农就业，可以为农业生产向深度广度进军、为改变人口和工业布局创造条件，这是一个必然的、历史性的进步；我国人多耕地少，今后将有亿万劳动力逐步从种养业转移到非农产业②
1992—1999	农村剩余劳动力、农村劳动力、进城农民、农民工	鼓励、引导和组织；推进有序流动、实现流动就业有序化；统筹规划	在保持基本农产品稳定增长的前提下，调整农村产业结构，加快乡镇企业和非农产业发展，为农村剩余劳动力提供更多的就业机会；随着农业剩余劳动力转移和城市化速度加快，农村劳动力跨地区流动的规模还有进一步扩大的趋势③
2000—2009	农民工、进城务工人员、流动人口	促进输出产业化、保障农民工权益；取消歧视性规定、不合理限制；不得干涉企业自主用工，切实解决拖欠、克扣工资问题；促进农民工就业，改善居住条件、就业环境，做好农民工的公共服务工作；支持企业留用农民工	农村富余劳动力向非农和城镇转移，是工业化和现代化的必然趋势；进城就业的农民工已成为我国产业工人的重要组成部分，为城市创造了财富、增加了税收；农民工是我国改革开放和工业化、城镇化进程中涌现的一支新型劳动大军，已成为产业工人的重要组成部分，对我国现代化建设做出了重大贡献④

① 参见公安部《关于中华人民共和国户口登记条例草案的说明》。

② 参见中共中央《关于1984年农村工作的通知》；中共中央《把农村改革引向深入》（中发［1987］5号）。

③ 参见中共中央《关于建立社会主义市场经济体制若干重大问题的决定》；劳动部《关于印发〈再就业工程〉和〈农村劳动力跨地区流动有序化——“城乡协调就业计划”第一期工程〉的通知》（劳部发［1993］290号）。

④ 党的十六大报告《全面建设小康社会，开创中国特色社会主义新局面》；2004年中央一号文件《关于促进农民增加收入若干政策的意见》；2006年国务院《关于解决农民工问题的若干意见》。

续表

时期	政策客体	政策措施	政策客体定位
2010—至今	农业转移人口、农民工	切实维护、保障农民工合法权益，加大农民外出务工就业指导和服务力度，促进农村劳动力平稳有序转移；推进农民工市民化、推动农民工城市融入；有序推进农业转移人口市民化，努力实现城市基本公共服务常住人口全覆盖	让广大农民平等参与现代化进程、共同分享现代化成果；坚持走中国特色新型城镇化道路，推进以人为核心的城镇化①

三　政策问题认定

我国农民工政策所反映出来的政策问题是一个牵涉面广、反映多层次矛盾的十分复杂的社会公共问题，在不同时期体现出不同性质与特点。其牵涉面广不仅表现在所涉政策客体数量众多、规模庞大，而且涉及“三农”、农民工的生存与发展、同等的国民待遇、收入差距等。其矛盾的多层性则表现为个体层面的农民与市民、农民工与市民、农民工与农民，中观层面的城乡、社区、家庭、农业合作组织和乡镇企业与城市企业，宏观层面的国家政治体制与经济体制改革、产业结构调整与布局、区域发展规划、不同级别城镇发展规划，等等。问题虽然复杂，但有一个关键性构成因素是明确并始终如一的，那就是农民。换句话说，这个复杂的问题从根本上讲就是农民问题或者农民的出路问题。正是源于农民及其职业分化，才产生了临时工、流动人口或者农业转移人口，也才有了农民工政策问题。所以，从这个角度上看，农民或农民出路问题既是衍生农民工政策问题的根源，又是农民工政策的终极归属。自 20 世纪 50 年代至今，农民工问题一直是党和政府重要的公共政策议程，半个多世纪的政策调整与创新既是一部厚重的政策变迁史，又是对我国农民工乃至几亿农民生存发展艰难历程的真实写照。令人欣喜的是，尽管农民工问题先后以不同的性质与形式存在，但国家对农民工政策问题的认识已越来越全面、深入和接近问题的真谛，政策过程也越来越民主和科学。

① 参见党的十八大报告《坚定不移沿着中国特色社会主义道路前进，为全面建成小康社会而奋斗》；十八届三中全会《中共中央关于全面深化改革若干重大问题的决定》。

改革开放前，农民工问题是以临时工问题的形式存在的，比较而言，那时农民务工仅仅是农闲季节所从事的“副业”，农民充当临时工的现象也较为稀少。在农业需要稳定发展以便为工业与城市发展提供充足的原料和粮食的国家发展战略背景下，农民“不务正业”无疑会影响农业生产稳定发展的既定发展战略。另一方面，当时的城市发展状况客观上也不容许农民盲目进城务工。新中国刚刚建立，城市本身也面临着很多建设任务与发展困难，农民盲目进城务工无论是对城市的交通、就业，还是对城市的管理和建设，都是一种极大的挑战。这两个方面原因是国家认定政策问题并采取“严格管制”政策的基本出发点，其主要的政策目标是工业与城市发展及处于附属地位的农业发展，而不是农民发展的问题。因此，此时的农民工政策问题本质上仅仅是一个对农民工“不务正业”的管制问题。

改革开放后，一方面农村经济改革极大地解放了生产力，农民得以从土地中解脱出来。另一方面，工业及城市的发展也为农村劳动力提供了大量的就业机会。在基于产业利益的理性比较前提下，大量农村富余劳动力选择了非农就业，由此形成了一个群体性现象即“人口流动”。如果说在改革开放后头十多年里，“务工”仍然只是农民在农闲季节所从事的“副业”的话，那么自20世纪90年代至今，“务工”已经不再是“副业”而是流动农民的职业。相反，对于他们而言，“务农”却是只会偶尔为之的“副业”。如果说改革开放前，农民进城务工还只是个别现象或少许农民的行为的话，那么改革开放后特别是进入21世纪，农民进城务工已是一种十分普遍的现象或大量农民的共同行为。总之，数量众多、规模庞大的进城务工农民已经可以用一个集合性名词“人口”来概括，而这部分人口的乡城流动共性行为则是“人口”流动。

正是在这样的背景下，流动人口成了国家政策的重要话语要素，而国家农民工政策对政策问题的认定也由“临时工”管制转变为“流动人口”管理。国家农民工政策的基本理念也不再仅仅是工业化与城市化，而是科学发展思想指导下的城乡统筹发展；农民工政策的基本目标也不再仅仅是传统工业化思维模式下的农业发展，而是三位一体的农民、农业、农村发展。单就对“流动人口”管理这一政策问题而言，国家政策的目标也日趋多元化、理性化与科学化，包括了一个以促进农民工劳动就业为基础，以落实农民工户籍为核心，以保障农民工权益为重点的综合性目标体系。

然而，基于“流动人口”管理的政策理念及政策措施，并不能从根本上解决人口流动的实质性深层次问题，更不能从根本上解决农民的出路问题。唯有从寻找“农民的出路”的高度出发，才能从根本上解决“流动人口”及其流动中产生的若干重大问题。农民的出路是什么？很显然，农民的出路是“以人为核心的城镇化”，农民的最终归属是市民，农民工尤其如此。因此，推进农业转移人口市民化才是解决农民工问题的根本出路。至此，党和国家对于农民工政策问题的认定实现了质的飞跃，并且适时转变政策理念，调整政策目标，出台了一系列农民工市民化政策举措，促成了农民工政策又一次历史性的变迁与范式转移。

四　政策价值取向

任何公共政策都是政策主体在某种价值观指导下对公共政策问题开展思考、分析和研究，并对解决公共政策问题的方案进行选择的结果。这种反映在公共政策之中，为公共政策主体所具有的价值目标或价值选择或价值倾向，即为公共政策的价值取向。任何公共政策的制定与执行都是政策主体基于某种价值选择的产物，体现着一定的价值目标。我国的农民工政策也是如此，只不过在不同的历史时期，政策的价值取向有所不同而已，而政策主体价值取向的变化，正是新中国建立至今农民工政策不断调整、不断完善的重要根源。由于农民工政策的发展变化深刻反映出我国不同历史时期城乡关系的变化，因此，城乡关系为考察农民工政策价值取向提供了一个基本分析维度。

从城乡关系的角度来看，我国农民工政策的价值取向大体上经历了“保障城市发展”、“城乡统筹发展”与“人的城镇化”三个阶段。第一阶段是从新中国成立后到2000年，我国的农民工政策基本上体现了保障“城市优先发展”的价值取向；第二阶段是2001年特别是党的十六大至2009年，农民工政策基本上选择了“城乡统筹发展”的价值取向；第三阶段是2010年至今，农民工政策价值取向转向科学发展观指导下的“以人为本的城镇化”。需要指出的是，不论哪个时期，农民工政策都服务于国家发展战略，因此，农民工政策价值取向是国家宏观方针政策的具体体现。

新中国成立初期，党和国家根据对当时国际国内形式与政策环境的整体判断，基于对苏联重工业发展道路的经验借鉴，基于对重工业与轻工业、工业与农业关系的认识，选择了我国的社会主义工业化道路。社会主义工业化道路具有两个重要特点，一是将发展重工业作为工业化的中心环节；二是优先发展国营经济并逐步实现对其他经济成分的改造，保证国民经济中的社会主义比重不断增长。[①] 社会主义工业化战略的确立，首先将“优先通行权”给予了重工业，农业、轻工业的发展则被置于从属地位，虽然也强调农业的基础地位甚至有过“工业与农业并举”的提法，但其出发点都是服务于工业优先发展的原则和目标，“因为只有农业的发展，才能供给工业以足够的原料和粮食，并为工业的发展扩大市场。”[②] 其次是将“优先通行权”给予了城市，而农村则被置于附属地位。因为无论是对于工业的发展，还是国营经济的发展，城市都拥有得天独厚的基础和优势。正是在保护城市优先发展战略及其政策价值取向下，国家才采取一系列政策举措，严格控制农村劳动力进城，其政策目标就是为了把他们稳定在农村，以便农业能稳定发展，不使工业和城市失去发展的坚强后盾。城市偏向的政策价值取向，最终形成了城乡分割、城乡对立的城乡关系格局。改革开放后，虽然国家开始探索建立市场经济体制，市场在调节城乡关系中的作用不断增强，但“农业支持工业、农村支持城市”的政策价值取向并没有明显改变，相应地，城乡二元关系进一步固化，城乡之间的不平等与发展差距进一步扩大。

改革开放以来，我国经济增长取得了巨大成就。1978—2000 年，我国经济年均增长 9.52%，2000 年国民生产总值（GDP）达 8.94 万亿元[③]，国家财政收入为 13395 亿元[④]。与此同时，城乡发展不均衡、产业

① 箫国亮、隋福民编著：《中华人民共和国经济史》（1949—2010），北京大学出版社 2011 年版，第 74 页。

② 《刘少奇选集》（下卷），人民出版社 1985 年版，第 4 页。

③ 国务院课题组：《中国经济的阶段性变化和面临的问题》，《管理世界》2002 年第 9 期。

④ 国家统计局：《中国统计年鉴》（2001），中国统计出版社 2001 年版。

结构不合理、“三农”问题突出、城镇化滞后于工业化进程等深层次结构矛盾也越来越突出。就城乡发展水平来看，城乡差距不断拉大甚至超过了改革前的水平，无论是从收入、消费、教育、社会保障等方面比较，还是根据人类发展指数进行考察，农村总体上至少落后城镇10年。[①] 城市偏向的公共政策，已构成了经济持续增长的障碍，成为我国经济社会转型过程中不得不认真解决的问题。因此，通过深化改革，纠正城市偏向的政府干预，逐渐缩小城乡差距不仅是实现社会公正的需要，而且也是提高经济发展总体效率和经济社会持续发展的需要。[②]

面对国家经济社会发展的众多实际问题，党的十六大适时提出了“统筹城乡”思想，并且指出“统筹经济社会发展，建设现代农业、发展农村经济、增加农民收入，是全面建设小康社会的重大任务。”至此，党和国家高层决策者开始转变城市偏向的政策价值取向，长期以来处于政策关注、公共资源配置弱势地位的“三农”问题终于获得了其应有的政策地位。2003年，中共中央总书记胡锦涛适时提出了“科学发展观”，即“坚持以人为本，树立全面、协调、可持续的发展观，促进经济社会和人的全面发展”。统筹发展成为坚持科学发展观的一项重要任务，而城乡统筹发展又成为统筹发展的首要任务。城乡统筹发展的地位进一步提升，成为引领我国经济社会转型与未来持续发展的重要指导思想的重要组成内容。正是在科学发展观思想与城乡统筹发展政策原则的指导下，“农民工”问题在21世纪头十年的国家公共政策中获得了重要地位，与农民工相关的劳动就业、户籍、社会保障、教育和培训等“疑难杂症”不仅成了国家政策调整的焦点，而且也取得了实质性的进展。

城乡均衡发展的政策理念与价值取向，重新把被忽视甚至遗弃的“三农”问题纳入了国家的公共政策框架之中，给予城市与乡村、工业与农业、工人与农民的发展次序同等重要的政策“优先权”。但是，仅有同等重要的政策“优先权”并不能够解决已经落后10年的农村与农业问题，也无法从根本上解决长期以来农民乡城流动中形成的沉疴宿疾。单

① 杜漪：《构建和谐城乡关系的经济学研究——以公平与效率的统一为基点》，光明日报出版社2007年版，第192—211页。

② 同上书，第211页。

纯解决了农村剩余劳动力在城市的劳动就业及其他合法权益问题，并不表示农村剩余劳动力的“城乡流动”问题就会消失，他们还有可能继续世代候鸟般“迁徙”下去。换言之，城乡统筹发展中的“乡村”发展，其最终的方向或归属是什么呢？这个问题的回答涉及农业现代化与城镇化问题，但归根结底是城镇化问题。

诺贝尔经济学奖获得者约瑟夫·斯蒂格利茨（Joseph E. Stiglitz）指出，21 世纪影响人类进程的两件大事，一是以美国为首的新技术革命，二是中国的城镇化。城镇化是任何一个国家在现代化、工业化进程中必经的阶段。城镇化有城市规模与地理范围、城镇数量、城镇人口比重等不同层次的衡量标准，但城市规模扩大、数量增加的城镇化只是表面的城镇化或者“虚城市化”，就如同近年来社会各界所关注的中国城镇化现实一样——一方面我国的城镇化率因为 2.6 亿农民工进城而达到了 52%，另一方面规模庞大的农民工群体既没有城市市民的地位与身份，也没有享受到城市居民同等的权利与国民待遇。

城镇化的过程，实际上是人口密度低的农村地区人口向人口密度高的城市转移的过程[①]，因此，城镇化的本质是人的城镇化。说到底，农民工的身份与权利是城镇化进程中尤为关键的问题，它同政治改革与经济改革、收入与积累一样，是中国城市化进程中影响稳定和发展的结构性矛盾[②]。为此，国家在推进新一轮城镇化建设伊始，首先面临的问题就是如何按照城镇化的本质要求，创新政府规划、发展项目与行动方案，加快落实农民工的权利与身份的问题。也正是在这样的背景下，促进农民工市民化成为党和国家新型城镇化政策与农民工政策的重要价值取向。自 2010 年中央一号文件要求“促进符合条件的农业转移人口在城镇落户并享有与城市居民同等的权益”之后，党的十八大进一步提出“加快户籍制度改革，有序推进农业转移人口市民化，努力实现城镇基本公共服务常住人口全覆盖”。

其后，党的十八届三中全会通过的《中共中央关于全面深化改革若

① 仇保兴：《城镇化与城乡统筹发展》，中国城市出版社 2012 年版，第 55—56 页。

② 同上书，第 58—60 页。

干重大问题的决定》、2013 年中央一号文件《关于加快发展现代农业，进一步增强农村发展活力的若干意见》、2014 年中央一号文件《关于全面深化农村改革，加快推进农业现代化的若干意见》等重要政策文件进一步明确了推进农业转移人口有序市民化的相关政策规定。至此，人的城镇化及与之密切相关的农业转移人口市民化，作为超越城乡统筹的全新范畴，成为国家及地方调整农民工政策的价值基础。当然，值得注意的是，城乡统筹发展与人的城镇化并不是对立的关系，只是二者的出发点及其体现的价值取向各有侧重罢了。

五　政策工具选择

新中国建立以后，我国借鉴原苏联经济模式，以重工业优先发展的战略为逻辑起点，相继形成了以扭曲的宏观政策环境、高度集中的资源计划配置制度和没有自主权的微观经营机制为特点的三位一体的传统经济体制。[①] 在这种高度中央集权的计划经济体制下，国家将生产要素都集中起来统一调配，企业没有自主经营权，企业用人用工权集中在政府的劳动人事部门，企业既不能自主选择用人用工，也不能对产品生产及其价格自主定价，产品销售也由国家物资部门统一调配。与计划经济体制的宏观政策环境相似，国家采用了计划控制手段来管理农村劳动力流动，这主要体现在两方面：一方面政策文本多以“指示”等行政命令发布，另一方面政策措施带有很强的强制性，比如严格控制企业用人用工权、统一调配用工计划指标，集中户口迁移等行政审批权、严格控制“农转非”指标，运用强制手段遣返外流农民等。

1978 年以后，虽然改革开放的基本国策已经在我国确立，但相当长一段时间里，我国的市场经济体制建设仍处于前期摸索阶段，直到 1992 年中共十四大提出中国制度变迁的目标为社会主义市场经济体制，我国改革开放进程才进入到建立社会主义市场经济体制的新的伟大时期[②]。因此，改革开放之后到 1992 年，国家在对待农民流动的问题上开始运用市

---

① 萧国亮、隋福民编著：《中华人民共和国经济史》（1949—2010），北京大学出版社 2011 年版，第 99 页。

② 同上书，第 239 页。

场调节手段，对农民城乡流动的政策也一度出现松动（1984—1988 年），比如允许农民自带口粮从事务工、经商和办服务业，发展多种经营模式调动农民生产积极性。但是，总体上而言，这个阶段政策范式仍然沿袭了计划经济时代的政策思维模式，相关政策仍然以计划调控手段为主，政策目标还是严格控制农村劳动力流入城镇，期间国家对农村外流人口采取的主要政策措施是压缩、清退。

党的十四大确立社会主义市场经济体制的改革目标之后，我国进入建立社会主义市场经济体制的新时期。相应地，国家对于农村剩余劳动力城乡流动的政策及措施，开始更多地顺应市场规律，遵循市场机制，主要表现就是农村剩余劳动力城乡流动政策开始由严格的计划控制转向疏导、引导，促进流动的有序性、有效性。一方面，国家充分尊重市场经济规律，充分发挥市场配置资源的基础作用。比如尊重劳动力、技术、资本等市场要素的跨地区、城乡自由流动。另一方面，国家也充分认识到宏观调控对弥补市场缺陷的作用，通过调整产业结构、加快发展乡镇企业和非农产业等方式解决农村劳动力就业问题；统筹规划、完善基本制度，充分发挥“看得见的手”的作用，促进劳动力按需流动。期间，国家逐步完善了包括劳动体制在内的体制机制、管理制度和服务体系。从政策性质特征看，国家已不再使用“指示”等行政命令性政策，以“意见”、“决定”、“规定”、“计划”形式出现的政策大幅增加。

进入 21 世纪，国家在政策工具和具体手段上更加多元化地对待进城农民问题，对农民工的管理转向综合治理。具体表现为：一是在政策主体上更加多元化。由于农民工问题是一个复杂的问题，涉及不同区域、不同类型与级别的城市，涉及不同性别、年龄、职业的广大农民工，涉及劳动就业、居住、养老、教育和培训、医疗与社会保障等方方面面。这么复杂的问题，单靠某一级政府或某个政府部门的力量自然无法妥善处理。就政府机构介入度来看，除了有国务院的统一领导和综合部署，各个部委也积极制定部门规章、政策，各级地方政府积极采取有效措施解决实际问题。此外，国家还积极动员社会、民间组织、企业、公民等多方力量参与解决农民工问题。二是在政策手段上日趋科学化。主要表现为更加重视科学规划、减少行政管制，优化管理措施，逐步健全法律法规、调整规章制度，灵活运用经济手段，充分利用日益普及的新媒体技术加强宣传教育和思想引导。

第三节　走向共生：市民化政策的发展趋势

一　以人为本：市民化政策新范式的确立

改革开放以来，我国农民市民化政策经历了一个长期的渐进式的制度变迁过程，并且在不同历史时期形成了相对稳定的阶段性特征。不同历史时期的农民市民化政策不仅政策语言体系迥然不同，而且政策问题理解、政策目标定位与政策工具选择也呈现出较大的差异（表2－2）。首先，农民市民化政策对政策问题的认定经历了从“农民‘不务正业’管制——流动人口管理与服务——农业转移人口市民化”的变迁；其次，农民市民化政策对政策目标的定位经历了从“保障城市——统筹城乡发展——人的城镇化”的转变；再次，农民市民化政策的政策工具则实现了从“计划控制为主，市场调节为辅”到“市场调控为主，计划手段为辅”再到“综合治理”与“多元化治理”的转变。

表2－2　不同时期市民化政策范式比较

<table>
<tr><th>阶段</th><th>政策问题</th><th>政策目标</th><th>政策工具</th></tr>
<tr><td>1978—1991</td><td>农民“不务正业”管制</td><td rowspan="2">保障城市发展</td><td>计划控制为主，市场调节为辅</td></tr>
<tr><td>1992—1999</td><td rowspan="2">流动人口管理与服务</td><td>市场调控为主，计划手段为辅</td></tr>
<tr><td>2000—2009</td><td>城乡统筹发展</td><td rowspan="2">综合治理
多元化治理</td></tr>
<tr><td>2010—至今</td><td>农业转移人口市民化</td><td>人的城镇化</td></tr>
</table>

从社会共生角度来看，我国的农民工问题包含了多重社会共生关系。在农民工问题中，有三类基本的共生关系伴随始终，即“农民工（农民）与市民共生”、“农业与工业共生”、“农村与城市共生”。长期以来，城市、工业的发展始终占据了国家发展战略的中心地位，而农民、农村与农业则处于国家发展战略的从属地位，由此导致一方面农业、农村与农民在各自共生系统中分别处于弱势与边缘地位，另一方面农民工（农民）与市民的共生关系又被置于多重共生关系中的从属地位。国家发展的战略布局与制度安排，又使得公共政策的价值取向出现了“物化”倾向，

在很大程度上造成了市民化政策的价值偏离。“以人为本”新型城镇化战略的确立，则为市民化政策价值取向的调适与回归指明了方向，也为农民工（农民）与市民共生关系的相变与进化提供了制度保障。

在新中国建立至今的不同历史阶段，上述共生系统基于各自的共生环境、共生界面，分别形成了某种形态的共生关系或共生模式。总体来看，在国家政策变迁的基础上，三类共生关系大体上均经历了并将继续经历一个从“偏利共生”甚至某种程度的“寄生”关系，向“非对称性互惠共生”乃至“对称性互惠共生”转化的过程。值得注意的是，尽管三类共生关系现阶段仍处于由“偏利共生”或“非对称性互惠共生”向“对称性互惠共生”过渡的阶段，但共生进化是其发展的基本方向与主旋律。换句话说，我国农民工（农民）与市民、农业与工业、农村与城市的共生关系必将实现从共生低级形态到共生高级形态的发展进化。

纵览农民工政策的发展历程，不难看出我国农民工政策在实践中不断摸索，在摸索中不断创新，在创新中不断成熟，如今正朝着人性化、科学化与民主化方向发展。也许认为当前的市民化政策促成了农民工与市民之间的对称性互惠共生还为时过早，但是有理由认为，在党的卓越领导下，一种“以人为本”的市民化政策新范式已经确立，推动和实现以农民工为主体的农业转移人口与市民的共生进化是我国市民化政策的总体发展趋势。

二 共生建构：市民化政策功能的彰显

社会共生系统与生物共生系统有很多类似之处，比如共生利益形成与分配、共生系统相变与进化、共生界面选择与改善等，但是二者也有本质区别。其中，最为根本性的区别在于，“人可以通过自身的能动性主动地选择和改变共生界面以促进共生关系的改善，即人在共生界面选择上具有主动性”①，这使得社会共生体的共生关系或共生行为模式具有极强的“建构性”。所谓共生建构，是指人们按照共生的特点、原则、规律

① 袁纯清：《和谐与共生》，社会科学文献出版社2008年版，第24页。

进行建构人与自然、人与社会以及物与物之间的关系。① 社会共生系统需要建构，人们主动选择与改善共生界面，实现对社会共生系统的主动建构的最重要手段之一便是公共政策。毋庸置疑，无论是农民工（农民）与市民共生关系的发展进化，还是农业与工业、农村与城市共生关系的发展进化，相当大程度上即是国家农民市民化政策变迁的结果，正是国家农民市民化政策的变迁，不断强化了市民化政策的共生建构功能，从而促成了农民工（农民）与市民的共生关系逐步发展进化。

首先，上述共生关系进化是农民市民化政策共生建构功能不断强化的结果。从农业与工业的共生进化来看，产业是一个共生体，构成该共生体的各个产业即为共生单元。国家的发展规划以及产业布局政策，能够直接影响甚至决定各个产业的共生环境以及各个产业之间的共生关系。在我国，工业发展和农业发展的关系问题，一直是国家政策特别是产业调整与布局政策规划所关注的核心问题。新中国成立初期，在国家工业化发展战略规划影响下，农业和工业之间形成了“优先发展工业”、“以农补工”的关系，这种共生关系使得农业处于弱势与不利地位。进入21世纪后，国家不断调整产业政策，逐步确立了“工业反哺农业”、“以工促农”的理念，农业的弱势与不利地位有了较大改善。

从农村与城市的共生进化来看，与工业化优先发展相一致，城市在新中国成立初期国家发展战略中同样获得了优先地位，而农村则处于弱势与不利地位。在国家政策的直接作用下，目前城市与农村的共生关系，已由新中国成立初期的“以乡养城”逐步转变为“以城带乡”、“城市支持农村”、“城乡统筹发展与城乡经济社会一体化”的共生关系，农村的共生弱势地位获得了极大改变。尤为关键的是，国家政策调整和创新直接推动了农民工（农民）与市民之间的共生进化。在国家政策的有力保障下，农民工进城已经由被严格控制转变为可以自由流动，农民工流动行为获得了合理合法地位。除了同等的劳动就业机会之外，农民工各个方面的权益保障取得了显著进步，农民工与市民平等享受国民待遇被提上政策议程，农民工与市民的共生环境获得了巨大改善。

---

① 李思强：《共生建构论》，中国社会科学出版社2011年版，第136页。

其次，进一步发挥共生建构功能是农民市民化政策努力的方向。社会共生进化的本质是人与人之间的共生进化。无论是人与自然、人与社会，还是农业与工业，抑或是由人构成的共同体——城市与农村——的共生，归根到底是人之间的共生。因此，人的共生在各种类型的社会共生关系中处于绝对优先地位。长期以来，农民工（农民）与市民共生的主体地位被忽视，他们之间的共生关系一直处于产业、城乡共生关系的附属地位，农业、农村的共生弱势地位使得农民在与市民的共生关系中也一直处于弱势地位。国家政策的调整与创新，政策范式的转移及其价值目标的确立与调适，应充分重视对农民工（农民）与市民共生关系发展进化的建构功能，既要将共生建构作为市民化政策创新的基本出发点，彰显政策的工具理性，又要把共生建构作为市民化政策的终极价值，体现政策的价值理性。

在市民化政策创新与变革过程中，强化政策的共生建构功能，首先要遵循“以人为本”原则，充分尊重人的主体地位。在通过政策规划统筹农业与工业、农村与城市、农民与市民共生进化的同时，要在政策理念与政策目标上确立农民与市民共生进化的绝对主导地位，政策工具的选择要有利于使产业关系与布局规划、城乡发展规划服从于农民与市民共生进化的总体目标。其次要深化政策问题认识，确保政策工具的合理性与科学性。政策问题认定应考虑不同层面、不同类型共生关系及其地位，政策举措要具有适应性与针对性，能够切实发挥建构作用，有利于循序渐进地、由表及里地推进农民与市民的共生进化。就农业转移人口市民化问题而言，要优先解决农民工市民身份的问题，为农民工与市民共生进化奠定身份基础。在此基础上不断优化政策环境，创造一切可能的政策条件，重点解决劳动就业、教育、社会保障、医疗卫生等核心问题，促进农民工与市民的权利共生进化。同时，要重点解决农民工市民化过程中的价值观念、行为方式与意识、社会排斥与社会距离等深层次共生问题，稳步推进农民工与市民思想观念、价值信仰层面的共生进化。

第四节　本章小结

农民工与市民共生关系的形成及其进化，是否有源自公共政策的影响？如果有影响，是何种性质的影响，其影响程度又如何？本章运用文本学分析方法，系统考察了1949年以来特别是改革开放以来我国农民工政策的演变历程，重点分析了国家政策及其调整对农民工与市民共生关系的影响。通过对国家政策特别是农民工政策发展阶段及其特征的分析，可以看出，农民工政策范式在政策话语、政策问题认定、政策价值取向与政策工具选择等方面至少发生了两次重大转移。总体而言，无论是政策理念、政策价值取向，还是政策问题界定与政策工具选择，农民工政策的发展趋势是越来越有利于推进农民工与市民的共生进化。特别是21世纪以来，由于国家农民工政策调整力度加大，政策日趋合理、科学和民主，因此农民工的共生弱势地位有了明显改变，农民工与市民的共生环境有了较大改善，农民工与市民的共生关系不断从低级向高级发展。但是也不容否认，农民工与市民共生的现实状况离理想的对称互惠共生关系还有较大的差距。

依据共生思想，农民与市民之间的共生行为模式及其发展离不开人们的自主“建构”，其中公共政策即是一种重要的“建构”手段。公共政策的共生建构性作用，既有助于人们理解农民与市民共生关系的变迁，又为公共政策创新及其范式变迁指明了方向。一方面，改革开放以来我国农民市民化政策价值取向经历了“以城市为中心——城乡统筹发展——人的城镇化”的变迁过程，公共政策的价值取向在很大程度上产生了促成农民与市民之间形成偏利共生与非对称性互惠共生的共生行为模式的政策效应。另一方面，既然社会共生需要建构，而公共政策又是重要的建构性手段，那么建构农民与市民之间的对称性互惠共生，理所当然地应成为公共政策的全新理念，从偏利、非对称性互惠到对称性互惠的共生进化则自然而然地应成为市民化政策的新范式。

公共政策的变迁是一个相对稳定与渐进的过程，也许认为当前的市民化政策促成了农民与市民之间的对称性互惠共生还为时过早，但是有理由推断，共生进化是我国市民化政策范式的基本发展趋势。与生物共生体一样，社会共生体之间的共生进化，需要满足两个基本条件，一是共生资源均衡分配，二是共生利益共享。我国市民化政策在这两个层面均有卓著进展。2014 年 7 月，国务院印发的《关于进一步推进户籍制度改革的意见》规定，在城市居住半年以上的居住证持有人可以申请登记常住户口，享有与当地户籍人口同等的劳动就业、基本公共教育、基本医疗卫生服务、计划生育服务、公共文化服务、证照办理服务等权利；同时根据居住年限等条件，逐步享有与当地户籍人口同等的其他公共服务和权利。与此同时，党的方针政策着重强调要让广大农民平等参与改革发展进程、共同享受改革发展成果。可见，国家相关政策越来越强调农民与市民之间共生资源的均衡分配与共生利益的共同分享。

第三章

农业转移人口与市民的共生关系

运用共生理论分析社会现象的重要方法之一，是对共生单元之间所形成的共生关系进行分析与判断，而判断共生单元之间共生关系的主要手段是测算它们（他们）之间的共生度或共生指数。在此基础上，通过对共生单元特征、共生能量特征、共生作用特征的深入考察，综合分析共生关系的性质与特征，最终言明共生单元之间的共生行为模式类型。那么，农业转移人口与市民之间的共生现状如何？他们之间到底是一种什么样的共生行为模式？对这些问题做出合理的推断，是从共生的高度出发治理农业转移人口市民化问题的基础，也是本书的中心任务之一。本章主要运用农民工调查样本数据，采用统计描述与量化研究方法，测度农民工与市民的共生指数，并据此对农民工与市民的共生关系现状、共生行为模式类型及特征做出定性判断。

第一节　样本概况与变量特征

一　数据来源与样本信息

2013 年 3 月至 7 月，湖北如若妇女发展研究中心与广州绿芽乡村妇女发展基金会联合组织了“新型城镇化背景下进城务工群体市民化”调研活动。该调研项目选取中、东部地区流动人口比较集中的广东省和湖北省作为调研区域，并分别选取广州市（包括海珠区、越秀区、荔湾区、番禺区）、武汉市与大冶市、宜昌市、老河口、鄂州、仙桃作为调查地点，采用多阶段、分层、随机抽样方法选取调查样本，调查方式为调查员自填式问卷调查与深度访谈。此次调查共发放问卷1350份，回收有效问卷1288份，有效回收率95.4%。在全部有效问卷中，广州市508份，湖北省780份，分别占样本总量的39.4%、60.4%。组织深度访谈47人次。由于调研的主要目的是研究进城务工人员市民化（城镇融入）进程中的性别差异，因此，在问卷数量分配上侧重于女性，但为便于性别比较，也兼顾一定比例的男性，其中男女样本比例约为1∶1.3。样本基本情况如表3－1所示。

表3－1　调查样本基本信息

变量	类型	样本（N）	百分比（%）
性别	男	557	43.3
	女	731	56.7
年龄	1980年前出生	487	38.1
	1980年—1990年间出生	520	40.6
	1990年以后出生	273	21.3
教育程度	本科及以上	79	6.2
	大专	174	13.6
	高中或中专	417	32.5
	初中	461	35.9
	小学及以下	152	11.8
婚姻情况	未婚	472	37.9
	已婚	739	59.4
	离异或丧偶	77	6.0
职业分布	公司管理、普通职员（侧重文职）	161	13.5
	加工、制造业、电子（侧重技术）	185	15.5
	批发、零售、运输行业	88	7.3
	餐饮、酒店、美容美发等服务行业	248	20.7
	纺织服装行业	179	15.0
	建筑行业	60	5.0
	家政、物业、环卫工人	120	10.0
	个体户	89	7.4
	小摊贩、打零工	32	2.7
	其他	34	2.9

续表

变量	类型	样本（N）	百分比（%）
流入地	省会城市	735	57.1
	地级市	233	18.1
	县城	294	22.8
	镇	26	2.0

二 样本统计特征描述

（一）性别结构

在回收的有效调查问卷样本中，男性样本为557人，占总样本数的43.3%，女性样本数为731人，占总样本比例的56.7%（图3-1）。样本性别比例结果显示女性略多于男性，这主要是因为：一是调研目的。该调研活动重在从社会性别角度研究进城务工人员市民化（城镇融入）进程中的性别差异。二是样本行业分布特点。建筑业是男性进城务工人员分布较多的行业，而建筑业的性质与特点使得针对男性的调研受到一定的时间、地点的制约。三是进城务工群体的性别结构特点。近年来，城乡流动人口中女性的比例在不断提高。[①]

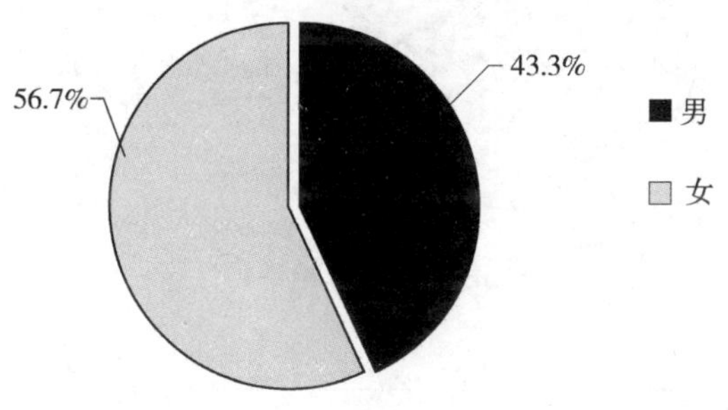

图3-1 性别结构

① 国家统计局发布的《2012年全国农民工监测调查报告》显示，女性占进城农民工总数的33.6%；中国社科院社会学研究所编写的《2013年中国社会形势分析与预测》则认为，农业户籍流动人口与非农户籍流动人口中女性比例均达到了46.53%左右。国家卫生和计划生育委员会流动人口司的数据则显示，2010年流动人口中男女性别比为113.5（即113.5：100）。参见国家统计局网、《2013中国流动人口发展报告》（中国人口出版社2013年版）、《2013中国社会形势分析与预测》（社会科学文献出版社2012年版）。

（二）年龄结构

为了解进城农民工群体的年龄结构特征特别是代际特征，本书将调查对象的年龄大体划分为三个类别，即1980年前出生、1980—1990年出生、1990年后出生。样本统计结果显示，农民工群体的年龄结构以新生代（1980年以后出生）为主，新生代样本数量占到调查样本总量的62%，其中1980—1990年间出生的样本比例为41%，1990年以后出生的样本比例为21%（图3－2）。对于调查样本呈现出的年龄结构特点，可能的解释是：与1980年以前出生的农民工相比，80后、90后乡土情结较轻，对土地的依赖程度较低，能更好地适应城市社会，更快地接受新事物，他们渴望在繁华的城市中开阔眼界，丰富人生阅历，可见新生代务工群体日益成为城市建设的中坚力量。而1980年以前出生的农民工随着年龄增长，照顾家庭的责任和回乡定居的愿望使他们不得不结束乡城之间的"候鸟式"生活，因此，80年前出生的农民工所占的比例相对较低。

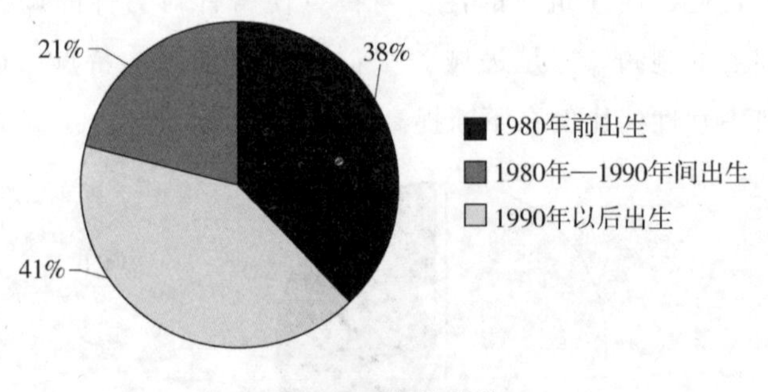

图3－2　年龄结构

（三）文化程度

总体而言，农民工群体文化程度偏低，受教育状况不容乐观。调查数据显示，绝大多数农民工的受教育程度为中等教育，拥有高中（中专）或初中学历的样本比例高达69.1%；具有大专以上学历和小学及以下学历的样本数量在调查样本总数中所占比例分别为17%、13.9%（图3－3）。

值得注意的是，调查数据显示，农民工的文化程度在不同年龄段之间存在较大的差异。在1980年前出生、1980—1990年出生、1990年之后

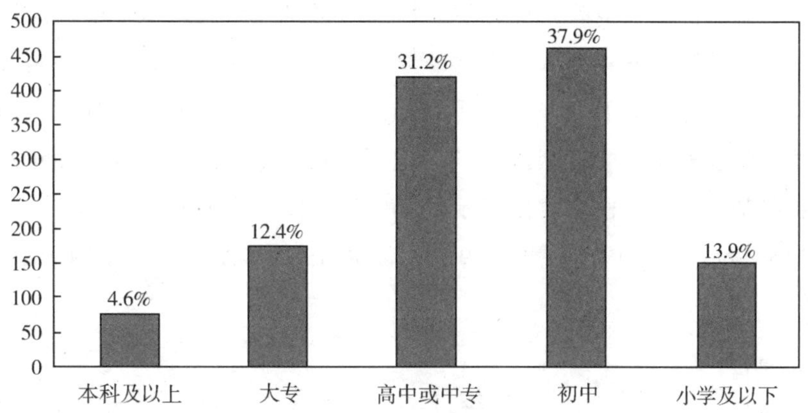

图 3-3　学历结构

出生三个年龄层次中，具有大专及以上学历的样本比例分别为 6.6%、24.4%、23.3%，呈现出随着代际更替而增长的趋势。尤为可喜的是，小学及以下学历的样本比例在上述三个年龄层次中分别为 28.7%、5.2%、2.5%，呈现出随着代际更替而显著下降的趋势（图 3-4）。

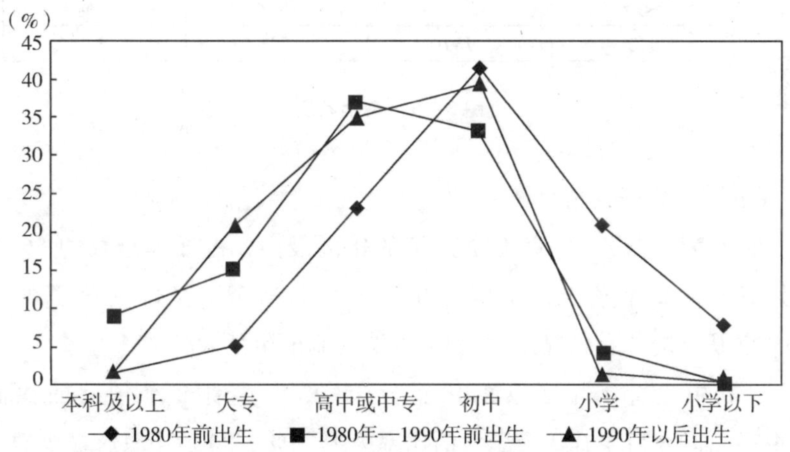

图 3-4　不同年龄层次样本的受教育程度

（四）婚姻状况

统计结果显示，调查样本中婚姻状况为已婚的占 57.4%，未婚占 36.6%，离异与丧偶仅占 6.0%（图 3-5）。可见，在庞大的农民工队伍中，已婚者占绝大多数。这和学界研究结论是一致的，即在增加家庭经济收入、缓解家庭经济压力因素的驱动下，农村剩余劳动力（特别是农村女性）往往在结婚生子后，重新加入乡城流动的大潮。另外，在新时代婚姻观念和我国《婚姻法》的影响下，农民工婚龄分布状况和年龄分布状况基本吻合。样本数据显示，新生代农民工未婚率达66.8%，其中1990年以后出生的未婚率高达90.6%，而1980年以前出生的未婚率仅为4.6%。

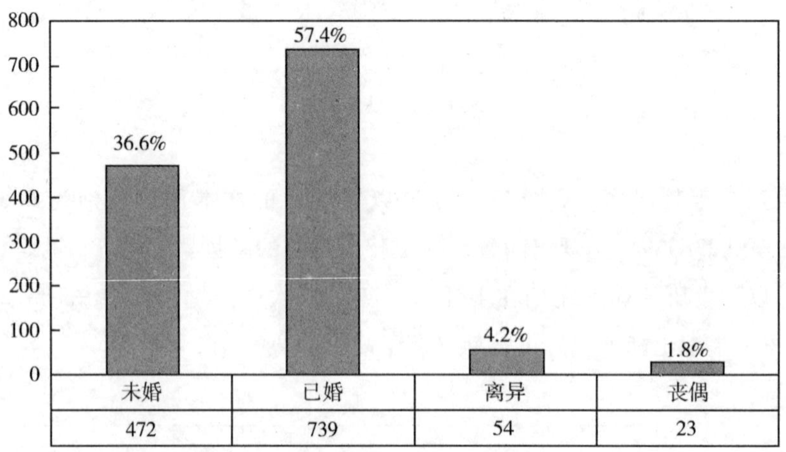

图3-5 婚姻状况

（五）生育子女情况

在已婚样本中，生育1个孩子的比例最高，占样本总数的56.4%，其次是生育2个孩子，比例为33.2%，生育3个及以上孩子的仅占6.6%。从年龄分布状况来看，1980年以前出生的农民工多生育1—2个子女，其中生育1个子女的比例为45.0%，生育2个子女的比例为42.4%。而80后生育2个子女的比率为18.5%，90后中只有极少数生育2个子女，约占样本总量的5.3%（表3-2）。从数据可以看出，随着经济的高速发展和计划生育政策的不断推广，年龄相对较小的80、90后的生育观念和1980年以前出生农民工的生育观念发生了明显的变化，1980年前出生的农民工生育2个子女的现象比较普遍，而80后、90后绝大多数只生育1个子女。

表 3-2 农民工生育子女数量

	1 个	2 个	3 个及以上
1980 年前	45.0%	42.4%	10.1%
1980 年—1990 年	76.0%	18.5%	0.4%
1990 年以后	89.4%	5.3%	0%

（六）空间分布

样本数据显示，农民工流入地主要是地级市以及省会城市，流入量高达 75%，而城镇流入量只有 25%。具体来说，农民工流动的目标地域更倾向于省会城市，其比例为 57%。地级市所占比例为 18%，县城所占比例为 23%，其他小镇所占比例仅 2%。从以上数据可以看出，由于省会城市雄厚的经济实力、较高的社会发展水平以及强劲的发展势头，吸引了大批农业转移人口。同时，省会城市大量经济、社会资源的集聚也需要大量的劳动力，而地级市由于发展速度和规模未及省会城市，流入地级市的农民工数量远远低于省会城市。城镇相对于城市发展更为滞后，吸纳能力有限，工资水平偏低，因此流入城镇务工的农民工比例极低（图 3-6）。

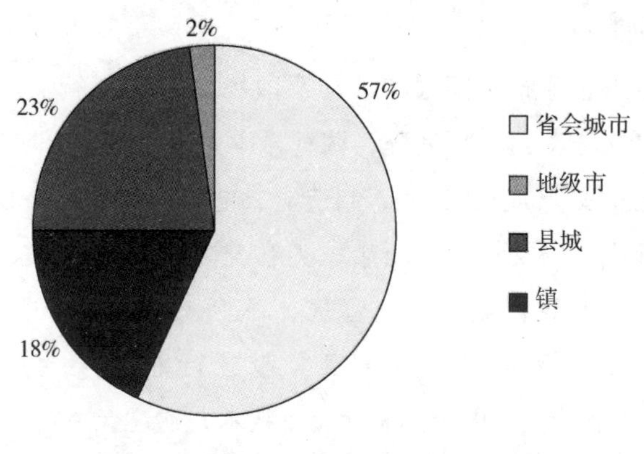

图 3-6 流入地分布

小丽（24 岁、高中、家政工）：家乡的镇里和县城也能找到工作，但是工资太低了，没法过上好生活，俺不愿意干，所以俺就到广州来了，这里工资高，在这里干一个月顶着在镇里干好几个月，到了过年俺可以攒下不少钱拿回去。

（七）流动类型

按照距离远近，可将进城务工人口流动类型划分为四类：即跨省流动、省内跨地（市）流动、地（市）内跨县流动和县内流动。样本数据显示，中东部地区农民工流动类型有较大差异（表3－3），其中，广州市来自省外的样本占调查样本总数的72.6%，来自广东省的样本仅占27.4%，可见，广州农民工流动类型以跨省流动为主，省内跨地（市）流动为辅。湖北省的人口流动类型却大不相同，调研样本中高达93.1%的比例籍贯为湖北，仅有少量样本来自湖北省外，比例为6.9%，可见，湖北省进城务工人员流动类型以省内跨地（市）流动为主，跨省流动为辅。造成流动类型差异的可能原因是不同地域的经济社会发展水平差异，导致中东部地区对外来务工人员的吸引力存在较大差异。

表3－3　　农民工流动类型

	湖北		广州	
	频率	比重（%）	频率	比重（%）
跨省流动	33	6.9	526	72.6
省内流动	444	93.1	199	27.4

（八）职业分布

农民工的职业分布范围很广，涉及国民经济多个行业。按照《中华人民共和国职业分类大典》划分，调查样本主要从事的职业有公司管理、普通职员（侧重文职）、加工业、制造业、电子产业（侧重技术）、批发、零售、运输行业，以及餐饮、酒店、美容美发等服务行业、纺织服装行业、建筑行业、家政行业、物业管理、环卫、个体小摊贩、零散工等。其中，从事餐饮、酒店、美容美发等服务行业的人数最多，比例为20.7%；加工、制造业、电子产业（侧重技术）次之，所占比例为15.5%；从事纺织服装行业的样本比例为15%；从事公司管理、普通职员（侧重文职）职业的人数为13.5%；从事家政、物业或者环卫的比例为10%；有7.4%的农民工为个体户；从事批发、零售、运输行业的人数较少，只有7.3%。另外，还有极少数从事小摊贩、零工等行业（图3－7）。调查样本职业分布特征显示，绝大多数农民工从事第三产业，这与第三产业的职业多样性、适用人群广泛性以及强大劳动力吸纳力密不可分。另外，第二产业即工业和建筑业对从业人员的体力、操作技术水平有较高要求，因此男性进城务工人员的比例较高。而调查样本略偏重于女性，这也充分反映了农民工群体职业分布的性别差异，不过这种差异对本书研究结论没有显著影响。

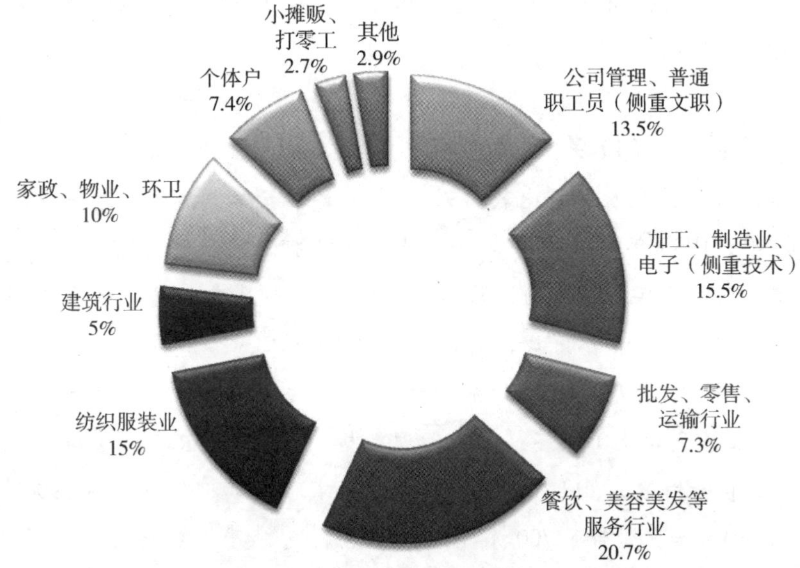

图 3－7　农民工职业分布

（九）务工动因

一个家庭当中，是否外出务工或决定谁外出务工，是根据家庭内部结构及外部条件的变化，综合权衡之后做出的选择，这是建立在成本与收益基础上的一个决策过程。[①] 根据对访谈资料的分析，农民工进城务工的主要原因有以下几个方面：第一，增加经济收入。在过去，农民可以依靠耕种田地来维持生活，但随着市场经济深入农村社会以及农村社会的进步与发展，“面朝黄土背朝天”的农业劳作已经不能满足农村地区人口的发展需求，收入偏低的窘境迫使农村人口大量非农转移，加入“打工大军”进入城市，走上漫漫的城乡迁徙之路。在调研样本中，来自偏远农

① 白南生、宋洪远：《回乡，还是进城？——中国农村劳动力回流研究》，中国财政经济出版社 2002 年版，第 40 页。

村的有795名，来自乡镇农村的有287名，共计占样本总数的84.6%。

第二，为了修房建屋。修房建屋在农村是一件气派和荣耀的事情，房屋宽大漂亮在农村是家庭富裕的重要标志，也是家庭面子的重要支持，修建楼房不仅可以改善村民在村子里的声誉，还可以增强村级生活的话语权。因此，很多农民工就是想要多赚些钱寄回去，以便在家乡建房造屋。

> 范女士（40岁、小学、店主）：小时候家里有3个孩子，我是大姐，而家里是农民，比较穷，所以没读过多少书，只上过一段时间小学，1993年我13岁，与一群老乡出来打工，当时其他人都十八九岁，我属于年龄最小的，只有十三四岁。那时广州发展远没有现在这个样子，工作不好找，有的老板不用童工，终于在同乡帮助下找到了一家绣花厂。当时工资一天不到10元，包吃住，但有时早上7、8点工作到晚上1点多，而且管理严格，也出不了工厂。辛苦一年下来，由于用钱省，所以还给父母、弟妹买了东西回家（当时1994年，14岁），给父母带了700元钱，自己很满足，父亲也很高兴。

第三，为了给孩子提供良好的教育条件。随着农村现代化转型，农民的教育意识也不断提高，孩子的教育问题成为家庭的重心。父母望子成龙、望女成凤的思想使农业剩余劳动力甘愿进城务工，以便在减轻家庭经济压力的同时为孩子创造优越的学习环境。

第四，为了儿女婚姻大事。在农村，除了修房建屋，另一件大事就是儿女的婚姻大事。随着社会的发展，农村嫁娶的开支花销正逐渐增高，特别是对男性而言更是如此。在访谈中，很多农民工表示进城务工的目的就是挣钱以备儿子结婚时的开支，或者偿还儿子结婚时所欠下的债款。

第五，其他社会原因。这在80后、90后农民工群体中比较突出，比如因辍学而外出务工。调研样本中年龄最小的为20岁，高中还没毕业就辍学，与同样辍学的同村好友一同进城务工，进城务工的主要目的是通过在城市中工作、生活，增长见识。部分受访对象则表示是为了避免两地分居而随同配偶外出务工，他（她）们中多数还未生育子女，或者子女已经在家乡上学并交付父母照料。此外，也有部分受记对象出于对城市生活的向往，希望在城市扎根。他（她）们明确表示喜欢城市的生活方式，并希望靠自己的努力留在城市，改变自己的农民身份，成为市民。

第二节　农民工与市民的共生现状

一　经济共生状态

经济共生是农民工实现与市民共生的基本前提，是农民工实现与市民在政治权利、社会参与和思想意识等方面共生的物质基础。经济共生首先取决于就业公平程度、劳动权益保护程度，在此基础上相应的经济收入及因此带来的住房改善程度等是衡量经济共生状况的重要指标。下面，主要从经济收入水平、住房状况、劳动保护与福利待遇三个指标考察进城务工群体的经济共生状况。

（一）收入水平

取得经济收入是农民工实现与市民共生的第一步，也是农民工市民化的最基本要求。样本数据显示，农民工月平均收入为 2434 元（表 3－4），多数人工资水平为 2000 元，农民工月收入最高达 3 万元，但这仅仅是极个别现象。农民工的收入主要用于饮食、住房、购买衣物、通讯（手机缴费）等日常消费，收入中的很小一部分主要用于日常消费之外的储蓄和子女教育，用于休闲娱乐、人情交往、投资理财、自我学习和教育投资的比例极低。

表 3－4　　农民工月收入水平

	修正前 N＝1239	修正后 N＝1234
均值	2426.11	2434.87
众数	2000	2000
标准差	1428.261	1424.494
极小值	150	600
极大值	30000	10000

说明：样本月收入第一最大值为 30000，且是个体经营者，第一最小值为 150 元，第二最小值为 200，第三最小值为 300，样本量多为 1 个（第二最小值为 2 个），因此剔除这 5 个样本将会使得计算更具有代表性。

根据广东省人民政府下发的《关于调整我省企业职工最低工资标准的通知》，2013 年广州市企业职工最低工资标准调整为 1550 元/月，调研样本数据显示农民工月平均收入为 2875.30 元/月，多数被调查者的月收入为 2000 元/月（表 3－5）。2013 年最新统计数据显示，广州位居中国城市消费水平排名的第四位，其物价水平仅次于上海、北京、深圳三地。因此，尽管广州市进城务工群体的月收入水平明显高于企业职工最低工资标准，但整体上偏低的工资收入很难满足较高的物价水平，高生活成本不仅影响了农民工的生活质量，也挫伤了他们扎根城市的积极性。

表 3－5　广州市农民工月收入水平

	修正前 N＝439	修正后 N＝433
均值	2906.97	2875.30
众数	2000	2000
标准差	1795.183	1299.125
极小值	200	900
极大值	30000	10000

说明：广州市月收入第一最大值为 30000，第一极小值为 200，第二极小值为 500，第三极小值为 600，第四极小值为 700，第五极小值为 800，且样本数均为 1 个。这几个样本拉大了收入的差距，因此剔除这 6 个样本将会使得计算更具有代表性。

湖北地区进城务工群体的收入差距相比广东较小，调查样本的最低月收入为 150 元/月，最高月收入为 10000 元/月，但仅仅是极个别现象。农民工月平均收入约为 2091.62 元/月，多数被调查者的月收入为 2000 元/月（表 3－6）。按照湖北省人民政府在 2013 年 9 月新调整的最低工资标准，湖北省武汉市企业职工的最低工资标准约为 1160 元/月，非武汉市为 900 元/月，湖北省进城务工群体的月平均收入明显高于最低工资标准线，加之物价水平较低，农民工的经济收入可以支付生活成本，能够为融入城市生活提供物质前提。

表 3－6　湖北各市农民工月收入水平

	修正前 N＝518	修正后 N＝512
均值	2109.20	2091.62
众数	2000	2000
标准差	1005.249	916.545

续表

	修正前 N = 518	修正后 N = 512
极小值	150	600
极大值	10000	6000

说明：湖北各市收入的第一最大值 10000，第二最大值 8000，第三最大值 7000，第一最小值 150，第二最小值 200，第三最小值为 300，每个极值收入样本量仅 1 个。这几个样本拉大了收入差距，因此剔除这 6 个样本将会使得计算更具有代表性。

（二）居住条件

作为进城务工群体的“落脚点”，住房是他们生活、休息的重要场所，住房拥有情况直接关系农民工的生活质量。随着城市基本公共服务供给水平的不断提升，我国许多城市已经相继推出解决外来务工人员住房困难的政策，比如外地户籍人员可以购买流入地廉租房、经济适用房、限价房，购买家乡所在市县的经济适用房或限价房，申请家乡所在地的廉租房。除此之外，一些城市规定外地户籍人员也可以享受由单位缴纳的公积金和住房补贴政策。但是，调查样本数据显示，72.1% 的农民工仍未享受由政府或者企业提供的上述住房服务或者补贴。目前大部分已婚农民工都无稳定居所，其中，居住在私人出租房、单位宿舍的样本比例分别为 43.6%、26.7%，只有 14.6% 的调查样本表示拥有自购商品房，仅仅 1.1% 的被调查对象表示享受到了政府提供的廉租房，另外有少数调查对象借住在亲戚家或住在建筑工棚中（图 3－8）。

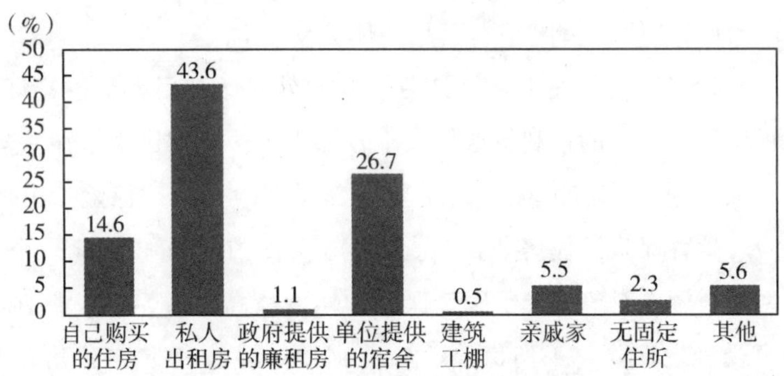

图 3－8　已婚农民工住房性质

从已婚农民工居住情况看，55.9% 的人和全家人一起居住，21.4% 的人与配偶住在一起但子女和老人仍留守在家。另外，仅 11.5% 的受访对

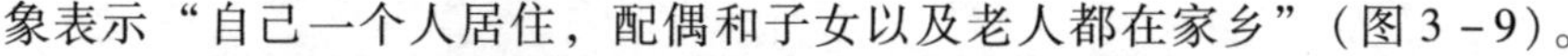

象表示“自己一个人居住，配偶和子女以及老人都在家乡”（图3－9）。

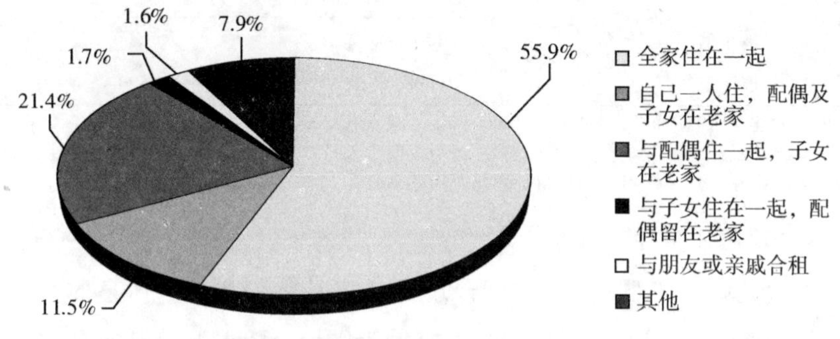

图3－9　已婚农民工居住状况

（三）劳动保护与福利待遇

劳动保护是维护农民工基本劳动权益、保护农民工免受劳动伤害的重要措施。劳动保护不仅关系到他们的身体、心理健康，而且也关系到他们未来的生活与保障。劳动合同作为劳动者与用工单位之间明确双方权利义务的劳动关系协议，是农民工劳动保护的基础保障。签订劳动合同的农民工在遵守所在单位内部劳动规则和其他规章制度的基础上，有权利依法享有用人单位提供的劳动报酬、社会保险、福利等权利和待遇。调研数据显示，与用人单位签订了劳动合同的农民工占样本总数的51.3%，仍有34.4%的农民工未与用人单位签订劳动合同（图3－10，图中14.3%的“其他”情况基本上是个体劳动者）。

除了有近半数的农民工未签订劳动合同外，已与用人单位签订劳动合同的农民工所享受到的福利待遇也处于较低水平。根据国家法律法规规定，进城务工人员应该享有的福利权主要是养老保险、医疗保险、工伤保险、失业保险、生育保险、住房公积金。数据显示，在上述“五险一金”社会保障体系中，调查对象享受了医疗保险的比例最高，为50.2%，刚刚达到半数。享受养老保险、工伤保险、失业保险、生育保险与住房公积金的比例分别为35.5%、27.7%、20.3%、13.3%、13.7%，可见，仍有大多数农民工没有享受到上述福利待遇（表3－7）。特别值得注意的是，接近九成进城务工女性未享受到住房公积金与生育保险。

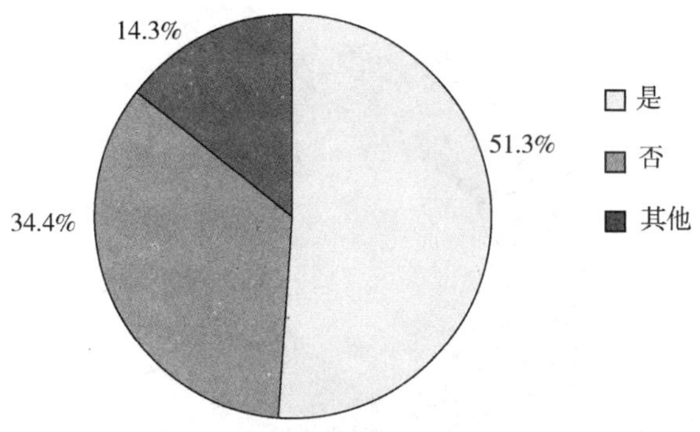

图 3－10　农民工签订劳动合同状况

表 3－7　农民工享受福利待遇情况

	享受过	没有
养老保险	35.5%	64.5%
医疗保险	50.2%	49.8%
工伤保险	27.7%	72.3%
失业保险	20.3%	79.7%
生育保险	13.3%	86.7%
住房公积金	13.7%	86.3%

《国务院关于职工工作时间的规定》中第三条明确规定了劳动者的法定劳动时间，即“职工每日工作 8 小时、每周工作 40 小时”。当然，用人单位可以根据生产或经营需要，征得劳动者同意，安排劳动者适当加班，但同时必须遵循《劳动法》第三十八条“用人单位应当保证劳动者每周至少休息一日”的规定。调查显示，农民工劳动时间超过正常工作时间的现象比较严重，超过四成调查对象每天劳动时间超出法定劳动时间，其中 32.5% 的人反映每天工作 9—10 个小时，每天工作时间在 11 个小时以上的比例高达 22.9%，只有 44.6% 受调查者反映用人单位是依照法律规定将劳动时间控制在 8 小时之内（含 8 小时）（图 3－11）。

从每月休息时间来看，农民工普遍不能享受正常的双休日。样本数据显示，仅 8.1% 的人每月可以休息 8 天，约 38.3% 的人可以每月休息 4 天，每月休息少于 4 天的比例高达 45.6%，另外 17.5% 的人每月休息时间为 0 天。可见，多数用人单位并不能保障农民工每个星期至少休息一

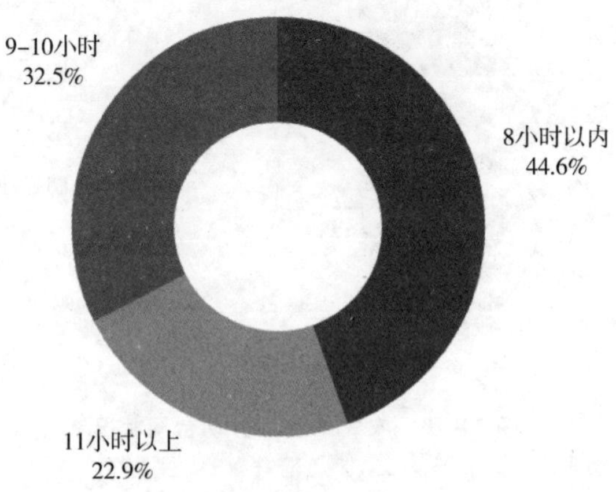

图 3－11　农民工每天工作时间

天的劳动权利。超负荷劳动时间不仅损害了进城务工群体的身体健康，而且也直接影响了他们的生活质量，极大地降低了他们的生活幸福感。此外，农民工带薪休假的状况也不容乐观。数据显示，有高达 55.4% 的受访者没有享受过带薪休假，在享受过带薪休假的受访对象中，表示享受过 4 天带薪休假的样本比例最高（18.1%），但也不到总人数的两成（图 3－12）。

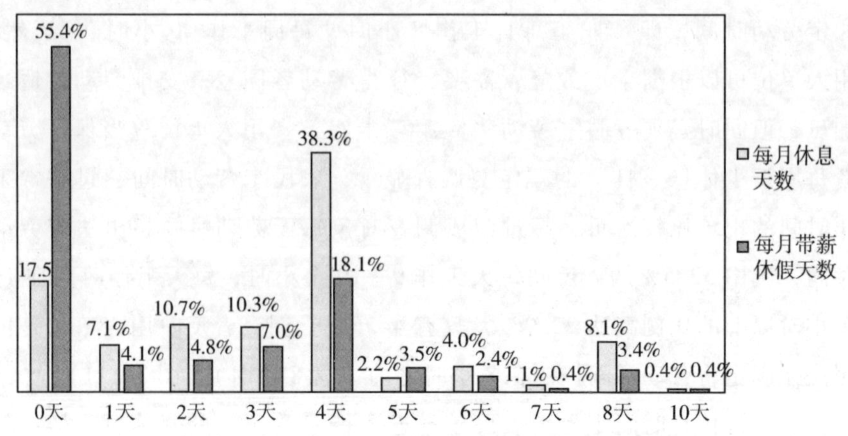

图 3－12　农民工休息天数与带薪休假情况

二　社会共生状态

社会性是人的本质属性之一。社会层面的共生是农民工实现与市民共生的重要基础，是考察农民工与市民共生关系的重要维度。这里所说的社会是狭义意义上的社会，即非与自然相对而言的人类社会，而是和政治、经济、文化相对应的领域。分析农民工社会共生状况的主要指标包括：社会关系构成、社会支持网络构成、娱乐休闲生活及非基本消费、参与本地社交活动以及在与本地居民互动过程中的其他问题。

（一）社会关系状况

弱联系理论最初由美国社会学家马克・格兰诺维特（Mark Granovetter）于1973年提出，他在《弱联系的力量》一文中，将人与人之间的关系区分为强联系与弱联系。[①] 国内学者在研究农村流动人口求职问题时，借鉴社会网络理论，将农村流动人口的关系网络区分为强关系与弱关系两类，其中强关系被界定为以“血缘”和“地缘”为主的家属、亲戚和老乡，弱关系被界定为以“业缘”和“友缘”为主的朋友、同事和老板等。[②] 由于农民工是从农村地区迁移到城镇从事非农活动，工作、居住地的变化也使得他们的社会关系发生了变化。本书主要从友缘、地缘、血缘和业缘等几个维度来考察农民工的社会关系构成情况（表3－8）。

表3－8　农民工社交关系构成

	全是本地人	大部分是本地人	大部分是外地人	全是外地人	各占一半
您的朋友（友缘）	12.9%	30.6%	30.7%	8.0%	17.8%
您的同事（业缘）	11.0%	32.9%	29.7%	7.7%	18.6%
您居住的社区	15.1%	35.7%	27.0%	5.6%	16.5%

友缘结构。数据显示，进城农民工中选择所结识的朋友“全部为本地人”、“大部分为本地人”选项的比例分别为12.9%和30.6%，30.7%

① Mark Granovetter, The Strength of Weak Ties, American Journal of Sociology, 1973, 78.

② 国内学者的相关研究成果表明，农村流动人口的社会网络以血缘、地缘和业缘等关系为主，并呈现出规模小、紧密度高、趋同性强与异质性低的特点。参见李汉林《关系强度与虚拟社区》，《农民工——中国进城农民工的社会经济分析》，社会科学文献出版社2003年版；王毅杰、童星《流动农民社会支持网探析》，《社会学研究》2004年第2期；李培林《流动民工的社会网络和社会地位》，《社会学研究》1996年第4期。

的受访对象选择了所结识的朋友“大部分是外地人”，8.0%的受访对象表示自己的朋友“全是外地人”。另外，17.8%的人认为自己的朋友中外地人和本地人基本均衡，即各占一半。可见，农民工与当地人的交流比较多，当地人已经存在于部分农民工的友缘结构中，但还有相当一部分人并没有将本地居民纳入到自己的交际圈。由此可以判断，一方面地缘关系仍旧是农民工的主要社会网络取向；另一方面，农民工与本地居民的交往还存在一定隔阂。

业缘结构。在涉及同事的籍贯类型这一问题时，受访对象中表示自己的同事“全是本地人”的有11.0%，表示自己的同事“大部分是本地人”的有32.9%；而表示自己的同事“全是外地人”、“大部分是外地人”的比例分别是29.7%与7.7%；认为同事中本地人与外地人各占一半的有18.6%。综合来看，43.9%的受访对象的同事以本地人为主，同事以外地人为主的占37.4%。可能的解释是，受访群体的职业多是工厂工人和底层职业人员，这些职业本地人的从事意愿较低，一定程度上导致了受访者的同事多为外地人。同时，数据也显示农民工在很大程度上能够与本地人共同工作，为农民工实现与市民的共生提供了一定的社会资本基础。

地缘结构。居住社区是农民工的重要生活场所，也是获得各种社交机会和进行社交活动的主要场所，居住社区的人员构成会对农民工实现与市民的共生有显著影响。15.1%的受访者表示所居住的社区全是本地人，35.7%的受访者表示所居住社区大部分是本地人。表示居住社区中本地人和外地人基本均衡的比例占16.5%。另外，5.6%的调查样本表示社区内全是外地人，27.0%的人表示社区居民大部分是外地人。总体来看，有半数受访农民工已经进入本地居民社区，这有助于他们了解和学习本地社区和居民的生活习惯、风俗传统和语言等，也有利于他们的友缘甚至血缘关系的扩展。

在原有以家乡为中心的社交网络中，各种问题可以依靠强关系网络加以解决，但进城务工群体的“乡城”迁移使得原有的社会支持网络也发生了较大变化（表3－9）。

表 3-9　　农民工整体社会支持网络构成

	异性交友网	谈心网	困难网
强关系类型			
亲人	×	33.4%	79.5%
同乡	23.0%	8.5%	11.6%
弱关系类型			
邻居	3.7%	×	×
同事	35.9%	×	×
同学	32.6%	×	×
朋友	×	49.9%	×
网友	0.8%	×	×
本地人	×	1.4%	1.6%
政府或社会组织	×	×	2.5%
其他	3.9%	6.8%	4.8%

在问及所交往的异性朋友主要构成时（测量异性交友网的对象仅限未婚农民工），23.0%的受访对象表示主要是同乡，表示异性朋友主要为同事的农民工比例为35.9%，32.6%的人表示异性朋友为同学，异性朋友为邻居和网友的样本比例分别为3.7%、0.8%，可见未婚农民工的异性交友网以弱关系为主。在涉及“经常与谁谈心来消除内心苦闷”问题时，有33.4%的受访对象选择了“自己的亲人”，选择“朋友”的占49.9%，分别有8.5%、1.4%的受访对象选择“同乡”、“本地人”。选择朋友作为倾诉对象的农民工约占总样本的一半，可以看出弱关系在农民工谈心网中发挥主要作用。在支持农民工群体发展的关系网络中，“困难网”发挥了重要作用，当面临无法独力应付的困难时，个体将依靠困难网寻求援助。调查数据显示，农民工在遇到困难时，79.5%的人会寻求亲人的帮助，寻求同乡帮助的占11.6%。其他社会关系则很少被农民工选择，有1.6%的人选择本地人，仅有2.5%的人会寻求政府、妇联、公益组织以及其他社会组织的帮助。可见，农民工的支持网仍以强关系为主导。

（二）参与社交活动情况

社交活动是流动人口融入该地区社会环境及社会系统的台阶，是流动人口融入本地居民群体的重要条件。参与社区活动和参加社会组织则是进城务工群体融入城市社交网络、实现与市民在社会关系方面共生的正式途径。样本数据显示，47.7%的农民工从来没有参加过社区举办的娱乐交流活动，很少或偶尔参加的占48.5%，经常参加的仅为3.7%。在社区民主管理以及社区投票选举两个方面，七成以上受访对象表示没有参加过，很少或偶尔参加社区民主管理或选举投票的不到三成。在参与社区管理并担任社区管理职务方面，仅16.8%的受访对象表示参与较多并担任过一定角色或职务，25.6%的受访对象表示从未参加过，受访对象有约六成（57.6%）表示很少或偶尔有机会参与。另外，约半数（47.5%）受访对象从来没有参与过党团活动（表3－10）。

表3－10　　农民工社会活动参与情况

	参与频率				
	从来没有	很少	偶尔	比较多	非常多
社区举办的娱乐交流活动	47.7%	26.4%	22.1%	3.3%	0.4%
社区民主管理	71.7%	17.1%	9.7%	0.7%	0.2%
社区投票选举	72.4%	15.7%	9.4%	1.6%	0.4%
被选举为社区居民代表、居委会成员等职务	25.6%	36.2%	21.4%	9.5%	7.3%
党团组织活动	47.5%	25.4%	16.2%	3.2%	7.8%

考察进城务工群体的社交状况，一方面要了解他们参与以上社会活动的情况，另一方面还要了解他们参与社会组织或者团体的情况。近年来，我国城镇地区的正式和非正式组织发展迅速，遍及政治、经济、文化、社会生活的广泛领域。参考调研地区的实际情况，目前农民工可以参加的组织或者团体有行业协会、企业工会、社区管理委员会、业主管理委员会、老乡会、志愿组织、娱乐团体、社区服务中心、家属委员会等。从横向看，47%的受访对象尚未参加以上任何组织或者团体，15%的人参加了企业工会组织，12%的人加入了老乡会。从纵向看，参加老乡会、志愿组织、娱乐团体、家属委员会等非正式组织的农民工占总数的26%，而参加行业协会、企业工会、社区管理委员会、业主管理委员会、社区服务中心等正式组织的农民工所占比例为27%。从数量上看，农民工参加非正式组织的比例要略低于参加正式组织的比例（图3－13）。

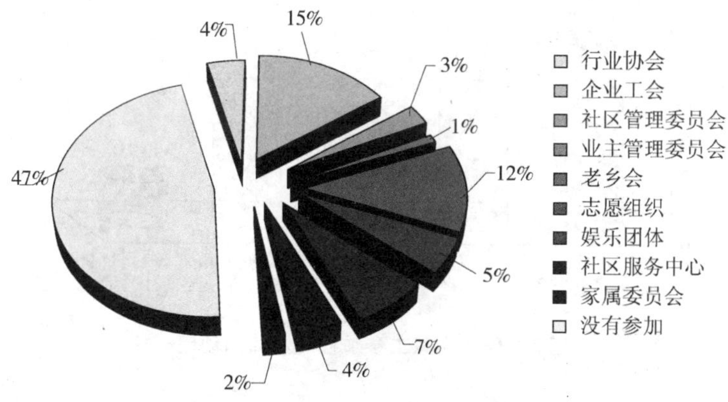

图 3－13　农民工参加组织或团体情况

参加多种多样的社交活动是农民工提高人力资本存量，增加社会资本积累，提升自身发展能力和发展空间的重要途径。调研结果显示，约三至五成农民工都不同程度地参与了流入地的政治、文化和社会活动，也加入了涉及民主管理、群体维权、娱乐交流等方面的社会组织。农民工参加以上社会活动的动机呈现多元化，有的是为了适应城市的生活方式，有的是为了提高自身的社会地位，有的是为了结交更多的朋友从而增加其社会资本，有的是为了寻求更多资源和机会，还有的是个人的兴趣爱好所致。通过对以上几种原因进行整理（图 3－14），农民工参加社会活动的动因大致可以归结为以下三个方面，一是为了结交更多的朋友，扩大并积累自己的社会资本（52.9%）；二是个人的兴趣爱好所致，尽量参加身边的社会活动可以陶冶情操、提高自身的生活质量（43.0%）；三是希望在广泛的社交活动中，获得更多的信息和渠道，寻求更多的资源和发展机会（30.7%）。

（三）休闲娱乐与非日常消费状况

娱乐方式的转变是 80 后、90 后等新生代农民工与第一代农民工的主要区别之一。1980 年以前出生的第一代农民工的娱乐方式主要是看电视、听广播等室内活动，而新生代农民工的娱乐方式则呈现出明显的城市化倾向，他们的娱乐活动渐渐由室内转向室外，逛街购物、与朋友聚会、上网等新的娱乐方式已开始进入他们的生活。调查结果显示，在逛街、

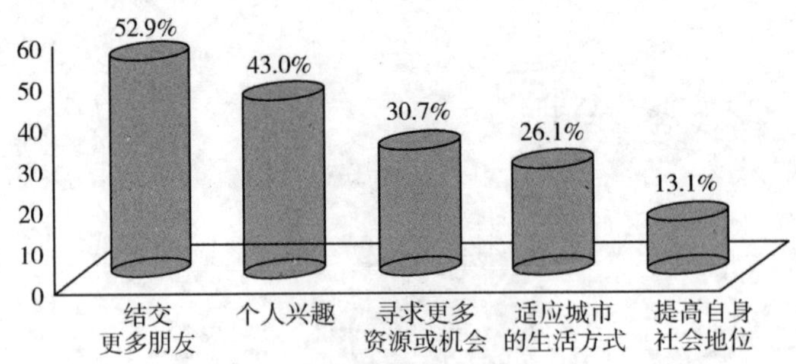

图 3－14　农民工参加社会活动的动因

购物、闲在家里、外出旅游、看电视或听广播、进行体育活动、与朋友聚会聊天、读书（看报、学习）、玩扑克牌或打麻将、上网等选项中，农民工打发闲暇时间的方式依次是闲在家里睡觉、逛街购物、看电视或听广播和朋友聚会聊天、上网（图 3－15）。整体上看，在闲暇娱乐方式方面，农民工群体还没有完全融入城市生活方式。

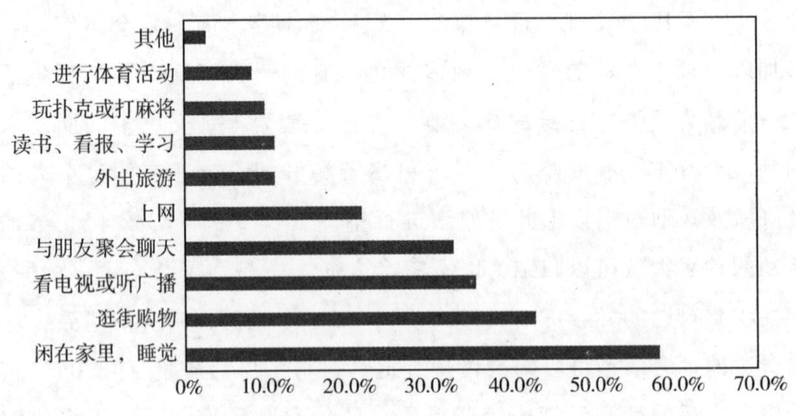

图 3－15　农民工休闲娱乐方式

在消费方面，除了吃饭、买衣服、住房、交通、医疗等日常消费支出，储蓄、子女教育、人情交往仍是农民工非日常消费支出中的重要组成部分，农民工在休闲娱乐、投资理财、自我学习与教育投资方面的消费支出相对较少（图 3－16）。

需要注意的是，进城务工男性和进城务工女性娱乐方式存在一定的

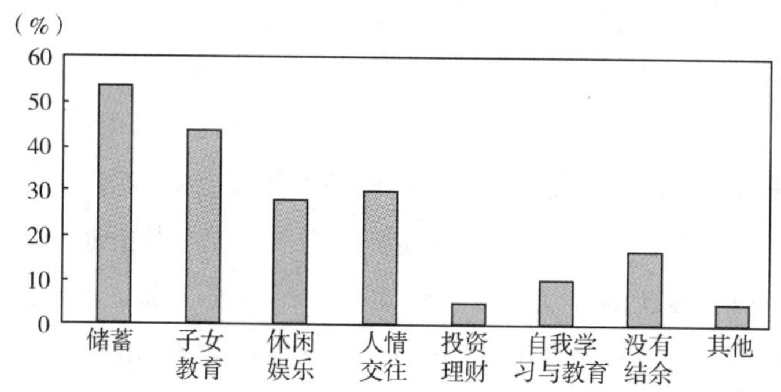

图 3-16 农民工非日常消费支出项目

差异(图 3-17)。除了在家睡觉和看电视、听广播这两个相同的娱乐活动之外,21.1%的进城务工女性在闲暇时间选择逛街购物,而 17.5%的进城务工男性在闲暇时间喜欢和朋友聚会聊天。这种附加在生理特性上的不同休闲爱好在某种程度上也影响了进城务工男性和进城务工女性的社会资本积累。

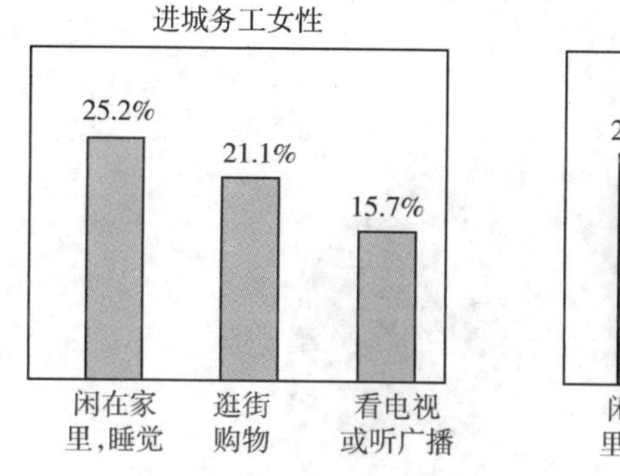

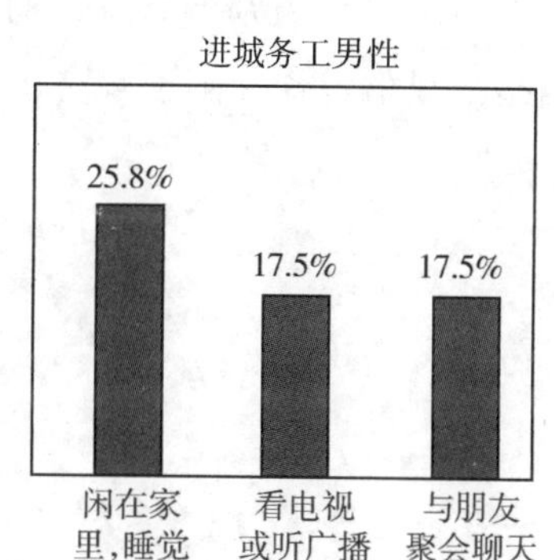

图 3-17 不同性别农民工闲暇活动比较

三 文化与心理共生状态

不同于经济、社会层面的共生,文化和心理层面的共生侧重于农民工对城市生活方式、文化与风俗习惯的适应程度、对自己的角色感知和身份认同、对城市生活的总体评价以及对未来的预期和规划等方面。文化和心理层面上的共生是属于精神上的,新的观念、心态和意愿等内在精神性因素的深刻变化，是农民工经过较长时期的生存环境适应的必然结果。文化和心理层面的共生是城市化对农民工现代性的影响、塑造、提升，是在农村人转化为城市人这一社会化过程中完成的。因此，文化和心理层面的共生是较高层次的社会共生，而且较高的经济和社会共生度有助于增强农民工与市民之间文化和心理层面的共生。本书主要是从文化适应、城市评价和对城市的心理接纳程度、自我感知与身份认同、未来生活预期四个方面来考察农民工与市民共生关系中的文化和心理共生状况。

（一）城市文化适应状况

“一方水土养一方人”，不同的地域有不同的风土人情，农民工对城市文化的适应状况集中体现在城市风土人情、风俗习惯层面。来自全国四面八方的农民工聚集在同一城市生活，就要熟悉并尊重城市的风俗习惯，避免因价值观和行为方式的不同而引发冲突和矛盾。对于跨省流动或者南北地域流动类型的农民工来说，要特别注意劳务流入地的城市文化对他们实现与市民共生的影响。样本数据显示，42.4%的受访对象了解所在城市的风俗习惯，43.1%的人表示了解不多，还有14.4%的人表示对当地的风俗习惯并不了解（图3－18）。

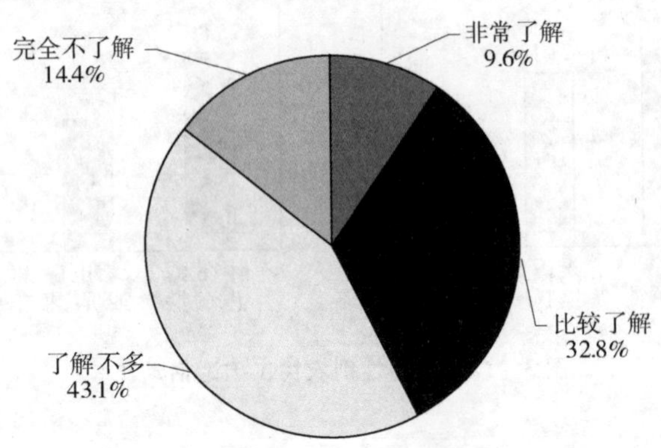

图3－18　农民工对城市习俗的了解程度

农民工在适应当地风俗习惯方面，39.1%的人表示在城市生活能入乡随俗，按照当地的风俗习惯办事；但是仍有40.5%的人表示较少按照当地的风俗习惯办事，而20.4%的受访对象表示没有按照当地风俗习惯办事（图3－19）。

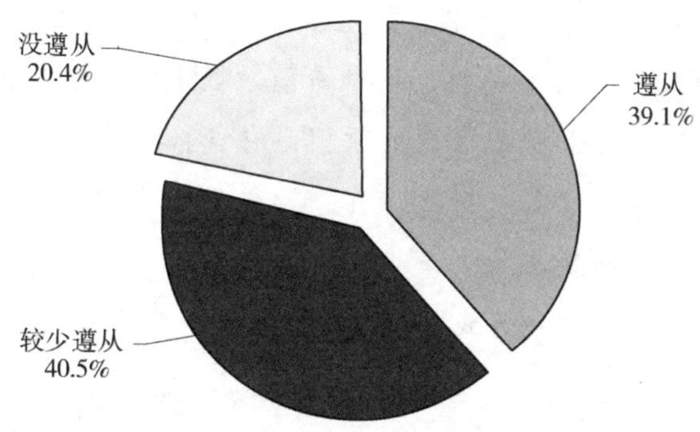

图3－19　农民工适应城市习惯情况

（二）城市评价与心理认同状况

城市评价主要是农民工群体在城市工作生活过程中所形成的对城市与市民的印象、感受的主观评价。城市评价不仅能反映农民工的被排斥感，而且也能反映他们在城市的生活幸福感。样本数据表明，36.2%的人觉得城里人的素质比较高，31.8%的人觉得城里人很傲慢，瞧不起人。从主观感受上讲，近半数的受访对象认为城里人是愿意和自己聊天、一起工作并成为邻居的，近四成的受访对象认为城里人乐意和自己一起参加社区管理，并成为亲密朋友甚至是通婚或者结成亲戚。同时，也有近半数的受访对象无法对城里人做出明确的评价，他们仍然保持着“各自生活、互不干涉”心态（表3－11）。

表3－11　农民工的城市评价

	完全不符合	比较不符合	说不清楚	比较符合	完全符合
大部分城里人素质比较高	5.7%	20.0%	38.2%	32.6%	3.6%
城里人比较傲慢，瞧不起人	7.2%	22.3%	38.7%	25.3%	6.5%
您觉得城里人愿意跟您聊天	1.2%	6.5%	47.6%	33.2%	11.6%
您觉得城里人愿意和跟您一起工作	0.9%	6.5%	45.6%	35.1%	12.0%
您觉得城里人愿意和您成为邻居	0.9%	6.8%	47.8%	32.7%	11.8%
您觉得城里人愿意和您成为亲密朋友	1.3%	10.1%	47.3%	29.5%	11.8%
您觉得城里人愿意和您一起参加社区管理	1.8%	10.8%	48.6%	28.4%	10.3%
你觉得城里人愿意和你通婚或结成亲戚	2.8%	14.9%	46.4%	25.4%	10.5%

李女士（24岁、初中、服务员）：刚开始进城找工作的时候，感觉和城里的人有点不一样，不容易融入城市的生活，和城里人接触也不多，可能刚开始是自己的原因，有点抵触城里人。但时间长了觉得城里人还是蛮好相处的，在一起没有了那么多的隔阂，大多数城里人素质都很高，待人真诚。这些让我感觉自己和城里人的差距小了很多，或许有一天我也会成为城里人，我很开心。

对城市居民的心理接纳程度是农民工能否融入城市社会，并在此基础上与市民和谐共生的必要条件，农民工只有在情感上做到主动接纳，才能进一步引导自身行为。正向的心理接纳可以缩小农民工与市民的心理距离，减少负面的边缘情绪，并最终在心理和行动的调适中不断消除彼此的刻板印象，促进彼此的理解和合作。调研结果显示，超过半数农民工愿意跟城市居民聊天、工作、成为邻居或朋友。但也仍有近一成受访对象非常排斥与城市居民打交道，不愿意和他们聊天、一起工作或成为亲密朋友等，有近四成的受访者没有明确的态度，这部分群体处于比较中立的位置，尚未形成定型的主观认知（表3-12）。

表3-12　农民工对城市的心理接纳程度

	非常不愿意	不愿意	一般	比较愿意	非常愿意
您是否愿意与本地人聊天	0.9%	6.4%	36.0%	41.5%	15.1%
您是否愿意和本地人一起工作	1.1%	5.5%	35.7%	41.7%	16.0%
您是否愿意和本地人成为邻居	1.1%	5.2%	36.6%	40.8%	16.3%
您是否愿意和本地人成为亲密朋友	1.2%	7.6%	38.9%	35.5%	16.8%
您是否愿意和本地人一起参加社区管理	1.6%	10.5%	41.6%	34.0%	12.3%
你是否愿意和本地人通婚或结成亲戚	2.1%	13.2%	40.4%	31.7%	12.7%

（三）自我感知和身份认同状况

在自我感知与身份认同方面，受访对象中有29.9%的人表示自己并不属于城市，他们和城市仍存在着较大的心理距离。13.3%的受访者觉得自己在城市的生活并不幸福，26.8%的受访者觉得在城市生活很孤独。也有部分受访农民工对自己的生活现状不能很准确地给出定位，但是，他们也并没有明确表示在城市工作生活感到不幸福或被孤立（表3-13）。

因此，从总体上讲，农民工对自己生活和未来的感知还是较为自信与乐观的。

表 3－13　　农民工在城市生活中的自我感知情况

	完全不符合	比较不符合	说不清楚	比较符合	完全符合
感觉自己是属于城市的	8.8%	21.1%	39.6%	23.9%	6.6%
生活在城市里，您感觉很孤独	15.7%	21.4%	36.1%	18.6%	8.2%
觉得在本地生活很幸福	2.7%	10.6%	53.5%	24.1%	9.0%

运用“您觉得自己是城里人，还是农村人，如何看待自己的身份”这一问题来考察农民工的身份认同状况，统计结果显示，调研样本中有41.1%的人觉得自己虽然在城市里生活多年，为城市做出了不少贡献，但自己仍然不是城里人。31.8%的人觉得即使自己有城市居民身份，仍会被城里人认为是外地人，自己仍然不是真正的城里人。但是从意愿上讲，只有26.8%的受访者表示还是愿意回到家乡，24.1%的受访者觉得自己始终都是农民（表3－14）。这说明绝大多数进城务工农民还是愿意在城市里扎根生长，希望能通过自己的努力摆脱“农民”这个被社会固化的身份。可见，目前农民工对自己的身份认知仍定位在“半城市人”上，但是从感情上讲，农民工渴望改变被城市边缘化的尴尬身份和地位，渴望成为真正的城市居民，渴望真正地融入城市，实现与城市居民和谐共生。

表 3－14　　农民工身份认同状况

	完全不符合	比较不符合	说不清楚	比较符合	完全符合
自己已经是城里人	13.8%	27.3%	35.7%	17.6%	5.6%
自己始终都是农民	18.0%	26.9%	31.0%	16.5%	7.6%
即使有城市居民身份，仍被城里人认为是外地人	13.0%	16.1%	39.1%	23.4%	8.4%
您还是愿意回到农村	15.7%	21.4%	36.1%	18.6%	8.2%

王女士（35岁、中专、待业）自1997年进城打工，那时她才19岁，进过棉织厂，自助创业卖过衣服卖过化妆品，之后进入一家中老年保健中心做培训师。去年结婚，女儿1岁，目前在家照顾女儿，待业中。“我已经在城市生活16年了，早已习惯城市生活。现在回到老家反而不习惯了，看到脏乱无序的马路和家里尘土飞扬的

房间，十分不舒服。虽然自小在农村长大，我还是更喜欢城市”。

（四）未来预期

相对于第一代农民工，新生代农民工大多对未来充满信心和热情，对于未来的发展和预期，更多的受访对象选择留在城市，并在城市做出一番成就。数据显示，有58.7%的受访者希望自己可以获得城镇居民身份，成为真正的城里人。至于对未来的居住地计划，数据显示，44.0%的受访者渴望定居在城里，20.4%的受访者打算在城里工作一段时间后回到自己的家乡定居，10.6%的受访者选择在城里工作一段时间后再到小城镇定居（图3－20）。虽然他们的选择不尽相同，但是总的来说，绝大多数农民工希望未来能留在城市，成为真正的城里人。

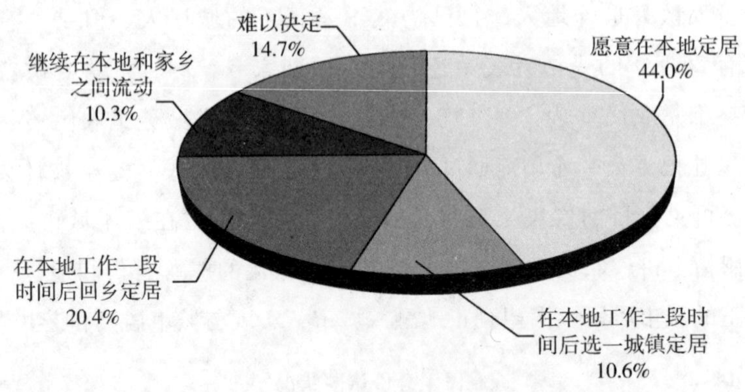

图3－20　农民工未来居住地计划

第三节　农民工与市民的共生指数测量

一　方法设计

运用共生理论研究生物共生现象的一个重要领域是对共生单元之间的共生度进行分析，不过其方法过于复杂，而且需要大量共生单元的质参量数据，因此在研究社会共生现象时该方法一般不具有适用性。当然，这并非就是说我们无法对农民工与市民的共生度进行测量。因为共生度分析方法的基本做法是对共生单元之间质参量变化的关联度或相互影响进行分析判断，而经济收入、社会参与、价值观念与行为方式、教育程度、技能水平等要素无疑是衡量人的全面发展的基本构成要素，自然也就构成了人与人的共生系统中共生单元的主质参量，这些主质参量在农民工与市民共生体中同样具有关联度或产生相互影响。比如，在城市基础设施数量与规模一定的情况下，农民工使用基础设施数量与规模的增长必然影响市民对基础设施使用的数量与质量。同时，共生度的测量可以为共生模式的研判提供量化的参考依据。在这个例子中，基础设施的使用就是共生利益的分配，其不同的使用结果也就意味着农民工与市民之间不同的共生关系或模式。

从某种意义上讲，这些研究就是对农民工与市民的共生度的研究，其研究结论是对农民工与市民的共生状态的反映。当前，进城务工群体处于一个从农民到市民的过渡阶段，在这种情况下，对其市民化的进程进行测量也显得十分重要。测量工作有助于实现三个目标：一是了解进城务工群体整体的市民化程度，掌控其城镇融入的实际进度；二是通过东部地区和中部地区的比较，发现两者之间的差异，从而在宏观政策层面上提供指导性建议；三是有助于评价当前国家政策或城市管理工作对于推动进城务工群体市民化进程的实际绩效，并寻找问题的关键之处。三个目标的实现将有助于我们更好地掌握进城务工群体的市民化进程，有助于将抽象的主观判断客观具体化，有助于实现对进城务工群体市民化程度进行长期跟踪测量。

近年来国内学者就农民工城市融入指数及其测量、农民工市民化进度及其测量开展了较多的研究，这给我们分析农民工与市民的共生度很大的启发。本书将经济共生、政治（社会参与）共生、文化与心理共生这三类主质参量作为判断共生度的三个维度，并依据其重要性赋予相应的权重。由于经济收入及其消费支出、居住状况是实现经济共生的基础和重要衡量标准，因此，可以在经济共生层面设立经济收入、自购住房或租赁比例、人均月消费支出三个指标。在政治（社会参与）共生层面，主要考察基本政治权利的实现状况，包括参与选举、参与社区民主管理、参加党团活动；其次是享受基本公共服务状况，包括社会保险、教育、劳动就业中的合同签订情况。在文化与心理层面，则主要考察城市生活方式与观念，并设置媒体网络使用、消费观念等二级指标（表3－15）。

表3－15　共生指标体系

测量维度	指标	赋值	总权重
政治权利	1. 选举权与被选举权	6	18
	2. 参与社区民主管理	6	
	3. 党团员中参加党团活动比重	6	
基本公共服务	4. 子女接受公办教育比重	10	37
	5. 签订劳动合同比重	10	
	6. 城镇社会保险参与率		
	6.1　养老保险参与率	4	
	6.2　工伤保险参与率	3	
	6.3　医疗保险参与率	4	
	6.4　失业保险参与率	3	
	6.5　生育保险参与率	3	
经济生活	7. 月均收入	10	30
	8. 自购住房或租赁比例	10	
	9. 人均月消费支出	10	
生活方式与观念	10. 通过媒体、网络等渠道了解信息	5	15
	11. 赞同超前消费（贷款、信用透支）	5	
	12. 认为定期体检很有必要	5	

在上述指标中，经济收入、社会保险等部分指标可以参照国家及有关地方政府的统计数据。政治权利、生活方式与观念以及基本公共服务中部分内容的测量，可以假设市民的特征值为1，那么农民工的实际值应该是介于0和1之间，这在理论上是可以成立的。在具体测算过程中，首先，运用专家打分法对相应指标赋权，同时选取相应的标准值，在计算出各分项指标的距离的基础上，通过加权计算出农民工的共生特征值。其次，在具体的测算过程中，不同层面的测算需要分别参照不同类型的标准值进行测算，其中，农民工整体共生度的测算参考国家统计局的数据，对广州市、湖北省农民工共生度的测算则分别参照广州市和湖北省的相关统计数据进行测算。需要说明的是，由于调查问卷涉及湖北省多个城镇，本书统一选择武汉市的相关数据作为标准值。最后，从社会性别意识角度出发，本书对农民工共生度的测量考虑了不同性别的因素。

二　指数测量

差距计算公式为：$p_i = x_i / X_i$，其中 p_i 表示单个指标的差距情况，x_i 为实际值，X_i 为标准值。农民工与市民共生度综合指数的计算公式为：$P = \sum_{1}^{n} p_i \times w_i$，其中 P 表示农民工共生度综合指数，w_i 表示指标权重。各类别共生度测量的计算公式为：$P_j = \sum_{j1}^{jk} p_{ji} \times w_i / \sum_{j1}^{jk} w_i$，其中 P_j 表示第 j 类别（维度）的农民工共生度，p_{ji} 为第 j 类别（维度）第 i 个指标的权重，$\sum_{j1}^{jk} w_i$ 为第 j 类别（维度）的总权重。具体测算结果如下。

表 3－16　农民工共生度综合指数

标准	指标	权重	标准值	数值	进程
政治权利（35.8%）	1. 选举权与被选举权	6	1	27.1	27.1
	2. 参与社区民主管理	6	1	27.7	27.7
	3. 党团员中参加党团活动比重	6	1	52.6	52.6
公共服务（56.28%）	4. 子女接受公办教育比重	10	1	17.9	13.9
	5. 签订劳动合同比重	10	1	51.3	51.3
	6. 城镇社会保险参与率				
	6.1　养老保险参与率	4	41.1	35.5	86.3
	6.2　工伤保险参与率	3	25.6	27.7	100
	6.3　医疗保险参与率	4	68.5	50.2	73.2
	6.4　失业保险参与率	3	20.7	20.3	98
	6.5　生育保险参与率	3	20.1	13.3	66.1
经济生活（70.47%）	7. 月均收入	10	3483	2434	69.8
	8. 自购住房或租赁比例	10	1	58.2	58.2
	9. 人均月消费支出	10	1263	1054.0	83.4
生活观念（43.4%）	10. 通过媒体、网络等渠道了解信息	5	1	46.8	46.8
	11. 赞同超前消费（贷款、信用透支）	5	1	22.4	22.4
	12. 认为定期体检很有必要	5	1	59.8	59.8
综合指数		54.86			

注：1. 标准值选取 2012 年城镇居民相关指标为标准，其中：城镇社会保险参与率标准值为各类社会保险参保人数与城镇户籍人口之比；月均工资和人均消费支出为城镇在岗职工月均工资收入和平均每月消费支出。2. 进城务工农民月均消费支出参照当地最低工资标准。

资料来源：根据《中国统计年鉴 2012》与《中国统计公报 2012》整理。

表3－17 广州市农民工共生度综合指数

标准	指标	权重	标准值	数值	进程
政治权利（20.76%）	1. 选举权与被选举权	6	1	8.8	8.80
	2. 参与社区民主管理	6	1	15.4	15.40
	3. 党团员中参加党团活动比重	6	1	38.1	38.10
公共服务（21.73%）	4. 子女接受公办教育比重	10	1	13.9	13.90
	5. 签订劳动合同比重	10	1	30.7	30.70
	6. 城镇社会保险参与率				
	6.1 养老保险参与率	4	88.6	16.2	18.28
	6.2 工伤保险参与率	3	49.5	12.9	26.06
	6.3 医疗保险参与率	4	93.5	26.8	28.66
	6,4 失业保险参与率	3	47.7	7.7	16.14
	6.5 生育保险参与率	3	33.7	4.9	14.54
经济生活（56.82%）	7. 月均收入	10	5313	2643	49.75
	8. 自购住房或租赁比例	10	1	59.7	59.70
	9. 人均月消费支出	10	2541	1550	61.00
生活观念（44.4%）	10. 通过媒体、网络等渠道了解信息	5	1	50.4	50.40
	11. 赞同超前消费（贷款、信用透支）	5	1	21.4	21.40
	12. 认为定期体检很有必要	5	1	61.4	61.40
综合指数		35.48			

注：1. 标准值选取2012年城镇居民相关指标为标准，其中：城镇社会保险参与率标准值为各类社会保险参保人数与城镇户籍人口之比；月均工资和人均消费支出为城镇在岗职工月均工资收入和平均每月消费支出。2. 进城务工农民月均消费支出参照当地最低工资标准。

资料来源：根据《广州市统计年鉴2013》与《广州市统计信息手册2013》整理。

表3－18 湖北农民工共生度综合指数

标准	指标	权重	标准值	数值	进程
政治权利（40.9%）	1. 选举权与被选举权	6	1	22.9	22.90
	2. 参与社区民主管理	6	1	46.5	46.50
	3. 党团员中参加党团活动比重	6	1	53.3	53.30
公共服务（67.73%）	4. 子女接受公办教育比重	10	1	20.5	20.50
	5. 签订劳动合同比重	10	1	65.2	65.20
	6. 城镇社会保险参与率				
	6.1 养老保险参与率	4	42.6	49.1	100.00
	6.2 工伤保险参与率	3	24.3	36	100.00

续表

标准	指标	权重	标准值	数值	进程
公共服务（67.73%）	6.3　医疗保险参与率	4	47.4	66.7	100.00
	6.4　失业保险参与率	3	19.2	28.3	100.00
	6.5　生育保险参与率	3	26.4	22	83.00
经济生活（63.14%）	7. 月均收入	10	4079	1917	47.00
	8. 自购住房或租赁比例	10	1	59.5	59.50
	9. 人均月消费支出	10	1568	1300	82.91
生活观念（48.47%）	10. 通过媒体、网络等渠道了解信息	5	1	58.4	58.40
	11. 赞同超前消费（贷款、信用透支）	5	1	23.5	23.50
	12. 认为定期体检很有必要	5	1	63.5	63.50
综合指数		58.63			

注：1. 标准值选取2012年城镇居民相关指标为标准，其中：城镇社会保险参与率标准值为各类社会保险参保人数与城镇户籍人口之比；月均工资和人均消费支出为城镇在岗职工月均工资收入和平均每月消费支出。2. 进城务工农民月均消费支出参照当地最低工资标准。

资料来源：根据《武汉市统计年鉴2013》与《武汉市统计公报2013》整理。

表3－19　女性农民工共生度综合指数

标准	指标	权重	标准值	数值	进程
政治权利（30.9%）	1. 选举权与被选举权	6	1	16.4	16.40
	2. 参与社区民主管理	6	1	26.8	26.80
	3. 党团员中参加党团活动比重	6	1	49.5	49.50
公共服务（56.08%）	4. 子女接受公办教育比重	10	1	19.1	19.10
	5. 签订劳动合同比重	10	1	49.4	49.40
	6. 城镇社会保险参与率				
	6.1　养老保险参与率	4	41.1	33.9	82.48
	6.2　工伤保险参与率	3	25.6	25.3	98.83
	6.3　医疗保险参与率	4	68.5	48.3	70.51
	6.4　失业保险参与率	3	20.7	18.8	90.82
	6.5　生育保险参与率	3	20.1	14.0	69.65
经济生活（69.45%）	7. 月均收入	10	3483	2276	65.35
	8. 自购住房或租赁比例	10	1	59.6	59.60
	9. 人均月消费支出	10	1263	1054.0	83.40

续表

标准	指标	权重	标准值	数值	进程
生活观念（46.63%）	10. 通过媒体、网络等渠道了解信息	5	1	54.7	54.70
	11. 赞同超前消费（贷款、信用透支）	5	1	22.6	22.60
	12. 认为定期体检很有必要	5	1	62.6	62.60
综合指数		54.14			

注：1. 标准值选取2012年城镇居民相关指标为标准，其中：城镇社会保险参与率标准值为各类社会保险参保人数与城镇户籍人口之比；月均工资和人均消费支出为城镇在岗职工月均工资收入和平均每月消费支出。2. 进城务工女性月均消费支出参照当地最低工资标准。

资料来源：根据《中国统计年鉴2012》与《中国统计公报2012》整理。

表3-20　男性农民工共生度综合指数

标准	指标	权重	标准值	数值	进程
政治权利（36.93%）	1. 选举权与被选举权	6	1	18.1	18.10
	2. 参与社区民主管理	6	1	31.5	31.50
	3. 党团员中参加党团活动比重	6	1	61.2	61.20
公共服务（64.72%）	4. 子女接受公办教育比重	10	1	20.9	20.90
	5. 签订劳动合同比重	10	1	57.9	57.90
	6. 城镇社会保险参与率				
	6.1　养老保险参与率	5	41.1	40.5	98.54
	6.2　工伤保险参与率	4	25.6	35.7	100.00
	6.3　医疗保险参与率	5	68.5	56.7	82.77
	6.4　失业保险参与率	3	20.7	25.4	100.00
	6.5　生育保险参与率	—	—	—	—
经济生活（70.21%）	7. 月均收入	10	3483	2562	73.55
	8. 自购住房或租赁比例	10	1	53.7	53.70
	9. 人均月消费支出	10	1263	1054.0	83.40
生活观念（34.73%）	10. 通过媒体、网络等渠道了解信息	5	1	38.7	38.70
	11. 赞同超前消费（贷款、信用透支）	5	1	15.8	15.00
	12. 认为定期体检很有必要	5	1	50.5	50.50
综合指数		56.87			

注：1. 标准值选取2012年城镇居民相关指标为标准，其中：城镇社会保险参与率标准值为各类社会保险参保人数与城镇户籍人口之比；月均工资和人均消费支出为城镇在岗职工月均工资收入和平均每月消费支出。2. 进城务工农民月均消费支出参照当地最低工资标准。3. 在社会保险中，由于男性不参与生育保险，故将权重做修正。

资料来源：根据《中国统计年鉴2012》与《中国统计公报2012》整理。

按照此测量方法并结合相关数据，我们分别测量出农民工共生指数为54.86、广州市农民工共生指数为35.48、湖北省农民工共生指数为58.63、进城务工女性群体共生指数为54.14、进城务工男性群体共生指数为56.87（表3－16、3－17、3－18、3－19与3－20）。需要说明的是，在测量男性共生度时，由于其自身不享受生育保险，故在权重配比方面予以适当调整。从下图（图3－21）可以看出，当前我国农民工在经济生活层面的共生指数较高，这和最近一些年来国家治理农民工就业环境与就业合法权益屡遭侵害的力度加大密切相关，但是农民工综合共生度指数仍然偏低。

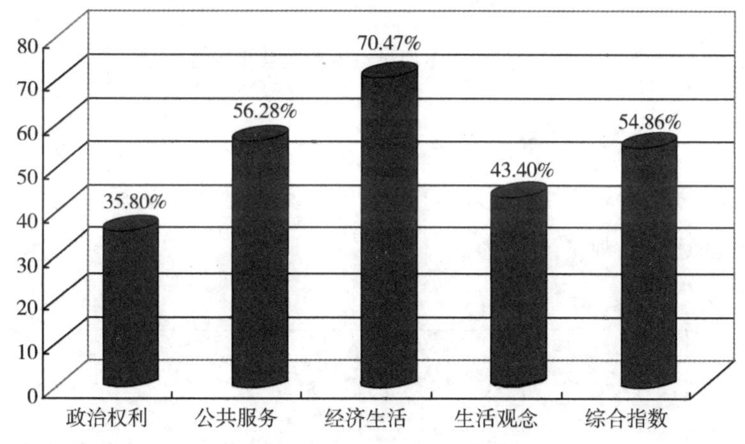

图3－21　农民工共生指数

从不同地域来看（图3－22），湖北（58.63）农民工共生综合指数要明显高于广州（35.48），具体到分项共生指数，在政治权利、公共服务方面，广州（20.76、21.73）较之湖北（40.9、67.73）差距较大，在经济生活与生活观念方面与湖北差距较小。可以看出，广州作为我国经济发展水平最高城市的代表，在该市务工的进城农民与当地市民之间的共生度更低，共生状态更差。

从性别角度来看，男性的共生综合指数（56.87）略高于女性（54.14），具体到分项共生指数（图3－23），在政治权利、公共服务方面，男性（36.93、64.72）较之女性（30.90、56.08）的共生指数较高，在经济生活方面男女两性的共生指数水平没有明显差异，而在生活理念方面，女

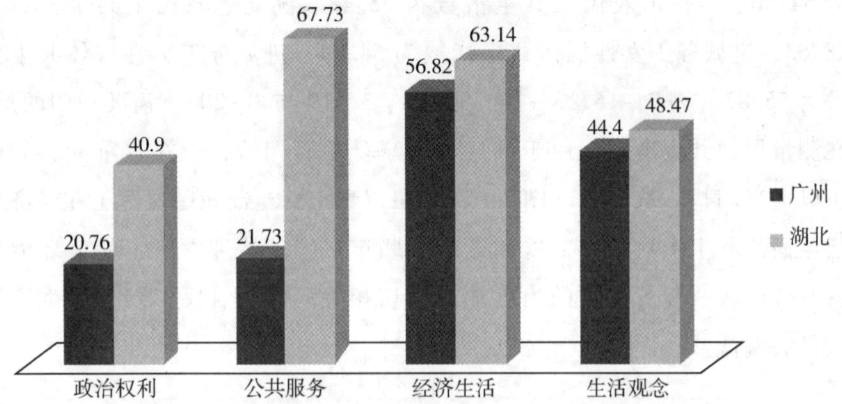

图 3－22　不同地域农民工共生指数

性（46.63）要远高于男性（34.73）。虽然在前三个指数方面女性弱于男性，但通过生活观念共生指数可以看出，女性对于生活质量的关注和生活方式的适应性都高于男性。

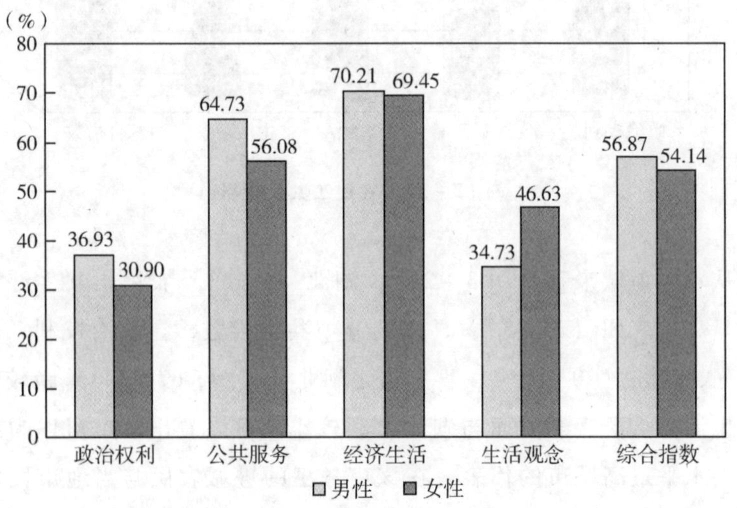

图 3－23　不同性别农民工共生指数

第四节　基本结论

一　农民工与市民的共生度

（一）综合共生度总体偏低

总体来看，当前我国农民工与市民的共生度仍然偏低。虽然21世纪以来国家出台了一系列政策，从保障就业机会、保障农民工同工同酬、整顿企业拖欠农民工工资、改善农民工工作与居住环境等方面加大了对农民工的支持力度，但是激励农民工与市民对称互惠共生的环境仍未建立起来。因此，虽然农民工的经济收入有所提高，经济生活方面的共生指数也较高，但是农民工与市民的综合共生度仍然偏低。从经济共生层面来看，相比城市居民，进城务工群体在经济收入、职业层次、住房、劳动保护等方面具有极大差异。总体而言，农民工仍然主要从事职业地位较低、城市居民不愿意从事的“脏、累、苦”行业，并且进城务工群体的经济收入水平普遍偏低，近七成的被调查者月收入水平在2500元以下，较低的收入水平难以支撑他们在城市的生存与长期发展。农民工大多居住在私人出租房或者单位提供的集体宿舍，边缘化的居住方式使他们的生活也日益孤岛化。此外，非正规化的就业导致进城务工群体的劳动保护和福利待遇水平普遍较低。

从社会共生层面上看，进城务工群体的社会网络成员以非市民关系为主，业缘关系成为他们与市民建立社会联系的重要纽带，进城务工群体较少参加流入地的社会活动，他们的娱乐方式和非日常消费状况也呈现较低城市化倾向，进城务工群体基本上仍处于城市居民社交场域之外，社区民主管理等社会参与度偏低。从文化和心理共生层面来看，虽然有约四成农民工了解所在城市的文化与习俗，也愿意接受和遵从当地的城市文化，按照城市风俗习惯行事，但仍有约六成农民工不熟悉所在城市的文化与习俗，也不能按照城市的风俗习惯行事。较低的城市评价致使多数农民工与城市居民之间存在较大的心理距离。此外，对户籍制度所强加的先赋身份的认同使多数农民工存在“过客心态”，这也促使他们将“有朝一日能获得城镇居民身份，成为真正的城里人”作为未来最大的预期和希望。从各个维度的横向比较来看，农民工在基本政治权利方面的共生指数最低，基本公共服务方面的共生指数整体水平较高，仅次于经济生活，但其中的义务教育指数在所有指标中为最低值，这也充分反映了当前农民工子女教育是一个十分突出的问题。综上所述，目前进城务工群体整体市民化进程比较缓慢，最基本的经济共生仍未实现，处于最低层次“城市化”阶段，他们与市民的共生度偏低。

（二）地域特征明显

总体而言，农民工与市民的共生度存在不同程度的地域差异，这种差异基本上与经济社会发展程度呈负相关关系，即农民工在东部经济发达地区的综合共生指数要低于经济欠发达地区。本书对广东（广州）、湖北（武汉等地）两省农民工的实证调研及共生指数测算结果，充分反映了这种地域差异。具体而言，广东省农民工综合共生指数明显低于湖北省，其中某些方面的共生指数差距比较显著。

从经济共生层面看，广州作为经济发达地区都市的典型代表，其经济发展水平自然要高于湖北，农民工的月工资水平也明显高于以湖北为代表的经济欠发达地区，但是湖北省农民工却享有更好的住房条件和更多的住房政策。此外，相比于广州，湖北地区农民工就业更加正规，在工作时长、休息时间、带薪休假以及福利保险等方面得到了更高水平的劳动保护。在基本权利与基本公共服务层面，两地的差距尤为明显，其中基本权利方面，广州市农民工的共生指数仅为湖北省的二分之一，而基本公共服务方面的差距更大，广州市仅湖北省的三分之一。这也充分反映出在涉及市民切实利益的公共服务方面，大都市农民工要实现与市民共生，存在着巨大的困难和阻力。

从社会共生层面看，湖北省农民工与城市市民建立了较多的社会联系，他们拥有较强的社会支持网络，参与社交活动的广度与深度要高于广州市农民工，而广州市农民工群体的社交网络则体现出更高程度的闭合与孤立状态。从文化和心理共生层面看，湖北省农民工群体比广州市农民工群体更了解流入地的城市文化且更愿意接受和遵从当地的城市文化，更愿意按照当地的风俗习惯办事，湖北省进城务工群体对城市的评价和心理接纳程度较高，其自我感知和身份认同更自信、乐观，因此，更多的受访对象表示希望未来能真正定居城镇，转变成为城镇人口。

（三）性别差异显著

农民工群体中的女性常常处于双重弱势地位，她们除了承受来自“农民工”身份的各种弱势因素之外，还承受来自“社会性别”方面的不利因素。这种双重弱势地位使得她们在城市工作生活比男性农民工更困难，也使得她们的市民化道路更为艰难曲折。这种特性也充分从本书实证调研及相关共生指数测算结果中体现出来。就综合共生指数来看，女性农民工的共生指数要略低于男性，如果排除调研样本数量分布差异的因素，可能这种差距更大。就各个维度共生指数来看，除了在生活方式与观念方面女性农民工的共生指数要明显高于男性农民工之外，女性农民工共生指数在政治权利、基本公共服务、经济生活等方面都要低于男性农民工。

农民工共生度的性别差异具体表现在三个层面：首先，进城务工男性群体的经济共生现状要优于进城务工女性群体。这种性别优势不仅表现在经济收入水平上，而且也表现在享受的住房政策和劳动保护上。其次，进城务工男性群体的社会共生程度也高于女性群体。与女性群体相比，进城务工男性群体拥有更多元的社交网和社会支持网络，他们参加的组织或团体，以及参与的各种社会活动都要高于进城务工女性。进城务工女性所热衷的社会休闲活动之一是逛街购物，而进城务工男性则热衷于有利于社会资本积累的朋友间的聚会聊天。最后，进城务工男性群体的文化和心理共生状况要优于进城务工女性群体。与女性相比，进城务工男性更容易接受流入地的城市文化并愿意遵从当地的风俗习惯，他们对城市的评价和对城市的心理接纳要更为乐观积极。此外，进城务工男性的自我感知和身份认同更趋向于城里人，因此，他们更愿意和希望未来能在城市定居。

二　农民工与市民的共生关系

借鉴共生理论对农民工市民化开展研究，除了运用共生度分析方法之外，还有一个重要的方面就是对农民工与市民的共生关系特别是共生行为模式进行判断。而共生度分析方法既能为共生关系奠定基础，它本身又是共生关系分析的一部分。“共生度分析在共生条件、共生组织模式、共生系统相变、共生系统稳定性等方面都有体现。”[①] 当然，共生度分析与共生关系判断之间的这种密不可分性，并不能取代对共生体共生关系的判断。那么，农民工与市民到底是一种什么样的共生关系呢？在前述表征共生关系的四种共生行为模式中（见第一章表1-1），区分不同类型共生行为模式的主要方法是判断“共生单元特征”、“共生利益特征”、“共生作用特征”三个指标的差异。在人类社会共生现象中，“共生利益”尤为关键，带有根本性意义。正所谓“每一个社会的经济关系首先是作为利益表现出来”[②]，而“人们奋斗所争取的一切，都与他的利益有关”[③]，“人永远服从他理解得准确或不正确的利益”[④]。

可见，利益问题是人类社会存在和发展的根本问题，人与人的共生关系本质上也是一种利益关系。因此，通过分析农民工与市民共生关系的共生利益特征，基本上可以把握二者的共生行为模式。当然，即便是单纯分析农民工与市民共生关系中的共生利益特征，也不是一件简单的事情。由于人的需求具有多样性特征，必然使得利益也具有多样性、复杂性。为了便于分析，本书从人类社会千丝万缕的利益关系与链条中，抽象出“收益”与“贡献”概念，通过分析农民工在城市务工过程中所做出的“贡献”及其所获得的“收益”来分析其与市民的共生行为模式。

当然，即便是对“收益”与“贡献”的分析，也是极为复杂的。就农民工的“贡献”而言，既有对城市建设的贡献，也有对社会主义新农村建设的贡献；既有对工业化、城市化的贡献，也有对农业现代化的贡献；既有对创造国民财富的贡献，也有对现代文明传播的贡献，等等。有学者认为，农民工对我国经济社会发展的突出贡献表现为农民工是改革开放以来国民经济快速增长的重要贡献者，农民工进城有利于扩大内需；农民工极大地推进了改革开放事业，促进了经济社会的协调发展；农民工为输入地提供了充足劳动力资源并创造了巨大物质财富；农民工

① 袁纯清：《和谐与共生》，社会科学文献出版社2008年版，第21页。

② 中央编译局：《马克思恩格斯全集》第18卷，人民出版社1964年版，第306页。

③ 中央编译局：《马克思恩格斯选集》第1卷，人民出版社1995年版，第35页。

④ 北京大学哲学系编译：《十八世纪法国哲学》，商务印书馆1963年版，第536页。

促进了产业结构调整；农民工流动有利于农业规模经营，促进了农村经济现代化，促进了农村文化的现代化。[①] 不过，值得注意的是，人们很容易看到农民工为经济社会发展所做出的贡献，也极有可能忽视他们在城乡流动过程中所付出的代价。农民工除了在恶劣的劳动条件与劳动环境下工作而经受身心健康风险之外，最大的代价莫过于因城乡流动而带来的婚姻危机、子女教育和成长环境不良、"空巢"父母的孤独无助[②]，当人们谈到农民因进城所获得的工资性收入对农民收入的增加与农村生活条件改善的贡献时，谁又考虑过他们所付出的代价呢？

当然，由于量化非货币性收益及其贡献的困难，工资收入仍然是计算农民工收益的较常用手段，学界也常称之为成果分享，而与之密切相关的则是农民工的经济贡献率。关于农民工的经济贡献率与成果分享的非对称问题，早已为经济学家为主的众多专家学者所关注。蔡昉、杨涛（2000）认为，劳动力从低生产率部门向高生产率部门的转移是中国改革以来经济增长的一个重要源泉，劳动力流动对国内生产总值的贡献份额在16%—20%之间。[③] 后来关于农民工经济增长贡献率的众多研究结果基本都保持在这一区间范围。比如胡兵（2005）等人认为农业转移劳动力对国民经济的贡献为17.26%。[④] 严于龙、李小云（2007）认为，比起农民工对经济增长的贡献（2001—2005年接近22%），农民工群体对经济增长成果的分享显然是偏低的。[⑤] 夏芳、王雅林（2008）根据对1995—2005年期间的数据进行测算，认为农民工对二、三产业经济增长的平均贡献率为13.20%。[⑥] 杨晓军（2012）的研究结论是农民工增长对总产出增长平均贡献率为16.58%，农民工对经济成果的平均分享率为9.65%，

---

① 刘怀廉：《中国农民工问题》，人民出版社2005年版，第108—121页。

② 钱文荣、黄祖辉：《转型时期的中国农民工——长江三角洲十六城市农民工市民化问题调查》，中国社会科学出版社2007年版，第113—116页。

③ 蔡昉、杨涛：《城乡收入差距的政治经济学》，《中国社会科学》2000年第4期。

④ 胡兵、赖景生、胡宝娣：《二元结构、劳动力转移与经济增长》，《财经问题研究》2005年第7期。

⑤ 严于龙、李小云：《农民工对经济增长贡献及成果分享的定量测量》，《统计研究》2007年第1期。

⑥ 夏芳、王雅林：《基于生产函数模型的农民工对经济增长贡献率的测量》，《中国管理科学》2008年第16卷。

远低于其对经济增长的贡献。[①] 总之，农民工对经济增长的巨大贡献率及其与经济成果分享的不对称性，已成为学界的共识。

2013 年我国国内生产总值为 56.8 万亿元，其中非农部门国内生产总值为 51.2 万亿元[②]，依照学界对农民工对经济增长贡献率 16%—20% 的区间计算，农民工对经济增长贡献值为 8.2 万亿—10.2 万亿元之间。国家统计局数据显示，2013 年外出农民 1.66 亿，农民工月均工资收入为 2290 元[③]。据此推算，农民工的总工资收入约为 4.6 万亿，约占非农部门国内生产总值的 9%。可见，农民工的经济增长贡献率与经济成果分享率确实存在较大的反差。另一方面，从城乡居民收入的角度来看，尽管近年来农村居民收入持续增长，但是城乡居民收入仍然具有很大的差距。根据国家统计局的数据，2013 年农村居民人均纯收入达到 8896 元，城镇居民人均可支配收入为 26955 元，城镇居民的收入仍是农村居民的 3 倍。可见，农民工与市民共生体中“共生利益”的特征是产生新利益，并且双方均获得了利益，但是存在利益的非对称性分配。因此，可以判断当前我国农民工与市民的共生行为模式为非对称性互惠共生。当然，毋庸置疑，改革开放特别是 21 世纪以来，农民工与市民的共生关系已经发生了很大的变化，共生行为模式已由改革开放前的寄生或偏利共生过渡到了非对称性互惠共生，这显然是农民工与市民共生关系的进化。

第五节 本章小结

本章运用调研样本数据，从经济、社会、文化与心理三个维度对农民工与市民的共生状态进行了统计描述，并运用相关方法对农民工与市民的共生指数进行了测算。研究结果表明：农民工在与市民的共生关系中整体上处于不利地位，其共生处境不容乐观；进一步地，农民工与市

---

① 杨晓军：《农民工对经济增长贡献与成果分享》，《中国人口科学》2012 年第 6 期。

② 《中华人民共和国 2013 年国民经济和社会发展统计公报》，国家统计网，http：//www.stats.gov.cn/tjsj/zxfb/201402/t20140224_ 514970.html。

③ 国家统计局网：《2012 年全国农民工监测调查报告》，http：//www.stats.gov.cn/tjsj/zxfb/201305/t20130527_ 12978.htm。

民的共生行为模式属于非对称性互惠共生模式。具体而言，首先，农民工与市民的共生指数仅为54.86，比中国社科院城市发展与环境研究所从市民化角度测算的结果要高。此外，本书还发现，农民工与市民的共生现状还存在一定的区域和性别差异，即东部地区农民工与市民共生指数比中部地区要低、女性农民工群体与市民共生指数比男性农民工群体与市民共生指数要低。前者的合理解释是东部地区虽然经济社会发展水平高，但公共资源与利益固化现象比中部地区更为严重。后者之间的差异则不难理解，这与社会性别歧视密切相关。其次，从不同的共生维度来看，农民工与市民的经济共生指数较高，政治权利、公共服务、生活观念三方面则比较低，这种结果的合理解释是近年来党和国家加大了拖欠、克扣农民工工资现象的治理。从区域来看，除了总体共生指数偏低之外，东部地区各个维度的共生指数均低于中部地区。从性别角度看，女性农民工的生活观念共生指数要高于男性农民工，而其他方面则均低于男性农民工群体，这可能和女性群体对生活质量的要求高以及生活方式适应性强有关。

第四章

农业转移人口与市民的共生制约因素

在生物学中，共生不仅被用来解释生物的发源，也被用来说明生物进化的方向。共生单元的共同适应、共同发展和共同进化是共生的深刻本质①，人类社会的共生亦是如此。人类为之奋斗的终极目标无疑是实现人类的全面自由发展，从共生的角度而言，人类全面自由发展过程的本质就是不断创造条件实现共生进化的过程。要实现这一目标，就必须消除各种不利于人类共生进化的制约因素，推动人类共生体由低水平的共生状态向高层次共生状态发展。当前，我国农业转移人口与市民的共生行为模式仍属于较低层次的非对称互惠共生模式。问题的关键是，什么原因导致农业转移人口与市民之间形成了非对称性互惠共生关系？哪些因素制约了农业转移人口与市民的共生进化？根据共生原理，共生单元之间的共生关系与共生模式及其进化，主要受到共生单元、共生界面、共生环境、共生资源与条件的影响。本章重点从上述因素出发，对农业转移人口与市民共生关系及其进化的制约因素进行深入分析。

第一节　共生基本条件分析

一　教育程度

在共生现象中，两个或多个共生单元能否形成共生关系必须具备一定的条件，其中，共生单元之间至少有一组质参量兼容、至少能生成一

① 袁纯清：《和谐与共生》，社会科学文献出版社2008年版，第31页。

个共生界面与共生单元的同质度不小于某一临界值是共生关系形成的必要条件①。这组必要条件主要体现共生单元的性质和特点，其中，质参量兼容条件对我们分析社会共生现象具有特别重要的意义。质参量兼容是表示共生单元之间只有具备某种内在联系才可以形成共生关系，产生某种共生模式。在社会共生现象中，质参量兼容其实就是共生单元之间必要的性质和性状条件，也即共生基本条件。举例来说，在夫妻共生体中，一般而言，作为共生单元的丈夫必须是男性，作为共生单元的妻子应该是女性，而且某种夫妻共生体形成过程中，还要具备其他一些基本条件，比如女性要求的男性身体强壮、学历、能力、甚至富有程度，男性要求的女性漂亮、贤惠等，只有双方都符合对方的基本条件要求，才能组合成夫妻共生体。那么在农业转移人口与市民共生体中，共生单元的性质与性状即基本条件无疑是共生关系发展进化的重要制约因素。比如，农业转移人口的受教育程度、素质与技能等等。

当然，这并非说作为共生单元的市民就不需要具备基本的条件，但是观照农业转移人口与市民共生的现实，市民的受教育程度、素质与技能等条件明显优于农业转移人口。首先，就受教育程度来看，现阶段城乡劳动者受教育水平具有较大差异，16 岁及以上农村劳动力中，51% 的人仅受过小学及以下教育，41% 的人受过初中教育，8% 的人受过高中教育，仅有不到 1% 的人受过大专及以上教育。城市劳动力中，25% 的人受过小学及以下教育，39% 的人受过初中教育，22% 的人受过高中教育，13% 的人受过大专及以上教育。总体来看，城镇劳动力的平均受教育年限为 9. 38 年，农村劳动力为 6. 80 年。也就是说，城镇劳动力接受过初中再加 0. 38 年的高中教育，农村劳动力仅接受过小学再加 0. 8 年的初中教育。② 就农民工而言，尽管近年来农民工受教育程度不断提高，但这种差距依然十分明显。国家统计局《2012 年农民工监测调研报告》显示，仅拥有初中及以下文化程度的农民工仍占 76. 3% 。而同期，城镇就业人员中初中及以下文化程度的比例仅为 50% ，比农民工低 26. 3 个百分点。换言之，城镇就业人员中有

① 袁纯清：《共生理论》，经济科学出版社 1998 年版，第 18—19 页。

② 蔡昉：《中国人口与劳动问题报告 · No. 10，提升人力资本的教育改革》，社会科学文献出版社 2009 年版，第 5 页。

半数接受过高中及以上教育，而接受过高中及以上教育的农民工尚不足三成。可见，农民工总体受教育水平明显低于城镇就业人员（图4－1）。

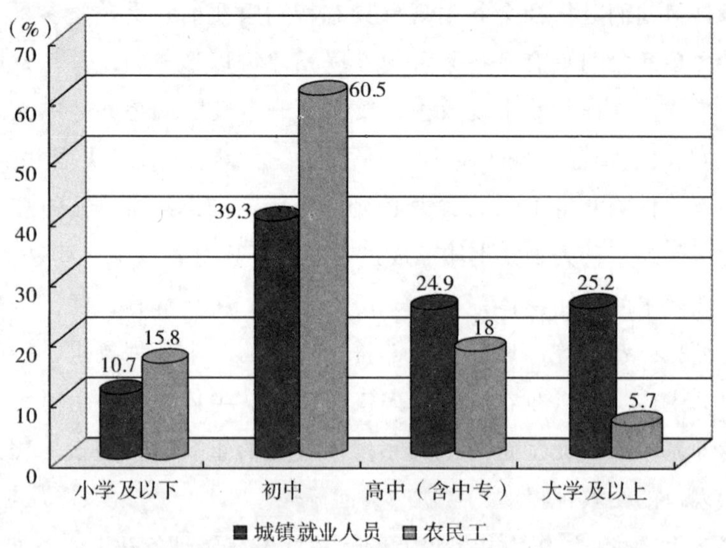

图4－1　农民工与城镇就业人员受教育程度比较

数据来源：农民工数据来源于国家统计局《2012年全国农民工监测调研报告》，城镇就业人员数据来源于《中国劳动统计年鉴2012年》。

二　职业技能

掌握一定的职业技能是农民工实现与市民共生进化的另一个基本条件。近年来，在国家、企业与社会的支持下，农民工的职业技能素质不断提高，农民工中掌握一定专业技能、接受过技能培训的比例由2001年的17.1%，提高到了2012年的36.3%，但是整体上看，农民工职业技能素质仍然偏低。国家统计局的数据显示，接受过非农职业技能培训的农民工比例仅为25.6%，其中有超过一半的比例为新生代农民工。另外有10.7%的农民工接受过农业技术培训，接近七成（69.2%）农民工既没有接受过非农业技能培训，也没有接受过农业技术培训。[①] 随着我国工业

① 国家统计局网：《2012年农民工监测调研报告》，http：//www.stats.gov.cn/tjsj/zxfb/201305/t20130527_12978.html。

化进程的加快，城市产业结构也正在不断调整和优化，随之对劳动力的素质、技能要求也不断提高。进城务工农民整体受教育程度、劳动技能水平偏低，势必会影响他们在城市的就业层次。

当前，农民工就业大量集中在产业链条的中低端，主要从事劳动密集、技术要求低、工作环境差、劳动强度高的职业。截至2012年，多数农民工（占35.7%）依然主要从事制造业，其次是建筑业、服务业，分别占农民工总数的18.4%、12.2%。另外，从事批发零售、交通运输仓储和邮政业的比例分别为9.8%、6.6%。[①] 较低层次的就业以及工资收入水平，势必动摇农民工与市民共生的经济基础，也直接影响其共生弱势地位的改善。在农民工与市民文化程度、素质、技能水平不对称的情况下，农业转移人口与市民共生体中市民一方必然处于“共生选择”的优势地位，而农民工则处于“共生选择”的劣势地位。

共生理论认为，共生选择是共生关系形成与发展的重要组成部分。这是因为：一方面，任何共生单元都是根据自己的需求和利益选择候选共生对象，其首要原则体现在有利于自己功能提高的共生单元将具有某种优先权[②]；另一方面，共生对象的选择具有一定的渐进性，不是一次性或一步完成的。当然，某种意义上而言，农业转移人口与市民的共生关系的形成，不受市民的意志为转移，也不受其共生选择的限制。但是，从共生的基本条件来看，农业转移人口与市民的共生进化，重要的不是市民的基本条件（学历、素质、技能等）问题，而是农业转移人口的基本条件问题。由于作为共生单元的农业转移人口基本条件的缺失或不足，必然使得其处于“共生选择”弱势地位，而另一共生单元——市民则在共生关系形成与发展过程中掌握了“共生选择”的主动权。对于共生系统的共生进化而言，作为共生单元的市民的基本条件就转变为对农民工的主观态度、选择性要求乃至行为方式等。因此，同样重要的是，农业转移人口如何通过提升自身素质和技能获得共生进化的基本条件，从而改变不平衡的“共生选择”权结构，为改善共生关系奠定坚实的基础，就显得十分重要。

---

① 国家统计局网：《2012年农民工监测调研报告》，http://www.stats.gov.cn/tjsj/zxfb/201305/t20130527_12978.html。

② 袁纯清：《和谐与共生》，社会科学文献出版社2008年版，第16页。

第二节 家庭界面分析

共生系统中的共生单元在具备基本的共生条件之后，两个或多个共生单元之间就要通过一定的媒介或载体开展物质、信息和能量交换，在共生理论中，这个供共生单元开展接触的媒介或载体即为共生界面。在人类社会，共生界面种类繁多，小到语言、文字、货币、度量单位，大到国家、社会，从法律法规、制度规则到伦理道德、风俗习惯，都可以成为人类的共生界面。从这个意义上讲，凡是和人类社会性有关的、有利于人与人之间接触交往的一切事物都构成了人类的共生界面。

仍以夫妻共生体为例，丈夫与妻子的相互作用和关联以及夫妻共生体的存续和发展，都是通过一定的共生界面来实现的。首先，在现代社会，国家有关法律法规是夫妻共生体的重要共生界面。夫妻关系首先是在遵守法律的前提下形成的。其次，家庭是夫妻共生关系的又一重要共生界面。家庭及其固定的住所，是作为共生单元的丈夫和妻子生活、娱乐、生育、养老的重要场所，没有家庭及其住所，夫妻共生体便难以维系，很可能解体。再次，不论是哪个夫妻共生体，都是居住于一定的社区，或农村社区，或城市社区。不论在哪里，他们都不可能离群索居，因此，社区及其拓展开来的社会、国家是夫妻共生体的又一重要共生界面。

最后，夫妻共生体的维系还依赖于一定的伦理道德、价值观念、风俗习惯。否则，即便夫妻共生体能够存在，也难以避免障碍重重、无法共生进化的局面。如此种种，都是不同层面、不同类型的共生界面，它们共同对社会共生系统产生影响。就农业转移人口与市民而言，其共生界面同样包括了法律、制度、政策、社区、家庭、价值观、风俗习惯等众多种类，大致涉及个体、家庭、社会与国家四个类型或“微观——中观——宏观”三个层次。

一 家庭离散流动及其代价

在城乡迁移过程中，农业转移人口的流动模式包括两类，一类是家庭式流动，另一类是个体流动。在相当长的时间里，个体流动是农业转移人口流动的主导模式，“家庭化”趋势或举家外出模式直到最近几年才出现。国家统计部门的数据显示，从2008年到2011年，举家外出农民工与住户中外出农民工总数的比例一直为1∶4左右，即以个体流动的农民工占外出农民工的五分之四。[①] 2012年，农村住户中外出农民工12961万人，举家外出农民工3375万人，举家外出农民工约占外出农民工总数的20.6%。2013年，举家外出农民工增加150万人，增长0.6个百分点。[②]

然而，农民工举家外出并不意味着真正的家庭化流动。国家卫生与计划委员会根据流动人口家庭成员在流入地共同居住的情况，将流动人口家庭划分为三类[③]：一类是家庭团聚型，即流动人口核心家庭的成员共同居住在流入地；二是子女居住分离型，即夫妻双方均在流入地，但子女未全部随父母迁移；三是夫妻居住分离型，即夫妻有一方不住在流入地。农民工举家外出不一定就是全部家庭成员都居住在同一个流入地，也就是说，举家外出农民工尽管是“家庭式”流动，但并非是家庭式居住。因此，可以推断，真正以家庭为单位的流动农民工比例更低，有超过八成（如果按非核心家庭成员算，这个比例会更高）农民工家庭都处于残缺不全的离散状态。

农业转移人口家庭离散式迁移的直接后果是对正常的家庭结构、功能与稳定性的冲击，这种代价可以概括为“三留守”人群及其带来的问题。

一是留守儿童群体，全国妇联发布的《中国农村留守儿童、城乡流动儿童状况研究报告》指出，全国农村留守儿童达6102万，占农村儿童总数的37.7%，占全国儿童总数的二成多（21.88%），比2005年增加242万。[④] 在全部留守儿童中学龄前与学龄儿童占绝大多数，为总数的87%。大量留守儿童要么是处于独居状态，要么是与祖父母居住在一起。

① 潘家华、魏后凯主编：《中国城市发展报告·No.6，农业转移人口的市民化》，社会科学文献出版社2013年版，第8页。

② 《2013年全国农民工监测调查报告》，中国政府网，http：//www.gov.cn/xinwen/2014-05/12/content_ 2677889.html。

③ 国家卫生和计划生育委员会流动人口司编：《2013年中国流动人口发展报告》，中国人口出版社2013年版，第168页。

④ 全国妇联课题组：《中国农村留守儿童、城乡流动儿童状况研究报告》，《中国妇运》2013年第6期。

他们的父母要么是父亲外出，要么是母亲外出，或者父母双双外出。不同程度的家庭离散状态使得他们面临着亲情缺失、生活照料不周、安全保护不到位、教育监管不力等诸多问题。总之，子女及其成长环境问题给家庭离散式流动农民工带来了极大的隐忧，也是他们面临的严峻挑战。

二是“空巢”老人。老龄事业发展蓝皮书《中国老龄事业发展报告2013》指出，我国农村老人留守现象更加突出，2012 年留守老人达 5000 万，其中高龄、失能和患病老年人的照料护理问题亟待关注。实际上，近年来农村留守老人“老无所依、老无所养”的现象越来越严重，他们经常处于孤独、无助，甚至连基本的饮食起居也无人照料的状态，还有一些地方农村留守老人自杀的现象也时有发生。

三是留守妇女。2010 年，民政部统计全国农村留守妇女为 4700 万，当时的留守儿童与老人分别为 2000 万①。在留守儿童与老人成倍增长的趋势下，这部分人口的数量保守估计也有 8000 万。留守妇女不仅在精神上承受着巨大的空虚、压抑，而且在身体上也因既要照顾老人孩子、承担家务劳动，又要从事繁重的农业劳动而倍感疲惫，尤其是农业女性化问题，其影响范围则更为广泛。

二 家庭离散的共生掣肘

家庭是人类社会最基本的组成单位，是预防和解决社会问题的重要组织，也是每个人不可缺少的重要日常生活领域。家庭既是连接个体与社会的纽带和桥梁，又是行为规范与社会理想的基本依托。家庭的存在，对于人类社会的功用与效能是不言而喻的。一般而言，家庭的功能可分为固定性的和历史性的两类。其中，家庭的固定性功能主要包括爱情、生殖、养育；家庭的历史性功能主要是指经济功能、社会保障和福利功能、教育功能与休闲娱乐功能。作为社会的基本细胞，家庭的存续及其功能不仅受到经济社会条件的客观制约，而且也受到家庭成员之间角色模式及其责任分配状况的深刻影响。我国城乡人口流动中长期存在的个体流动模式，不仅改变了农村家庭结构，严重影响了家庭功能的发挥，

① 李强：《大国空村：农村留守儿童、妇女与老人》，中国经济出版社 2015 年版，第 1 页。

而且深刻影响了农业转移人口与市民的共生进化。

（一）家庭离散致使共生载体受损

家庭是人类最古老、最原始的社会组织。正如卢梭所言，“一切社会之中最古老的而又唯一自然的社会，就是家庭。”[①] 人类有史以来甚至史前就是以家庭的基本形式存在的，摩尔根认为，人类史前存在过“血缘家庭、伙婚制家庭、偶婚制家庭、父权制家庭与专偶制家庭”五种家庭形式。[②] 恩格斯进一步指出，家庭的发展与史前蒙昧时代、野蛮时代、文明时代各阶段的发展是并行的，只是家庭的发展对于时期的划分没有提供这样显著的标志。[③] 在我国，家庭的起源大约可以追溯到传说中的燧人氏时代，燧人氏时代“大体相当考古学的早中期旧石器时代，由于燧人氏时代我们的祖先摆脱了动物生活方式，因此，与动物家庭有着根本区别的人类家庭也就在这一时代开始形成了。”[④]

总之，人类的历史可以说就是一部家庭史。不仅如此，迄今为止，家庭依然是人类社会的基本组织方式，尽管它经历了古代社会到近现代社会的演变，特别是现代工业社会以来的巨大变迁。由此可见，人与人、人与社会、人与自然的多种类型的共生，都离不开家庭。家庭既是由人构成的共生体，又是人实现更大范围共生的基础，也是人类社会共生进化必不可少的媒介、载体。人类社会的共生是基于家庭共生基础上的共生，这是毋庸置疑的。也就是说，如果不能实现人在家庭中的共生，其他类型的共生就会障碍重重，农业转移人口与市民的共生亦是如此。只有当农业转移人口首先实现了家庭的共生进化，其与市民的非对称性共生才具备向更高层次共生关系进化的组织条件。

现实问题恰恰是，由于受就业、户籍、土地制度等多种因素的限制，绝大多数农业转移人口只能选择以个体流动模式进城务工，于是不断往返于城乡之间。这种非家庭式的、个体流动的结果，首先是致使农业转移人口与家庭的共生及其进化受到了挑战，甚至是危机。农业转移人口

① ［法］卢梭：《社会契约论》，商务印书馆1980年版，第9页。

② ［美］路易斯·亨利·摩尔根：《古代社会》，商务印书馆1981年版，第382页。

③ 《马克思恩格斯全集》第21卷，人民出版社1965年版，第32页。

④ 王玉波：《中国家庭的起源与演变》，河北科学技术出版社1992年版，第19—20页。

进城务工获得了一定的工资性收入，这在相当大程度上不仅改变了农民收入结构、增加了农民收入，而且也有利于改善农业转移人口家庭的居住环境与生活质量，但是伴随而来的却是前述“三留守”问题对家庭共生体进化的负面影响。很显然，一个家庭成员日常生活、居住都处于分散状态的家庭是一个不完整的家庭，一个家庭结构不稳定、家庭功能无法正常发挥的家庭是一个残缺不全的家庭。就家庭共生体而论，一个家庭中的子女缺乏正常的成长环境、老人“老无所依”、夫妻“劳燕分飞”，这种状况不仅不可能共生进化，而且是一种退化，甚至极有可能导致共生解体。

非家庭式的个体流动还直接导致了农业转移人口与市民的共生进化受阻。在农业转移人口与市民的共生体中，作为共生单元的市民其家庭结构是完整的，因此，从家庭角度来看，他们的共生界面并没有受到影响。农业转移人口则因为家庭不完整，他们的共生界面处于缺损状态，共生的基本载体或依托缺失，由此对其实现与市民的共生产生了极大的阻碍。总之，家庭离散或团聚的不同状态，使得农业转移人口与市民之间的共生界面出现了不一致、不统一性，由此造成了家庭离散一方在共生系统中处于不利地位，阻碍了共生系统的发展与进化。

（二）家庭离散导致共生成本增加

农业转移人口与市民共生过程中，双方都需要支付一定的成本，就农业转移人口而言，他们的共生成本本质上就是市民化的成本。那么，究竟农民工市民化需要支付多少成本？如何计算农民工市民化的社会成本？如何确定农民工市民化的成本分担方式？政府通过什么方式筹措资金解决农民工市民化需要支付的公共成本？这些问题是学界和各级政府都十分关注的问题。

中国科学院可持续发展战略研究组（2005）认为，每进入城市 1 个人，需要“公共发展成本”约为 1.05 万元，需要“个人发展成本” 1.45 万元。[①] 建设部调研报告（2006）《农民工进城对城市建设提出的新要求》认为，每新增一个城市人口需要增加的配套市政公用设施投入，小

① 中国科学院编：《中国可持续发展战略报告》，科学出版社 2005 年版，第 259 页。

城市为 2 万元，中等城市为 3 万元，大城市为 6 万元，特大城市为 10 万元（不含运行和管理成本）。① 中国发展研究基金会得出的结论是，中国当前农民工市民化的平均成本在 10 万元左右。② 国务院发展研究中心课题组（2011）认为，一个农民工市民化的政府支付公共成本约在 8 万元左右③。

尽管关于农民工市民化（或城镇化的人均成本）的成本测算有很多不同版本，各种测算方法与结果之间也存在较大的差异，但基本上都倾向于通过人均成本测算来估算政府公共财政资金的投入额，即测算农民工享有与本地市民相同的各项权利和公共服务所需的公共投入。实际上，农民工市民化的社会成本包括私人发展成本与公共发展成本两部分④，公共支付成本是国家和政府在促进“以人为本”城镇化过程中用于城市基础设施建设、城市社会管理与社会保障等各种公共服务的支出，主要包括农民工子女教育成本、养老保险成本、医疗保障成本、社会管理费用、保障性住房支出等。私人成本是指农村进城务工人员市民化过程中用于日常生活、培训教育、住房与社会保障等方面的资金与投入的总和。

公共支付成本的测算对于各级政府而言是必要的，因而也为学界津津乐道，而私人支付成本对于农村家庭及其成员的重要性及其测算，却并没有引起足够的重视。进城务工人员融入城镇的私人支付成本，与他们在农村的生产生活成本有较大差异，除了日常生活成本之外，教育培训成本、住房与社会保障资金都是他们在城市工作、生活和长期居住必须进行的额外投资。同时，私人支付成本大小也因进城务工人员所选择的流动模式不同而存在较大的差异。因此，对于农民工私人支付成本的

---

① 建设部调研组：《农民工进城对城市建设提出的新要求》，国务院研究室课题组编《中国农民工调研报告》，中国言实出版社 2006 年版，第 324 页。

② 中国发展研究基金会：《中国发展报告 2010：促进人的发展的中国新型城市化战略》，人民出版社 2010 年版，第 24—30 页。

③ 国务院发展研究中心课题组：《农民工市民化进程的总体态势与战略取向》，《改革》2011 年第 5 期。

④ 张国胜：《基于社会成本考虑的农民工市民化：一个转轨中发展大国的视角与政策选择》，《中国软科学》2009 年第 4 期。

测算，应该充分考虑当前我国农民工城乡流动仍以跨省、个体流动为主的现实情况。

现行城乡运动中的离散式流动模式，无疑增加了进城务工群体市民化的负担，致使他们需要支付更高的额外私人成本。要顺利市民化，实现个人的发展与梦想，他们需要付出巨大的代价。第一，离散式流动模式，致使进城务工群体的家庭和亲属等社会关系网络滞留在农村，削弱了其融入城市的社会资本。为了能更好地与市民共生，独自外出的农村流动人口需要投入更多成本培育社会资本。第二，离散式流动模式，导致农民工工作地与家庭的地域区隔。由于承担家庭责任的需要，他们只得每年甚至更为频繁地“候鸟式”往返于乡城之间，并为此付出更高的经济成本。第三，离散式流动模式，致使进城农民工不得不承担巨大的风险成本。

由于获得城镇户籍、子女上学、父母养老、购买住房与获得城镇各种基本公共服务等都存在很大的不确定性、长期性，导致进城农民工在城镇工作生活过程中已付出的私人成本的回报率降低，其收益周期延长。为此，农民工支付了巨大的沉淀成本，一旦他们发现经过自己的努力最终无法实现自己的市民梦，他们就只能选择返回家乡。另一方面，频繁往返于城镇与家乡，在工作和家庭责任之间做“钟摆”运动，也容易使他们在工作上错失一些机会，比如提薪、晋职。而对家庭事务的疏忽和处理不善，也可能引发某些他们无法弥补的家庭问题，比如近些年来，农村地区较为常见的学龄儿童网瘾问题、女童性侵问题以及老年人自杀问题等。这些都表明，农民工市民化过程中还承担着巨大的家庭风险成本。可见，农民工市民化的巨大额外私人成本，直接源于“非家庭化”的个体流动模式。

第三节　社区界面分析

无论是在农村，还是在城市，家庭都是基本的组织形式，是构成社区的基本单元。与家庭成员离散、家庭不完整密切相关，农业转移人口在城市社区中也难以找到自己的归属，这也是制约农业转移人口与市民共生的重要因素。所谓社区，最早是用来描述那些存在于前工业社会的、具有共同价值取向的同质人口组成的关系密切、守望相助、富有人情味的社会关系和社会利益共同体。[①] 一个多世纪来，国内外学者对社区的内涵与外诞、社区的类型划分与构成要素等进行了卓有成效的理论探索，形成了不少高水平理论成果。根据国家民政部于2000年发布的《关于在全国推进城市社区建设的意见》对社区的解释，社区是指聚居在一定地域范围内的人们所组成的社会生活共同体。城市社区，一般是指经过社区体制改革后做了规模调整的居民委员会辖区。因此，本书所使用的社区概念，与民政部关于社区的定义一致，是一种相对具体化的社区，而不是抽象意义的社区。

一　社区共生界面的缺损

从社区角度看，农业转移人口与市民共生的社区界面缺损主要表现在居住方式、社会交往与社区文化活动、参与社区自治的权利和享受社区公共服务等方面。

首先，农业转移人口的居住方式处于非社区化状态。国内学者指出，目前农民工在城市生活的社区类型包括“没有进入社区”、“准社区”、“进入社区”三类[②]。其中，“没有进入社区”类型的特点一是集体居住，二是流动性强，三是由于其居所由雇主管理并提供，因而缺乏社区管理机构。“准社区”类型的特点是居住比较集中，并在某种程度上已形成一个相对独立的系统，比如在一些城市中存在的“温州村”、“河南村”。“进入社区”类型的特点是有稳定的住所，并且被纳入了城市社区管理体制；在居住方式上包括在城市社区租房、居住在雇主家里、居住于自购房。根据国家统计局2013年全国农民工监测调研报告，当前约五成农民工仍没有进入城市社区（单位宿舍32.3%，工地工棚10.4%，生产经营场所6.1%），仅有三成属于“进入社区”类型。

其次，农业转移人口社会交往与参与社区文化活动的非社区化。受

① ［德］斐迪南·滕尼斯：《社区与社会》，林荣译，商务印书馆1999年版，第54页。
② 林蓉：《从北京的“浙江村”看农民在城市的社区融入》，《消费导刊》2009年第3期。

制于非社区化的居住方式，“没有进入社区”型农业转移人口依然保持着农村的生活习惯、生活方式。他们在城市的社会交往对象多限于亲戚、老乡，社会关系构成仍然以强关系为主；在弱关系中，则多选择同学与同事作为交往对象，本地居民在他们的社会关系网中处于边缘地位。他们基本没有机会参加社区文化娱乐活动，日常生活单调、枯燥，被“格式化”特征明显。对于“进入社区”型农业转移人口而言，他们的社会交往对象也多限于同社区居住的同乡或其他地区来的农村人，与社区中市民交往的频率低、范围窄，而且多出于工具性交往。他们虽然表面上“社区”化了，但对城市社区的心理认同度低、归属感不强，同时很少参与社区文化娱乐活动。

再次，农业转移人口参与社区管理和享受社区共生服务的非社区化。作为最能体现社区居民地位与权利的社区管理、社区公共服务，对于大多数农业转移人口来说，依然是非常遥远的事情（调查数据显示，近七成农民工没有参与过社区民主管理、投票选举活动）。当前我国大多数城市社区公共资源配置仍以“户籍”为导向，不是以“需求”为导向，而农民工往往由于非本地户籍而被排除在社区民主管理与各种类型公共服务之外。许多城市社区中，农民工仍无法平等享受与自身利益密切相关的计划生育、卫生防疫、社区教育、文体设施等社区公共服务。样本调查数据显示，农民工享受社区教育、法律援助、心理咨询、公共文化设施、社区健康检查、社区科普活动等社区基本公共服务的比例普遍偏低（图4－2）。其中，与农民工异地流动密切相关的准生证办理、卫生防疫、计划生育与生殖健康服务问题尤为突出。

访谈材料：

刘先生（38岁，大学，四川人，企业文职）当被问及是否享受过相关社区服务的时候，刘先生的情绪突然激动起来，他的表情显得很严肃，话里话外透着一种无奈与不解，刘先生的亲身经历至今让他对这个城市感到陌生：

我和我老婆是朋友介绍的，最初她在浙江那边打工，与我认识后她就到广州来找工作了。先是办准生证的时候很不顺，因为户口在老家，我老婆光是回四川就有两趟，还不带在社区、单位、派出所之间来回跑。后来总算准生证办好了，还是多亏了她一个在老家民政局上班的同学帮我们张罗了好多事，不然更麻烦。今年五月，我媳妇给我生了一个大胖小子，从医院回来的时候，医生交代我们以后每个月要带小孩去打预防针。我们也搞不清楚要去哪里打，后来同事告诉我，一般去社区医院打。后来我就抱着娃去了社区医院，医生首先问我是哪个社区的，我便跟她说了，后来医生又问“你是做什么的?”我说我在企业里面上班，医生接着问我“那是农民工?”我反问她，农民工不农民工的有关系吗？你猜医生怎么回答？她说农民工要收费，不是农民工就不用交钱。我担心她要看我证件什么的，不敢说自己不是农民工，只好先去交了钱再让医生给娃打预防针。我就不明白了，打预防针在农村也是不要交钱的啊，为啥子到城里反而还要交钱了呢？

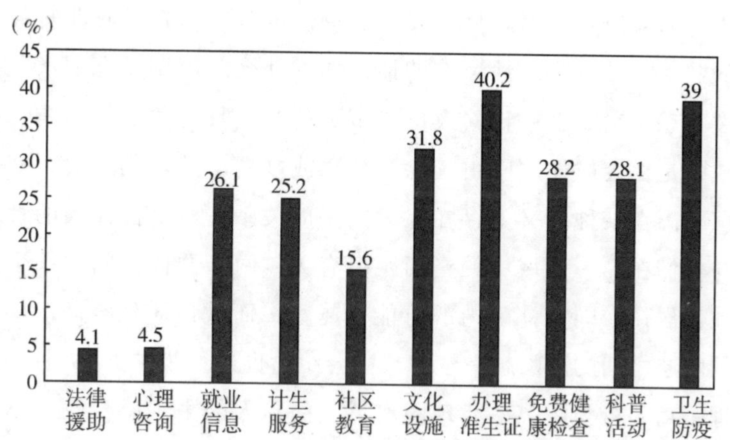

图 4-2 农民工享受社区管理与公共服务情况

二 非社区化对共生的影响

社区是农业转移人口在城市工作生活、与市民进行社会交往、实现与市民和谐共生的重要载体。但是，总体而言，当前进城农民工与市民共生的社区界面并不完全具备，社区共生界面处于不同程度的残缺不全状态，因而对农业转移人口实现与市民共生产生了极为不利的影响。

首先，非社区化居住产生的空间隔离，不利于农业转移人口与市民共生。共生的基础是共生单元之间在物质、信息与能量交换过程中相互联系、相互作用，由于居住分散且非社区化，致使农业转移人口在生活空间上与市民之间存在着明显的空间隔离。城市生活的高成本，常常使得农民工居住地远离市中心，不仅在地域上属于城市边缘，而且居住环境也极为恶劣。农业转移人口与市民之间的空间隔离状态，必然降低他们之间日常接触的频率，削弱他们之间的相互沟通、相互联系。近年来，政府加大了缩小农民工与市民空间区隔的力度，大力推进经济适用房、廉租房、棚户区改造等住房工程，但是实践效果并不理想。很多地方兴建的经济适用房、廉租房的供给对象依然以城市居民为主，农民工要么被制度设计排斥在购房对象之外，要么因经济收入低而无法承受购房成本，至于自购商品房则更是遥不可及的事情。

其次，非社区化产生的心理与行为距离，不利于农业转移人口与市民共生。如果说空间隔离只是表面的有形的分割，它对农业转移人口与市民的共生不具有决定性影响的话，那么社会距离则是深层次、实质性的割裂状态，它对农业转移人口与市民的共生具有关键性影响。社会距离反映的是社会群体之间由于相互分离或歧视所造成的分离，社会距离与空间距离在某种意义上存在互为因果的关系，两个群体间的社会距离常常与他们在同一地域中的空间距离有关，两个群体之间的社会距离越大，他们居住在同一社区内的可能性越小。而城市居住空间的隔离，使得不同阶层之间的隔阂越来越深，社会距离也进一步扩大。① 社会距离包括心理距离和行为距离，心理距离反映的是人的主观感受及所体现出来的差距，包括信任、理解、声望、情感倾向或态度、阶层意识等；行为距离是心理距离作用于行为的结果，体现为人的行为倾向、行为特点及其差距，包括通婚、共同参与社区管理、参与文体活动等等。

有研究指出，农民工与市民的相互信任程度非常低，但相互理解程度比较高。相比而言，市民对农民工的理解程度大于农民工对市民的理解程度；在交往意愿上，市民倾向于与农民工保持距离，而农民工倾向

① 顾朝林主编：《人文地理学导论》，科学出版社 2012 年版，第 37 页。

于缩小与市民的距离。整体而言，农民工与市民的心理距离或主观距离以“近距离”为主，交往距离以“远距离”为主，心理距离小于交往距离。[①] 实际上，农民工与市民之间的社会距离突出表现在农民工对城市社区的认同与归属感低，与此同时，城市社区与市民对农民工又存在某种程度的排斥现象，这两方面因素共同起作用，阻碍了农业转移人口与市民的共生。

第四节　城乡界面分析

农业转移人口与市民的共生界面不统一，从中微观角度看，主要表现为共生的家庭界面和社区界面不完整，从宏观角度看，则主要表现为城乡界面的割裂。按照共生理论，共生单元借以形成相互影响、相互作用关系并实现物质、信息与能量交换的共生界面具有内生性。所谓共生界面的内生性，是指共生界面是根据共生单元的性质、特点及其共生需要自发形成的，而不是由构成共生关系以外的其他单元或环境决定的。实际情况恰恰是，城乡共生界面因为人为的制度建构而被割裂，从而使得城乡共生体中共生单元的“共生选择权”、共生作用性质和形式都出现了不对等局面。城乡共生界面割裂，突出表现为城乡二元结构，它对农业转移人口与市民共生的影响则表现为共生资源分配的极度不均衡。

一　城乡二元结构及其固化

二元结构理论，起源于经济学成立初期形成的关于经济发展中工业、农业对立的思想，后来逐步形成了二元经济结构思想。最早运用“二元经济”概念分析社会经济现象的学者是荷兰经济学家伯克（J. H. Boeke）。后来，经过刘易斯（Lewis，1954）的系统研究，建立了二元经济理论的基本框架。在《劳动力无限供给下的经济增长》一书中，刘易斯指出，发展中国家一般存在着“二元”经济结构，一元是只能维持最低生活水平的、土著方法进行生产的、含有大量农业剩余劳动力的农业部门；另

① 卢国显：《农民工：社会距离与制度分析》，社会科学文献出版社2010年版，第373页。

一元是以现代化方法进行生产的城市工业部门，它的劳动生产率和工资水平都比农业部门的劳动生产率和收入水平高。①

我国城乡二元结构的内涵要比经济学中的二元结构内涵更为丰富，是一种除了经济二元之外还包括社会二元的“双重二元结构”，即不仅存在以农业为代表的传统部门与以现代工业为代表的现代部门之间的经济二元，也存在以城市为一元、以农村为一元的社会二元结构。其中，社会二元又包括经济收入、生活水平、财政资源、环境资源、制度资源与文化信息等多个方面。总之，城乡二元结构是指城市和农村在经济类型和经济发展水平、城乡居民的收入水平、享受的社会福利待遇和受教育机会，乃至在政治和社会权利方面存在重大差别的现象。② 城乡二元结构整体上表明现代化过程中我国城市与乡村发展资源、过程及其结果的不平衡，反映出经济、文化教育、社会福利、政治和社会等多个领域中存在的显著城乡差别。

我国城乡二元结构是在改革开放前计划经济体制的大环境下初步形成的，大致可以划分为两个阶段：

一是城乡二元结构的初步形成阶段（1949—1958 年）。新中国成立初期，为快速恢复和发展经济，国家确立赶超型工业发展战略，这种发展战略奠定了我国二元城乡结构的基础。经济赶超型发展战略促使国家将工作中心和建设重点由农村转向城市，通过农业合作化、统购统销、不等价交换等刚性计划实现农村与城市之间商品与经济要素的交换与流转，为国家的工业化建设提供足够的资本积累。这种长期的农业支持工业、农村支持城市发展模式不断拉大了城乡的发展差距。为了把农业剩余劳动力牢牢控制在农村以保障农业稳定发展，国家采取了限制国民自由流动的方针，制定了一系列户口管理政策与制度。以 1958 年《户口登记条例》的颁布及建立起二元户籍制度为标准，我国城乡二元结构亦宣告初步形成。

二是城乡二元结构的确立阶段（1959—1978 年）。《户籍登记条例》

① 佟光霁：《闭锁与破解：中国城镇化进程中的城乡协调研究》，科学出版社 2010 年版，第 11 页。

② 王思斌：《社会学概论》，北京大学出版社 2003 年版，第 205—208 页。

的颁布以及随后产生的一系列依附于户籍制度的城乡分割制度进一步固化了城乡二元结构，并最终形成城乡分离的二元体制。为保证稳定持续的农业经济增长，国家通过严格的户籍管理制度加强了对农村人口的管制，严格控制农村人口的流动，使农村人口不能自由的转换为城市人口。户籍制度既是城乡二元结构形成的基础，又是城乡二元分割进一步深化并难以破除的屏障。随后，以户籍管理制度为基础建立起来的教育制度、就业制度、劳动用工制度、社会保障制度等等致使城市人口在就业、教育、享受公共服务等方面都优于农村人口，城乡差距范围扩大，并最终形成了城乡对立的二元社会结构。

城乡二元结构伴随着中国改革开放的脚步，走过了几十年历程。21世纪以来，党和政府为改善城乡二元结构做出了巨大努力，但是城乡二元结构如同坚不可摧的铁笼，不仅没有被打破，反而出现了进一步深化趋势。这种深化趋势在城乡居民收入差距、受教育程度、生活状况等多个方面均有体现。尤为突出的是，由于城乡之间二元结构的固化，使得一些新的群体和共同体无法融入二元中的任何一元，从而出现了所谓的“三元结构”、“三元户籍”。如今，在中国城乡二元结构中，已逐步形成了“农民工”第三元结构①。农民工，从户籍身份看，他们是农民；从职业角度看，他们从事的是非农职业；从地域角度看，他们的固定居所在农村，却在城市工作生活。农民工的身上有太多的“矛盾”的一面，他们的社会地位和身份使得他们处于极为尴尬的境地：他们是既不属于农村，又不属于城市的“另类群体”，他们又是既属于农村，又属于城市的“双栖族”。可是，无论是在农村，还是在城市，他们都无法获得应有的身份地位、尊严与生存环境。总之，农民工处于农民而低于工人这一工农差别、城乡差别的中间状态②，他们已成为市民与农民二元身份之外的第三元。

---

① 岳澎、黄解宇：《从“二元结构”到“三元结构”》，《农业现代化研究》2008年第2期。

② 刘应杰：《中国城乡关系与中国农民工人》，中国社会科学出版社2000年版，第162—170页。

二　城乡二元界面对共生的影响

作为共生单元相互联系的纽带和桥梁，共生界面不仅具有影响共生单元之间的分工与合作、形成共生秩序等多种功能，而且又是构成共生环境的重要组成部分，此外，它还能促成某种共生机制。城乡二元割裂的共生界面在功能发挥、共生环境形成、共生机制选择等多方面都产生了不利于农村的影响，并且这种影响最终体现在农业转移人口与市民共生系统中。

首先，从共生界面的功能来看，城乡二元结构所主导的分工与合作、信息与能量传输、物质交流以及共生秩序均不利于农村与农民的发展。尤其是城乡二元结构所建构的共生秩序，深深影响了农业转移人口与市民共生进化的进程。这种共生序的形成主要归功于城乡二元户籍结构，它的确立与功能发挥为农业转移人口市民化设置了重重阻隔，是农业转移人口与市民共生的主要制度障碍。

其次，从共生环境来看，与二元户籍相关联，城乡二元结构在就业、教育、医疗与社会保障等方面形成的二元制度网络，建构了“环境反抗正向激励”型共生环境，阻碍农业转移人口与市民的共生进化。

再次，从共生机制来看，城乡二元结构整体上形成的是支持城市和市民、抑制农村和农民的宏观格局，不但没有形成正向环境诱导机制、合理的共生动力机制，反而加大了共生阻尼强度，产生了不利于农业转移人口市民化的消极后果。归根结底，城乡二元结构共生中介功能的发挥、共生环境的建构、共生机制的形成，是通过主导共生资源的分配实现的。

（一）共生资源的重要意义

资源，经济学中一个十分重要的概念，在早期经济学理论中，资源在内涵上常常是指财富的来源，在外延上则主要是指自然资源。《辞海》中也做出了类似的解释；“资源：资财的来源，一般指天然的财源。”[①] 不过，即便是在经济学中，资源的概念也一直处于发展变化之中。随着人

① 《辞海》，上海辞书出版社1980年版，第1436页。

类经济社会的发展及科学技术的进步，人类对作为财富源泉的资源的认识也不断深化。人们关于资源的观念已经由经济领域拓展到了人文社会、政治领域，产生了与旧资源观相对的新资源观，即把存在于人类社会中创造财富的源泉和要素归结为社会资源，突出它们的作用与贡献，从而形成的社会资源观①。

总之，资源是一个整合性概念，是指“由自然生态资源、经济增量资源、人文社会资源三大子系统在空间环境系统涵盖下构成的整体，是一切可被人类开发和利用的物质、能量和信息的总称，是可以用来创造物质财富和精神财富的具有一定量的积累的客观存在形态。”② 资源的种类繁多，包括信息、知识、制度与政策、人力资本、自然资源、金融资本、思想观念等，这里主要阐述城乡二元结构所主导的制度资源及其分配结果。

在一定的社会共生体中，共生单元之间无论是物质交流、信息与能量传输，还是分工与合作关系的形成，都与一定的资源拥有状况相关。实际上，共生资源在某种程度上决定了共生关系能否形成以及共生模式发展的方向。在人类社会中，资源占有程度直接决定了需求与利益实现的程度，一定的资源占有量就意味着“共生选择”话语权。

仍以夫妻共生体为例，在夫妻共生体形成及其发展过程中，作为共生单元的双方在资源占有方面的差异，直接影响共生单元之间关系的不同。在过去，由于不平等的性别分工，致使妇女的活动被限制在家庭的狭小范围内，她们只能从事家务劳动而不能走出家庭从事社会活动或者家庭外的经济活动，况且家务劳动不被计算为有酬劳动。这样，妇女往往由于没有独立的收入来源，因此在家庭中的地位极低。夫妻共生体中，男性具有主导地位，特别是在封建社会，男性的这种主导地位甚至只需一纸休书就可以宣告夫妻共生体解体。但是，随着社会的发展与进步，尤其是妇女主体意识的觉醒，她们开始走向家庭外的生产劳动，她们独立从事有酬劳动甚至自己创业，她们也开始走向社会参与各种社交、社

---

① 杨涤、白钦先：《21世纪新资源理论：关于国民财富源泉的最新研究》，中国金融出版社2006年版，第25页。

② 宋健坤：《资源空间学》，国防大学出版社2011年版，第13页。

会管理与政治活动，因此不仅实现了经济上的独立，也实现了社会地位的提升。由于经济收入、社会地位等各种资源拥有量的增加，夫妻共生体中的权力结构也开始趋向均衡，共生关系也开始趋向对称互惠。

可见，资源的占有量对于农业转移人口实现与市民共生的意义是不言而喻的。关键的问题是，在农业转移人口与市民共生体中，资源的拥有量是极不均衡的，这种不均衡使得农业转移人口处于共生的不利地位。造成这种资源占有量不均衡及共生地位失衡的根源，正是城乡二元结构主导下的不均衡资源分配。

（二）共生资源分配的不均衡

1. 共生制度资源分配不均衡

制度资源是共生资源中尤为关键的一类资源。因为制度是“人们之间有秩序的关系集，它确定了他们的权利、对别人权利的限制和约束、特权和责任”①，是“一系列被制定出来的规则、守法秩序和行为道德、伦理规范，它旨在约束主体福利或效用最大化利益的个人行为”②，也是“一个社会的游戏规则”③。在新制度经济学家看来，制度是创造财富的一种源泉，这是确凿无疑的。一方面，制度可以通过降低不确定性的方式以降低经济体系运行中的交易成本，提供财富创造效率。另一方面，制度还通过对经济行为主体的激励和对其他种类资源的配置来推动积极增长。④ 不论是制度对“权利的确定”，还是对“效益最大化利益的个人行为”的约束，或者作为“社会的游戏规则”，它们都与资源密切相关，它或者主导了资源配置的方式与手段，或者直接决定了财富分配的结果。我国的城乡二元结构正是形成于一系列制度资源的不均衡分配之中，反过来这些制度又造成了教育、医疗服务与社会保障等公共资源的不均衡分配。

---

① 康芒斯：《制度经济学》（上册），商务出版社 1962 年版，第 87 页。

② ［美］道格拉斯·C. 诺斯：《经济史中的结构与变迁》，上海三联书店、上海人民出版社 1994 年版，第 225—226 页。

③ ［美］道格拉斯·C. 诺斯：《制度、制度变迁与经济绩效》，上海三联书店、上海人民出版社 1994 年版，第 3 页。

④ 杨涤、白钦先：《21 世纪新资源理论：关于国民财富源泉的最新研究》，中国金融出版社 2006 年版，第 54—55 页。

2. 共生经济资源分配不均衡

经济资源是用于生产商品或劳务所必须投入的物品①，通常包括自然资源、人力资源、资本资源和信息资本资源等。无论是城市的工业生产，还是农村的农业生产，都需要投入资本、劳动、土地、技术设备。但在“工业优先发展”的战略主导下，国家公共财政也呈现出严重的“重工业、城市，轻农业、农村”不均衡支出特征，农村基础设施建设与公共服务长期得不到应有的财政保障，主要依靠农民投工投劳自力更生来完成。由于财政投入相对不足，致使农民行路难、通讯难、用电难、饮水难等现象长期存在。不仅如此，农村的劳动力、土地等大量经济资源也长期被城市侵占。由于城乡要素市场不均等，农村集体所有的土地不能进入一、二级市场，土地增值收益大部分不归农民所有。有研究指出，农村85.7%的耕地被征后用于商业性目的，纯公益性用地比例仅为7.2%，土地价值提升中农民获得的补偿仅占很小的比例。② 大量农业剩余劳动力在城市劳动，为城市做出了巨大贡献，可他们不仅收入微薄，而且还长期遭受子女上学困难、看病难、社会保障缺失等不公平待遇。

3. 社会资源分配不均衡

社会资源在城乡分配的不均衡，在教育、文化与体育、医疗卫生、社会服务等方面均有体现。

首先，就教育资源来看，城乡教育资源和办学条件存在较大的差距。以义务教育为例，截至到2010年，农村小学中、高级职称教师比例为52.1%，农村初中中、高级职称教师比例为52.3%，同期全国小学与初中中、高级教师职称比例分别为54.3%、56.7%。农村小学生均仪器设备值为305元，初中生均仪器设备值为528元，同期全国小学生均仪器设备值为384元，初中生均仪器设备值为603元。在信息化水平方面，全国普通小学每百名学生拥有的计算机数量为4.1台，全国普通初中每百名学生拥有教学计算机数量为6.4台，农村小学、初中每百名学生拥有计算机

① 岳贤平、于振英：《微观经济学》，清华大学出版社2007年版，第3页。

② 马晓河等：《我国农村改革30年的成就、问题与今后改革思路》，段应碧主编《纪念农村改革30周年学术论文集》，中国农业出版社2008年版，第55页。

数量分别为 3.5 台、6.0 台。①

其次，就医疗卫生资源来看，城乡也存在很大的差距。在人均财政性卫生支出方面，城市为 2969.01 元，农村为 1055.89 元，农村人均卫生费用仅为城市的 35.6%。在卫生技术人员数量方面，每千人口卫生技术人员、执业医师、注册护士数城乡比分别为 8.55 : 3.41、3.2 : 1.4、3.65 : 1.09（图 4－3）。每千人口医疗卫生机构床位数，城乡分别为 6.88、3.11。与财政投入、卫生技术人员、床位等硬件设施不足密切相关，农村 5 岁以下儿童和孕产妇死亡率也存在很大差异（图 4－4），其中，新生儿死亡率城乡比为 3.9 : 8.1，婴儿死亡率城乡比为 5.2 : 12.4，5 岁以下儿童死亡率城乡比为 5.9 : 16.2，孕产妇死亡率城乡比为 22.2 : 25.6。

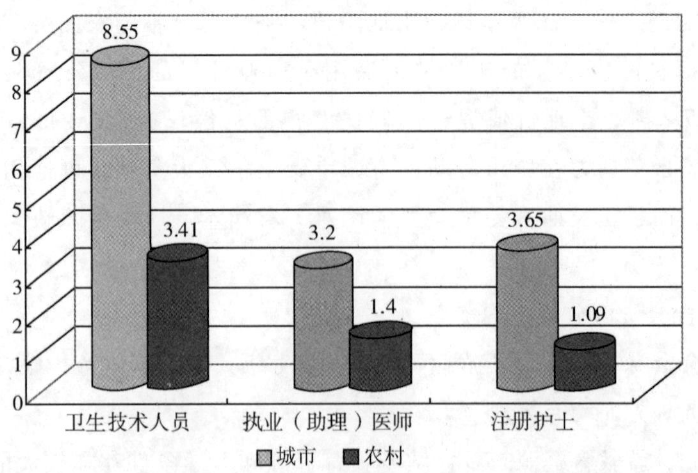

图 4－3　每千人口卫生技术人员数城乡比较

注：数据来源于《中国统计年鉴 2013 年》。

再次，文化体育资源配置不均衡。受经济发展水平与国家投入不足的影响，农村地区文化体育事业也与城市存在较大差距。比如，全国有线广播电视用户数为 21509 万户，农村仅为 8432 万户，占总数的 39.2%。全国有线广播电视用户数占家庭总户数比重为 51.50%，农村有线广播电视

① 参见教育部网站《2010 年全国教育事业发展情况》，《2011 年教育统计数据》，http://www.moe.gov.cn/publicfiles/business/htmlfiles/moe/s7567/list.html。

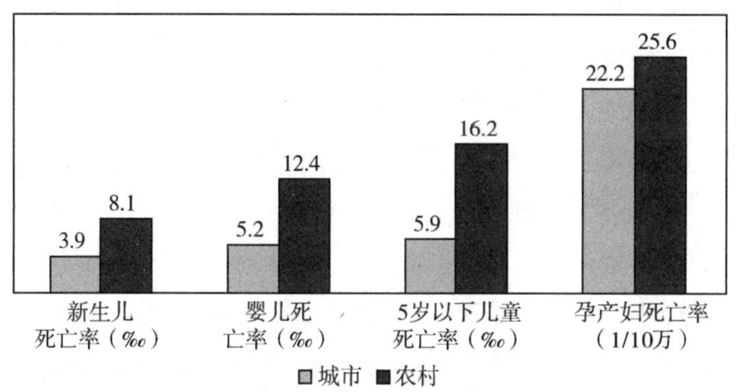

图4-4　5岁以下儿童和孕产妇死亡率城乡比较

注：数据来源于《中国统计年鉴2013年》。

用户数占家庭总户数的比重仅为33.49%。农村广播、电视节目综合人口覆盖率也略低于全国水平。至于公共图书馆、博物馆、体育场馆、科研机构、科普场馆等公共文化设施则基本都集中在城市，像观看音乐会、舞会、歌剧、体育比赛等高雅的文体活动，则几乎成了城市居民的专利。虽然部分农村地区的县城有文化馆，乡镇有文化站，但其数量稀少，由于覆盖地域范围过宽，对很多农村居民而言根本不具有可利用性。近年来一些地方在推进社会主义新农村建设过程中新建了乡村书屋，但毕竟建有乡村书屋的村庄仅仅是极少数。总体而言，农村居民参与文体娱乐活动的机会远比城市居民少，即便是能参加一些乡村娱乐活动，也是带有浓重乡风民俗特征的低层次公共娱乐活动，跟城市的文化生活具有极大的差异。

第五节　本章小结

无论就关系或模式的静态层面来看，还是就发展或进化的动态过程来看，生物共生都是一种复杂的现象。更何况，人类共生现象还不能完全和生物共生现象相提并论。人性的多元化、人的主观意识的能动性、人与人之间关系的复杂性等众多特点，必然决定了人类共生是一种比生物共生更加盘根错节的复杂社会现象。既然人类共生现象如此错综复杂，那么农业转移人口与市民之间的共生制约因素自然也是千丝万缕，形同蛛网。这其中既有共生单元本身的因素，也有共生界面与共生介质的因素，还有共生环境、共生机制、共生能量分配、共生资源与条件的因素。为了理清农业转移人口与市民共生的制约因素，本书采取了从共生单元开始层层向外拓展的方法，即从微观到中观再到宏观的分层分析方法，这既符合共生原理，也符合系统论的原则。运用上述方法对农业转移人口与市民共生关系及其进化的制约因素开展分析，得出如下结论：

首先，构成任何共生体的共生单元首先必须具备一定的条件，这种条件可以说是资格。如果不具备这种基本的条件也可以形成共生关系，但是不能形成对称性互惠共生关系。农业转移人口自身的知识、技能与素质是影响其实现与市民对称互惠共生的基本因素。

其次，人类社会共生现象首先是从家庭开始的，没有家庭共生体，就没有农业转移人口与市民之间的对称性互惠共生可言。家庭离散正是制约农业转移人口与市民共生进化的重要原因之一。

再次，人与人之间的理想共生模式还离不开相应的社区依托，毕竟现代社会的人及其组成的家庭是在社区生活的。受家庭离散及居住空间隔离的影响，农业转移人口无法以市民的身份进入社区，因此社区就成了家庭之后的另一道“鸿沟”，致使农业转移人口与市民之间的共生显得异常困难。

最后，不论是人及其构成的家庭，还是社区，都是社会或国家的基本构成单元，社会或国家才是农业转移人口与市民能否共生进化的根本性因素。从共生环境的角度讲，社会与国家本身就是农业转移人口与市民共生体的外部环境，同时国家还可以通过一系列手段影响或改变共生环境。从共生界面来讲，国家（通过法律、制度、政策等表现出来）或社会也是农业转移人口与市民之间最重要的共生界面。此外，国家或社会还可以在共生资源、共生机制、共生能量或利益分配等多个方面对农业转移人口与市民的共生关系发挥综合影响，从而最终影响甚至主导某种共生关系模式的形成及其进化方向。在农业转移人口与市民共生关系形成及其进化过程中，由国家强力形成的城乡二元结构是最大的障碍，它的制约作用在上述多个方面都有体现。更为关键的是，前述三个制约因素在相当大程度上都是其发挥作用的产物。

第五章

农业转移人口市民化的共生治理

如果说20世纪我国的经济发展是国家建设的中心任务的话，那么进入21世纪，社会建设必然成为国家治理的中心任务。在以改善民生为重点的社会建设伟大工程中，涉及几亿人口的农业转移人口市民化问题无疑是首当其冲的。推进农业转移人口市民化，实现农业转移人口与市民的对称互惠共生，是21世纪几亿农民的梦想，也是伟大的“中国梦”的重要组成部分。然而，共生不仅仅是一种理想，也是一种现实诉求，更是一种智慧。实现农业转移人口与市民的对称互惠共生，既需要人们真正树立起共生的理念，又需要以实际行动促进共生相变。如何才能消解各种共生进化阻力，实现农业转移人口与市民之间非对称性互惠共生关系向对称互惠共生关系的发展进化？本章遵循共生的价值导向，围绕“改善农业转移人口共生环境、提高其共生地位”的中心目标，针对家庭、社区、制度、城市管理、性别歧视等共生制约因素，构建治理农业转移人口市民化问题的总体思路、基本策略，在此基础上设计推进农业转移人口市民化的可行性操作方案，并提出相关政策建议。

第一节　总体思路

农业转移人口在市民化过程中遇到的众多问题——不论是地位的边缘化，身份的“第三元”化，还是权利待遇的“非国民化”——归根到底，是公共资源配置的不平衡引起的。从共生的角度看，公共资源就是共生资源，共生资源配置不均衡必然导致农业转移人口与市民之间“共生选择”权结构不平衡，由此进一步致使共生地位、共生关系不对称，并最终导致农业转移人口与市民之间的共生进化通道阻塞。因此，农业转移人口市民化问题本质上就是如何回应农业转移人口的共生诉求的问题，即如何改变不均衡的共生资源分配方式，形成有利于农业转移人口实现市民化转型的共生资源配置格局，统一农业转移人口与市民之间的共生界面，健全农业转移人口与市民之间的共生机制，优化农业转移人口与市民之间的共生环境，进而改变农业转移人口与市民之间的非对称性互惠共生关系，推动农业转移人口与市民之间的共生关系发展进化的问题。因此，治理农业转移人口市民化问题，就需要从共生的高度，对农业转移人口与市民共生进化过程中的障碍或共生掣肘因素进行综合治理。

一 树立共生理念，理顺多层共生关系

人类在迈过了20世纪的“机械时代”之后，步入了21世纪的“生命时代”，即正视生命物种的多样性所具备的高质量丰富价值的时代。由于否定单一理想化、模式化，否定二元对立，在未来的“生命时代”里，最根本的思想就是共生①。21世纪的世界新秩序是“共生的秩序”或是“共生的时代”。共生将在社会各个领域中展开，人与自然的共生，理性与感性的共生，科学技术与艺术的共生，异质文化的共生，休闲与劳动的共生，大企业与小企业的共生，经济与文化的共生，国有与民营的共生，企业与社会的共生，民族主义与世界经济的共生，城市与农村的共生，不同年龄、性别人口的共生等，所有层次、领域中都会萌发共生现象。②

毋庸置疑，共生是一种客观存在，如同马克思主义唯物辩证法所阐明的对立统一规律一样，共生思想既表明了事物的独立性、异质性，即斗争性，同时又表明了事物的紧密联系，即同一性。所不同的是，与马

① ［日］黑川纪章：《新共生思想》，中国建筑出版社2009年版，第46页。
② 同上书，第1—48页。

克思主义赋予斗争、同一同等重要的地位不同，共生更加强调同一的重要性。因此，共生思想对于治理农业转移人口市民化问题无疑具有重要的指导意义。如果说农业转移人口与市民之间尚且没有形成共生关系，那么政府、社会组织与社会团体、公民应该凝成一股合力，共同促使他们实现和谐共生；如果承认农业转移人口与市民之间是一种共生关系，那么同样地，实现他们之间和谐的、对等的、利益实现基本均衡的共生关系，就是全社会应该进一步努力的方向。

无论如何，树立共生的理念、价值观对于推进农业转移人口市民化工程，对于稳步推进以人为本的新型城镇化建设，都是十分有利的。共生的理念与价值观不仅有助于我们突破传统的思维模式，深化农业转移人口市民化重大意义的认识，而且有利于我们抓住问题的要害，找到破解实践难题的有效方法。只有真正地树立共生的理念，我们才能从宏观的、长期的、战略的高度把握推进农业转移人口市民化进程中的实质性问题，才能以回应农业转移人口的共生愿望与诉求为出发点，扎实有效地推进各项改革进程。

树立共生理念，从共生的高度出发治理农业转移人口市民化问题，要求我们进一步理顺几层共生关系。首先，要理顺“个人—家庭”共生关系。农业转移人口市民化转型绝不单单是农民工个体的市民化，而是以家庭为单位的市民化。或者说，没有整个家庭成员的市民化，农业转移人口就难以实现市民化转型。其次，要理顺“家庭—社区”的共生关系，社区是以家庭为基本单位的社区，家庭是以社区为基本依托而存在的家庭。二者任何一方的缺损，都可能导致另一方生存的困境。第三，要理顺“家庭—社区—社会/国家”的共生关系。各个共同体之间是相互依存、相互联系、相互补充的，不能牺牲一方成全另一方。第四，要理顺不同区域（东、中西部）之间、不同规模与级别的城市之间的共生关系。这里既包含不同地区之间、不同城市之间的共生问题，也包括农业转移人口在不同地区之间、不同城市之间的共生问题。第五，要理顺不同性别的农业转移人口与市民的共生关系问题。这里也包括两方面，一是不同性别农业转移人口之间的共生；二是不同性别农业转移人口与市民之间的共生。

此外，还应注意从农业转移人口与市民共生的具体内容来看，共生也是一个包括经济共生、政治共生、社会共生、文化与心理共生的综合共生体，不应存在偏废某方面的情况。总之，共生理念引领下的农业转移人口市民化问题治理，应从多个层面、多个维度全方位地把握。

二　改善共生环境，消除共生掣肘因素

农业转移人口与市民之间的非对称性共生关系，某种程度上说，是长期的历史积淀的结果，而各个层面的共生条件不匹配，正是这种非对称性共生关系形成的根源。在我国经济社会发展过程中，长期存在着某种不平衡倾向，国民经济各部门发展中重工业轻农业、各个地域发展中重东部轻西部、城乡发展中重城市轻农村，国家的政策规划给予了不同类型共生体中的共生单元完全不对称的共生条件，包括共生资源、共生界面、共生环境等。总体而言，在农业转移人口与市民的共生关系中，共生资源条件是不利于农业转移人口的不对称性配置，共生界面条件具有不利于农业转移人口的阻尼特征，共生环境条件则更多地倾向于对市民的正向激励与对农业转移人口的负向约束，共生资源分配、共生界面选择与共生环境诱导效果，共同形成了对市民正向诱导与对农业转移人口负向抑制的共生机制。

在非对称性共生关系形成过程中，城乡二元体制具有关键性作用，因为它既主导共生资源分配，又形成了某种割裂的共生环境，并最终形成了市民与农民之间的“二元”化共生机制。根据社会共生理论，社会共生界面选择具有主观能动性，而城乡二元界面的形成正是主观选择的结果。因此，有必要通过对共生界面的调整或重新选择，以实现农业转移人口与市民的共生关系由“非对称性共生”向“对称性互惠共生”的回归。就农业转移人口的发展进化而言，改善现存非对称性共生关系的现实出发点，就是全方位地改善共生条件。

首先，要在农业转移人口与市民之间形成统一的共生界面。农业转移人口与市民之间共生界面种类众多，大体上可以分为政府、市场与社会三大类。统一共生界面的总体思路就是要从政府、市场与社会三个方面出发，消除由于共生界面不统一而产生的共生进化阻力。在政府层面，

要在树立共生理念的基础上，梳理、清查各种带有倾向性甚至歧视性的法律、制度、政策与发展规划。在遵循公平正义、保障各共生单元平等共生的原则基础上，积极调整现有导致共生界面割裂的法规政策，制定各种新的发展规划。在市场层面，要充分发挥市场配置生产要素的决定性作用，同时要加强市场宏观调控与监督力度，特别是要加大对劳动力市场中各种不利于农业转移人口改善共生条件的不公正现象的治理力度，包括就业歧视、同工不同酬、性别歧视、劳动环境恶劣与保护条件差，逐步建立起统一的劳动力市场、公平就业体制与完善的就业服务体系，最终建立起统一的市场共生界面。在社会层面，要重视家庭、社区在推进农业转移人口与市民共生进化进程中的地位与作用，加大农民工家庭离散、居住空间与社区区隔的治理力度，形成有利于农业转移人口实现与市民共生的社会界面。

其次，要改善现有不均衡的共生资源配置结构。由于制度资源对经济、社会资源配置具有显著影响，因此在这方面，要优先考虑制度资源的配置问题，包括制度、政策、发展规划与项目。同时，根据农业转移人口与市民之间现有资源占有不平衡特点，政府在配置共生资源时应该向农业转移人口适度倾斜，以加快他们与市民对称性互惠共生关系实现的进程。除了虚拟形式的政治资源之外，可以考虑运用公共财政支出手段，采用农业转移人口个体与家庭相结合的方式，予以投资，包括家庭照料与服务项目、技能发展与子女教育项目。通过给予实体资源的支持，提升农业转移人口及其家庭发展能力。

再次，要优化共生机制，营造正向激励诱导型共生环境。近年来党中央和国务院高度重视农民工问题，并且采取了一系列措施改善农民工的处境，包括放开户籍管制、统筹城乡养老保险等。各个地方政府的户籍制度也逐渐开始松动，但是户籍身份仅仅是表面的、形式的，与之密切相关的深层次、实质性的社会福利、公民权利能否得到彻底改善，才是根本性的。整体而言，当前农业转移人口与市民的共生机制依然没有彻底改变共生阻尼系数大的特点，农业转移人口与市民共生进化的宏观共生环境也远未形成。在今后推进农业转移人口市民化转型进程中，应以改善农业转移人口的知识、素质与技能为基础，以制度改革与政策创新为基本手段，以改善农业转移人口共生地位为目标，以改善家庭环境为突破口，以建立和谐共生的社区环境与社会环境为着眼点，构建制度环境、居住与生活环境、劳动环境、社会交往环境、舆论环境多方面相互补充、相互促进，共生界面统一、共生资源分配合理、共生机制优化的正向激励诱导型共生环境。

第二节　基本策略

正如前文分析的那样，无法采取家庭化的流动方式是制约农业转移人口退出农村、进入城镇并完全融入城镇，实现市民化转型的重要制约因素。从共生的角度来看，农业转移人口在市民化过程中缺少了家庭这一重要的共生介质，也就失去了与市民共生的基本依托。要改善农业转移人口与市民的非对称性共生关系，推动其共同发展与共生进化，帮助农业转移人口减轻“家庭”包袱，使其在城市安家并与市民处于同一共生界面，家庭就具有十分关键的政策意义。倘若牵绊农业转移人口市民化转型的若干家庭问题得不到有效解决，诸多市民化政策措施的实际效力都会受到影响。家庭中的个体即便能够顺利进入城镇，以这种方式实现的农民市民化也是很不彻底的，某种程度上还为和谐社会建设埋下了隐患。因此，在治理农业转移人口市民化问题时，应给予家庭优先考虑权，首先从治理农业转移人口家庭离散问题入手。以治理家庭离散问题为切入点，可以解决“三留守”群体反映出来的很多关联性问题。

始于家庭，而不限于家庭。家庭纵然不能彻底解决农业转移人口市民化的所有问题，也至少具有基础性工具价值。这正是本书提倡以家庭为切入点和突破口健全共生界面的根本原因。家庭共生体的引入，不仅为解决农业转移人口城镇融入难题提供了合理可行的路径，也为健全和完善发展型家庭政策提供了合法性基础。对于政府决策机构而言，引入家庭视角的意义则在于将“家庭”政策纳入社会政策的体系之中，依据发展型家庭政策的基本理念和目标取向，以帮助和支持农村家庭市民化能力发展为导向，逐步建立集“投资＋预防＋应急治理”于一体的家庭政策体系。同时，要以促进家庭式整体迁移为中心目标，积极转变思想观念，完善各项法规制度，创新城市管理方式，为推动农业转移人口市民化创造良好的环境。

一　理顺“个人—家庭—国家”关系

在中国传统社会，受以儒家思想为主导的传统意识形态的影响，家庭在建构国家过程中发挥了十分重要的作用，并且由此形成了“天下之本在于国，国之本在于家”的家国关系，这种家国关系观至今对人们认识国家与家庭关系发挥着重要影响。新中国成立后，我国进行了铲除家族势力和改变封建婚姻家庭制度的社会改造运动。家庭观念与家庭制度被有机地吸纳到社会主义意识形态和国家制度之中，成为社会主义中国调整“个人—国家/社会”关系、整合社会的重要工具。社会主义改造完成之后到改革开放前，我国实施计划经济体制，在意识形态中过分强调“国家至上”、“集体主义”，强调个人利益服从集体利益，家庭成为打击或整合的对象，尽管在传统社会中它曾经是功能高度发达的、文化上亦极为成熟的相对独立的社会系统。特别是在某些历史时期，由于受政治、经济社会环境的影响，家庭作为相对独立的社会子系统的地位几乎被彻底摧毁，家庭与个人、国家的关系也曾几度变迁。诸如“大跃进”、人民公社运动时期、十年“文化大革命”时期，家庭作为联系个人与社会、国家之间的纽带的作用被弱化，家庭所具有的经济、情感等多种功能也由于国家权力的直接介入而萎缩，家庭面临“解体”。

改革开放后，计划经济体制逐步退出历史舞台，市场经济体制逐步确立，我国经济社会进入现代化转型期，“个人—家庭—国家”关系也发生了不容忽视的重大变化。一方面，市场经济体制及其固有的经济理性严重侵蚀了我国社会的家庭文化。随着市场经济的发展，经济理性也随之渗透到家庭领域，使得以自我为中心的个人主义在家庭中蔓延①，家庭成员对家庭的忠诚度降低，家庭责任体系受到冲击，个人与家庭之间的联系受市场机制和市场规律的影响变得极其孱弱。总之，家庭的内聚化

① 吕青、赵向红：《家庭政策》，社会科学文献出版社 2012 年版，第 110—112 页。

趋于松散、稳定性趋于下降①是现代中国家庭面临的重要问题。另一方面，家庭在“个人—国家/社会”之间的桥梁与纽带作用受到冲击。在现代国家与社会建构过程中，以市民/农民或公民为表现形式的个体成为基本结构要素，与“社区/社区共同体”、“社会组织/社会团体”一同被视为现代社会的基本构成单位，而家庭作为社会基本构成单位的地位及其角色几近于消逝。家庭的历史变迁，特别是我国社会现代化转型期给家庭带来的新问题与新挑战，无疑为人们重新梳理、调整现代化进程中“个人—家庭—国家”的关系提出了新要求。

在国家发展规划与法律政策层面，作为政策主体与客体的家庭正在从决策者视野中淡出，这也是一个值得引起重视的问题。改革开放以来，我国高层决策者的战略视野主要集中在经济领域，经过三十多年的努力，我国经济发展进入世界领先水平。由于重经济发展轻社会建设，致使我国公民社会发育迟缓、社会建设滞后，并引发社会问题不断增加、社会矛盾扩大化与尖锐化等问题。因此，党的十八大高屋建瓴地指出要“加强社会建设”，并在党的十八届三中全会通过的《中共中央关于全面深化改革若干重大问题的决定》中进一步明确了“推进社会事业改革创新”、“创新社会治理体制”的总体要求，为若干涉及民生的重要领域的改革创新做出了具体部署。至此，党的执政思想开始由以经济建设为中心向经济与社会建设并重转变，我国社会主义建设事业跨入一个新阶段。值得注意的是，过去以经济建设为中心的发展模式与市场效率原则客观上忽视了家庭的需求，是家庭功能被削弱的重要原因。新时期的社会建设也可能因对“个人—家庭—社会”关系的定位出现偏差而仍有进一步忽视家庭需要的风险。因此，要在重树家庭理念的基础上，及时调整“家庭—社会”关系，把支持家庭发展作为社会建设的主要领域和重要目标，避免将“社会”抽象化。

二　重塑家庭政策的合法性地位

作为人类社会最基本的结构性单元，家庭自产生以来就是社会成员

① 孔铮：《构建中国的家庭政策体系：国际经验及启示》，《经济与社会发展》2013年第8期。

最重要的福利资源。在经济全球化与我国社会现代化转型背景下，家庭更是被赋予提供国家竞争力和维护国家安全和社会稳定的新功能[①]。不过，处在社会转型压力下的中国家庭正在经历着复杂的变迁历程，其传统家庭功能正逐渐削弱乃至丧失，责任与能力处于失衡状态，家庭“现代化”又远没走上正轨。这种状况的出现，很大程度上根源于政府对家庭的责任界限模糊，“对家庭的支持或干预并没有在政策层面得到很好回应，能直接反映这一态度与责任的家庭政策在中国并没有合法地位”。[②]在改革开放的大部分时间里，保障体系建设和社会政策没有得到应有的重视，社会政策与社会建设呈现滞后于经济发展的态势。20 世纪 90 年代后，我国社会政策的目标多限于适应市场经济体制，为社会主义市场经济体制的运行保驾护航。国家开始有计划地全面退出社会福利和服务领域，教育、医疗、住房等领域出现了明显的市场化趋势。[③]

21 世纪以来，受全球治理、公民社会思潮的影响以及摆脱国企经济效率不高、公共支出增长等现实困境，社会政策领域开始向“多元化”、“社会化”的治理模式转变。国家不再包揽社会福利与社会政策的全部责任，而非政府行动者在社会福利供给中的地位日渐突出。国家的功能则仅仅在于通过对市场风险进行应急性补救，帮助那些最贫困和最容易受到伤害的边缘群体，试图为社会建立起一张“安全网”。

尽管改革开放以来我国社会政策也一直处于变革过程，但是整体而言，社会政策的主导理念是“补缺”，政策设计一方面依然从社会身份出发而不是从社会现实需要出发，“路径依赖”特征明显；另一方面则以满足个体而不是家庭的需求为出发点，除非家庭面临无法独立解决的风险而陷入困境。其他凡是有家庭的社会成员，包括儿童、老人以及其他有特殊需要的人员，则首先必须依靠家庭来满足其相应的保障和发展需要，

① 孟宪范：《家庭：百年来的三次冲击及我们的选择》，《清华大学学报》（哲学社会科学版）2008 年第 3 期。

② 祝西冰、陈友华：《中国家庭政策研究：回顾与相关问题探讨》，《社会科学研究》2013 年第 4 期。

③ 莫家豪、岳经纶等：《变迁中的社会政策》，社会科学文献出版社 2013 年版，第 34—40 页。

而家庭以外为家庭及其不能自立的成员提供帮助的渠道几乎不存在。[①] 可见，作为社会需要核心组成部分的家庭需要依然处于社会政策的边缘甚至真空地带，家庭贫困、发展能力不足、脆弱性与无力感等既是普遍性的家庭问题，也是已经显现的或潜在的严重社会问题。因此，重新审视家庭的战略意义，赋予家庭应有的政策合法性地位，给予家庭更多的政策性帮助与支持，就显得尤为重要。

将家庭理念纳入社会政策框架，使家庭政策获得合法的政策地位，不仅是家庭现代化与社会可持续发展的现实诉求，也是现代国家决策科学化民主化的内在要求。从社会政策的价值取向与目标来看，社会政策是现代政府的中心任务，其基本价值取向是在社会变迁中促进公民福祉，这也是满足每个家庭的需求与期待的过程。从社会政策关注焦点来看，社会政策的核心内容是社会福利和社会服务[②]，包括社会保障、医疗卫生服务、住房保障、教育和就业服务等在内的众多公共服务领域，几乎都涉及家庭。某种意义上说，社会政策是一系列直接以家庭为对象或间接对家庭产生重要影响的公共政策体系，社会政策即是家庭政策[③]。因此，家庭在社会政策过程中的地位是显而易见的，各个领域的社会政策与发展计划的制定、实施与评估都应当充分考虑对家庭需求的回应及对家庭能力发展产生的影响。

具体到政策过程的各个环节，恰当的政策问题界定与需求分析是制定家庭政策的基础。因此，农业现代化与农村社会变迁进程中产生的若干现象，无论是留守儿童教育、女童被性侵问题，还是老龄化、留守老人自杀问题，抑或是农村空心化、村落终结，无一不涉及家庭。这些农村社会现象的形成及其不断蔓延，具有复杂的经济社会原因，单一的“头疼医头、脚痛医脚”无疑是隔靴搔痒，不能从根本上解决问题。而从家庭角度予以考虑，有助于找到问题的关键，并从根本上进行治理。重塑家庭在社会政策中的合法地位，首先需要政策分析更多地运用家庭的视角，将回应和满足家庭需求纳入政策议程。其次，要调动家庭的参与

---

① 张秀兰、徐月宾：《建构中国的发展型家庭政策》，《中国社会科学》2003 年第 6 期。

② P. Spicker, *Social Policy*: *Themes and Approach*, London, Prentice Hall, 1995, p. 5.

③ 吕青、赵向红：《家庭政策》，社会科学文献出版社 2013 年版，第 44 页。

积极性，充分吸纳家庭成员参与政策制定过程。参与政策制定是公民决策参与的重要体现，只有决策者与公民、社会组织等相关利益主体共同参与制定的政策才具有顺利贯彻实施的社会基础。社会政策的制定，需要确保家庭及其成员的参与权。再次，要从家庭层面，开展社会政策的效果评估。在衡量一个发展项目的影响和政策意义时，依据关键的社会单位比如社会阶层、性别、年龄或种族——把人们划分成不同群体，然后依次分析发展项目对不同群体的影响，是非常必要的。在其他情况下，家庭可能是最佳的分析单位。①

第三节　操作方案

一　分层次逐步落实市民化各项基本权益

第一，充分保障农业转移人口的基本生存权益。就业信息服务、公平就业、同工同酬、医疗卫生、计划生育与生殖健康、临时性救助等权益是农业转移人口生存与发展的基础，也直接决定了他们能否在城市立稳脚跟，开展正常工作与生活。当前，各地城市政府应围绕农业转移人口在城市工作、生活中遇到的具有普遍性、反映强烈的问题，积极制定整改方案，并采取有效措施落实政策。首先，要采取有效措施，消除劳动力市场存在的不平等、不公正现象，包括对农业转移人口的歧视特别是对女性群体的隐性歧视，同工不同酬问题，拖欠克扣工资问题，劳动保护措施不到位等，帮助他们摆脱就业市场中的弱势地位，使他们能够与城市市民一样实现平等、合法与正规就业。其次，要充分考虑劳动力中的性别差异，对进城务工女性群体予以特别的政策关注。由于男女两性的自然性别差异，使得女性在面临困难的时候显得更为弱势。城市政府在提供公共服务特别是应急管理过程中，要充分考虑这种性别差异，要有性别意识地为进城务工女性群体提供必要的公共卫生和计划生育服务，保障她们的身心健康，切实满足她们的特殊需要。

① ［美］内尔·诺丁斯：《始于家庭：关怀与社会政策》，侯晶晶译，教育科学出版社2006年版，第11页。

第二，积极改革和完善社会保障制度。要采取有效措施，扩大城市社会保障覆盖范围，逐步将农业转移人口纳入医疗、养老、生育、工伤、失业等基本社会保险受益范围。特别值得注意的是，当前许多城市社会保障体系中针对女性农业转移人口的生育保险处于严重缺失状态，因此有必要将生育保险制度纳入优先改革序列。同时，由于农业转移人口在城市的工资收入整体偏低，在支付基本生活费用以及其他必要的消费开支之后，剩余可支配收入极少，很难承受高昂的社会保险费用。城市政府应尝试建立低标准进入制度并进行可行性研究，在此基础上开展试点，并根据试验效果加以完善，切实减轻农业转移人口的参保负担和压力。事实上，社会保障成本降低，一定程度上也有助于调动企业为农业转移人口购买工伤保险、生育保险、失业保险等基本社会保险的积极性与主动性。

第三，健全和完善其他公共服务，促进农业转移人口长远发展。在提供基本社会保障的基础上，应立足于农业转移人口的长远发展，为他们提供自我提升的机会和通道，包括技能培训、职业规划、住房支持等服务。首先，要建立开放的教育培训系统。城市政府应通过财政预算计划，为农业转移人口设立专项财政资金、开发专门性职业化培训项目，提高农业转移人口的人力资本和可行能力。其次，要优先解决具有紧迫性的现实问题。比如，住房问题。唯有“安居”，方能“乐业”。近年来，一些城市广泛存在的“临时夫妻”现象，充分说明了解决进城务工人员住房问题的紧迫性与实际意义。

特别值得注意的是，家有“女性”才能谓之家，家有“女性”方能“安居”。因此，要优先考虑农业转移人口中女性群体的长期性住房需求，既要考虑低成本住房供给，又要防止新型城市棚户区的出现。同时，要建立并完善面向农业转移人口的房屋租赁市场，特别是要在公共经济适用房、廉租房中配置一定比例用于农业转移人口，并建立健全管理制度，做到“专房专用”，使经济适用房和廉租房政策能够真正惠及进城务工农民群体。

最后，要建立一种公共服务供给的长效机制，既能有效维护当前农业转移存量人口（农民工）的合法利益，又能积极引导农业转移增量人口（潜在的进城农民）有序市民化。总之，要不断健全和完善城市公共服务，为农业转移人口长远发展保驾护航，增强他们在自我维权、自我增权中的可行能力，帮助他们摆脱共生弱势地位，实现与市民的共生发展与共同进化。

二 分类别有效实施个性化市民化策略

如前所述，农业转移人口与市民的共生指数呈现出明显的地域差异，中部地区农业转移人口与市民的共生指数要明显高于东部地区，并且中小城市和小城镇中农业转移人口与市民的共生指数要高于大城市。虽然大城市经济发展水平高，人口的吸纳能力较强，个人的发展空间和就业机会较大，但是受地理和城市承载力因素的限制，其人口容纳能力提升空间有限，“城市病”凸显出人口膨胀与资源紧缺之间的矛盾，因而大城市农业转移人口市民化的压力巨大。特别受资源配置、利益分配格局固化程度高的影响，大城市公共资源优化配置与基本公共服务改革的难度更大。相对而言，中小城市与小城镇的制度刚性较小，公共资源分配固化程度较低，很多中小城市和小城镇的承载能力并未达到超负荷状态，甚至在很多地方存在基础设施等公共资源浪费严重的现象，这些地方在推进农业转移人口市民化方面依然有较大空间。因此，根据大城市和中小城市（小城镇）各自的特点，实施差别化、个性化的市民化策略，就成为当前和今后一段时期我国农业转移人口市民化应遵循的基本策略和原则。

第一，鼓励区域性大城市实施具有个性化的市民化政策措施。有研究指出，到2030年，城市群地区将集聚中国城镇人口的60%以上，成为支撑中国经济持续快速发展的重要增长极和吸纳农业转移人口的主要载体。[①] 由此可见，城市群是当前人口城镇化的主体形态，也是吸纳进城务工人口的主要载体。区域性大城市也是实施个性化的市民化政策的重要场域，具有“标杆”的代表性意义。因此，要鼓励区域性大城市带头出

① 魏后凯：《城市让生活更美好，农村让城市更向往——2050年的中国城市化展望》，《探索与争鸣》2013年第11期。

台和实施有利于农业转移人口市民化转型的政策方案，鼓励和帮助农业转移人口在城市安家落户，用良好的家庭政策激发进城农民群体的创造性，为以家庭为单位的整体迁移奠定良好基础。具体措施包括：降低城市“准入门槛”，剥离户籍制度的社会福利功能，让在城市工作生活一定年限的非本地户籍农民工享受一定的福利待遇；降低进城务工人员子女进入公立学校就学成本；给予家庭整体迁移进城的农民工在城市购买经济适用房、租住廉租房的适度优先考虑权，等等。

第二，积极引导中小城市与小城镇做好农业转移人口市民化工作。随着我国产业结构转型的推进，高尖端科技产业、金融业和服务业将成为大城市重点发展产业，而传统的加工制造业、劳动密集型产业、低端服务业会逐步转移到周边的中小城市。这对于在大城市无法安家立业、彻底实现市民化的进城务工群体来讲将是一个非常好的发展机会。中小城市和小城镇应在进城务工群体自愿选择的基础上，充分发挥公共政策、发展规划与项目的导向和调节功能，推动本地及附近农业转移人口有序转移，实现就近市民化。在农业人口就近城镇化与市民化过程中，要充分重视本地产业、劳动力市场的结构特点。根据东部沿海地区的经验，在加工制造业、劳动密集型产业就业人口中，女性往往占据绝大多数。为此，中小城市和小城镇应未雨绸缪，为吸纳大量外来人口特别是女性劳动力做好充足的准备。既要借鉴大城市的发展经验，吸取大城市在进城务工人口市民化方面的教训，避免大城市人口膨胀、公共资源供求紧张、房价过高等不利于农村进城务工人口城镇融入的不良现象；又要在市政基础设施建设、劳动力市场培育、教育与培训投资、医疗卫生事业发展等方面，充分考虑未来劳动力的结构特点，为给大量潜在进城务工农民提供优质公共服务，推动他们顺利融入城镇、实现市民化转型奠定良好基础。

第四节 政策建议

一 创新城市管理方式，发挥政府主导作用

实现农业转移人口市民化转型，推进农业转移人口与市民的共生进

化进程，需要城市公共管理者以农业转移人口的共生愿望与现实需求为出发点，主动革新管理理念，积极创新管理方式。在这个过程中，政府的责任依旧是第一位的，唯有依靠政府公权力与公共资源才能从根本上消除当前进城务工人员管理过程中的诸多问题。各地城市政府要进一步树立城市管理的服务意识与理念，认真做好长远发展规划，积极调整现有的管理架构，根除城市公共管理中的“官本位”意识与“官僚”做派，积极转变工作作风。要积极开展调查研究，深入工地、棚户区、农民工社区，实地考察，了解和掌握进城务工群体的现实需要与诉求，了解城市管理与服务中的不足，并根据他们的所想、所需和所急，设计和安排公共产品和公共服务的供给。唯有如此，城市政府才能不断创新管理方式，为进城务工群体实现与市民的共生进化开拓一条平坦道路。

（一）加快管理方式的转变

当前城市政府针对进城务工人员的管理方式，是以管制为导向的管理方式，其政策意图是为外来务工群体设置门槛，限制外来人口进入城市并享受城市公共资源和公共服务。进城务工人员，尤其是相对弱势的进城务工女性群体，在个人需求被忽视的管理模式中，她们的市民化道路往往变得举步维艰。推进农业转移人口市民化，就必须从根本上改变现有城市管理的思维模式、政策理念和行为方式。

改革现行城市管理模式，首先要求城市管理者合理定位进城务工农民的地位与作用，在此基础上转变管理理念，将进城务工群体真正视为城市的建设者和贡献者，摒弃“资源占用”和“挤压空间”的传统观念与偏见。这种传统观念只看到了进城务工群体带来的若干问题——从某种程度上讲，这些问题正是政府管理缺位所致——忽视了进城务工群体对于城市建设与城市社会发展的重要性。其次，在推进农业转移人口市民化的系统工程中，政府应充分发挥主导作用，履行好领导、组织、协调与服务等职能，特别是要承担起公共服务的供给者或制度安排者角色，综合运用行政、市场、法律、社会等多种政策工具，依循社区治理与进城务工群体自治相结合的治理路径，尽可能地满足进城务工群体多元化需求。再次，在政策思路与政策设计方面，要变“堵”为“疏”，由设置层层障碍转向为进城务工群体提供多方位的进城安家服务。虽然“堵”

有其现实合理性，特别是对于大城市而言尤其如此，但是不符合公平正义原则，这种做法也是造成公共资源配置固化的重要原因。

最后，在城市管理日常工作中，要简化办事程序，提高服务质量。城市管理部门要切实用服务来促使进城务工农民人力资本发挥出最大效用，用服务来推动进城务工群体的市民化转型，并最终实现进城务工农民与市民的共同发展与共生进化，实现社会健康有序与和谐发展。

（二）制定科学合理的总体规划

随着我国城镇化水平的不断提高，农业转移人口进入城市已经是不可阻挡的趋势。城市公共管理者应从城市长远发展的角度去谋篇布局，用发展的眼光去看待进城农民群体的城市化、市民化，既要看到进城务工群体进入城市将为城市发展做出巨大贡献，也要注意到这一群体进入城市之后可能遭遇的诸多困难及由此产生的治理性困境。如何才能使进城务工群体安心为城市做贡献，并使他们将城市当作家园一样经营？从根本上讲，就是要想方设法实现好、维护好和发展好他们的利益。

在此情况下，有必要在科学测量城市环境承载能力的基础上，将公共服务供给能力、财政支撑能力、市政建设能力以及未来城市发展规划等因素进行综合权衡，做出包含指导原则、既定目标、总体布局、方案路线、协调机制以及政策框架等在内的推动进城务工群体市民化的总体部署与远景规划。以总体规划取代单一化、碎片化管理，并将农业转移人口市民化规划纳入城市建设发展总体规划之中，使城市的发展更具有包容性，能够有效地促进农业转移人口的市民化。

（三）创设职业化专门管理机构

创新管理方式的另一个重要任务就是要在管理机构设置上做出调整。当前针对进城务工群体的管理，大多数地区都采取成立流动人口管理办公室或性质相同的办公机构来进行管理，其主要责任是协助公安、计生、卫生等部门履行职责，没有独立的工作责任和机构序列。而管理进城农民群体的部门涉及多个机构或部门，每个机构或部门都只负责一个或几个方面，不能够对进城务工人员实施综合管理和提供全方位服务。这种分散化非整体性管理方式，一方面反应迟钝、效率低下，既不能及时对进城农民群体的需求做出回应，又增加了公共财政的负担。另一方面也增加了进城务工农民的成本。受制于工作时间、信息知晓度低等因素，进城务工人员办理子女入学、计生等事务的经济、时间成本都偏高。甚至有的进城务工人员在自身权益受到侵害的时候，也往往不知道该去哪里或找谁来解决。

另外，城市政府制定的农业转移人口市民化总体规划并不是只是“墙上挂挂”的摆设，它需要有专门机构负责贯彻实施才能落到实处。由此，建议设立综合性管理机构，诸如“农业转移人口市民化管理局”，根据城市管理法规和政策，履行进城务工人口管理和服务职能，切实改善进城务工人员的弱势地位，帮助和支持他们实现市民化转型。同时，鼓励该综合性管理机构开展农业转移人口市民化问题调查研究，及时研究进城务工群体在市民化过程中的新问题和新需求，为不断完善相关政策与措施提供决策参考。

二　依托社区平台，建构社会支持网络

由于我国东部沿海地区和中西部经济欠发达地区、同一地区不同城市的城镇化进程形色各异，进城务工群体的市民化程度参差不齐，他们的利益诉求和面临的生存与发展困境也不尽相同。忽视这种差异难免造成政府管理方式和手段的趋同化，致使政府制定的政策措施与解决方案趋于简单化、片面化，从而忽视不同经济发展状况、不同地区进城务工农民市民化的特殊利益诉求。因此，要切实有效解决进城务工群体彻底城镇化、市民化问题，就必须站在统筹发展的战略高度推陈出新，将社区作为治理当前进城务工群体城镇融入困境的基本手段。这样既可以从基础领域循序渐进的解决制约进城务工农民生存与发展的问题，又可以通过社区管理与社区服务，因地制宜地采取个性化政策措施与行动满足不同进城务工群体的多样化需求。

（一）社区——进城务工群体市民化的基本载体

社区作为社会系统的子细胞，是支持政府社会管理、促进社会良性运行的有效载体。构建以社区为依托的服务管理体系，就是将进城务工群体的城镇融入与市民化问题纳入社区这一基本的管理单位，借助社会多元主体的力量，缓解进城务工群体的生存与发展困境，改善其经济状

况与生活环境。而以社区为单位的养老与教育模式，可以帮助进城务工群体解决他们进入城镇的后顾之忧。以社区为依托，既是解决进城务工群体城镇融入与市民化难题的最有效途径，也是转变政府职能、增强公众民主意识的重要举措。在以社区为载体的多元治理格局中，治理主体由单一的政府扩展到多元主体共同参与，即除了政府以外，企业、妇联组织、非政府组织、公民与大众媒体等主体也是社区治理的重要力量。多元主体治理格局不仅能提高政府的管理效率，降低政府的治理成本，更能满足社区成员的多元化需求。

（二）政府——多元治理网络的搭建者与规则的制定者

政府作为公共治理的核心主体，一方面要实现政府角色由管理者向协调者、服务者转变，让渡部分社会服务职能给其他治理主体，并通过其他强制或者诱导性手段召集尽可能多的企业、社会组织和公民成为网络治理的成员，为推进进城务工群体市民化构建一个完善的社区治理网络。另一方面，政府要宏观把握社区在促进进城务工群体市民化过程中的地位与作用，加强社区治理规则的制度化建设。推进进城务工群体市民化进程，需要多元治理主体围绕解决进城务工群体就业、劳动保护、住房、子女教育、养老等问题齐头并进，形成合力；也需要政府宏观把握多元主体治理力量及其资源的合理配置，避免出现资源重叠、顾此失彼的现象。同时，政府要制定、完善相关的政策与法规，规范与监督多元治理主体的行为，促进治理目标的顺利实现。

（三）社会组织——进城务工群体市民化的重要支持者

社会组织是公民社会发展的基础，也是社区自治的基本力量。因此，进一步强化社会组织在治理农业转移人口市民化问题中的作用就显得尤为突出。以妇联组织为例，由于妇联是各界妇女争取自身独立和解放的群众组织，这一独特的优势使妇联组织更加了解进城务工女性群体的利益诉求，更有利于妇联采取有针对性的行动帮助她们改善生活与工作现状。同时，妇联作为妇女群体的特殊代表，既可以成为党政机关联系广大妇女群众的桥梁和纽带，推动关乎进城务工女性群体生存与发展的政策议题进入公共决策者的关注视野，又可以凭借自身拥有的组织资源获得主流媒体以及其他组织的支持，从而增强进城务工女性市民化议题的社会关注度。

因此，充分发挥妇联组织的功能与作用，对于缩小当前进城务工农民群体市民化指数存在的性别差异，促进进城务工女性群体的市民化具有十分重要的意义。当前，各级妇联组织可以在以下领域开展必要的工作：一是要组织力量开展进城务工群体（特别是女性群体）生存与发展状况调研，切实掌握第一手资料和数据，在此基础上形成调研报告、政策咨询报告，供决策部门参考。二是要加大对进城务工女性群体的支持力度。除了维权服务、技能培训等传统服务活动外，当前特别要将市民化培训、心理辅导、家庭教育辅导等纳入妇联组织的日常活动之中。

（四）企事业单位——进城务工群体市民化的助推器

企事业单位作为多元治理网络的重要主体，可以有效弥补政府公共服务职能的缺陷，为进城务工群体市民化提供必要的支持与扶助。进城务工群体市民化是一项复杂的系统工程，它不仅需要从进城务工农民个体入手，解决他们的生存和发展难题，还要从长远的家庭发展入手，通过一系列家庭政策和家庭行动来帮扶农业转移人口家庭在城镇中落稳脚跟。如此庞大的工程，自然需要投入大量的资金，以及必要的技术与知识支持。因此，推进进城农民工市民化，需要整合各个社会行动者具有的资源，同时协调多元主体的行动，在这个过程中，企业单位可以为之提供资金支持，而高等院校、科研机构等事业单位则可以利用自身优势，提供技术、智力支持。比如为进城农民开设学习班、职业培训、知识讲座、心理咨询、法律援助以及学前教育服务、政策咨询服务等等。总之，企事业单位可以弥补政府财政资金不足，并利用自身的组织优势开展个性化、多元化服务。更重要的是，企事业单位在提供上述服务时，其行动效率和质量要远远高于政府部门。

（五）社区公民——进城务工群体的坚实支持者

这里所指的社区公民既包括社区中的城镇居民，也包括社区中的农业转移人口。首先，城镇居民是消除进城务工群体市民化过程中的文化排斥与社会距离的关键群体。城镇居民对进城务工群体的排斥情绪主要源于两个方面：一是难以接受进城务工群体所持有的具有乡村特色的生活方式、消费观念和价值观念。同时，独自居住的进城务工农民生活中的琐事很容易被讹传为生活作风问题，进而强化了社区居民对进城农民的“污名化”、“标签化”刻板印象及其厌恶情绪。二是普遍认为大量进城务工人员涌入城镇，挤占了他们的公共资源，使本就紧张的公共服务变得更加雪上加霜。比如交通设施资源被挤占，致使交通更为拥堵，自然导致他们出行更为困难。总之，以社区为依托的行动支持体系致力于通过建立参与式的互助组与帮扶队，消除城镇居民的排斥情绪，增进城镇居民对进城务工群体的理解与宽容。更为重要的是，以社区为依托的行动支持体系更致力于提升进城务工群体的自我发展能力。进城务工群体的自我提升与发展是促使其市民化的重要源泉。通过参与社区公共生活，进城农民可以提升自身参与社区管理、社区公共生活的技能技巧与素质；通过参与社区公共生活，进城农民也可以增加与城市居民的沟通与联系，缩小与城市居民的社会距离，并获得城市居民的认可与支持；通过参与社区公共生活，还有助于进城农民培养起城市生活观念与行为方式。

三　消除户籍制度障碍，实现人本化管理

长期以来，国家用户籍制度将市民和农民严格控制在两个不同的社会范畴内，市民、农民成为具有极大差别、等级分明、利益获得迥异的社会集团①。尽管户籍制度在维护社会稳定和促进经济发展方面发挥了巨大的历史作用，但是在市场经济体制已经确立的今天，户籍制度造成的城乡二元分割所产生的负面影响也是显而易见的。对于进城务工人员而言，其直接结果是降低了他们的预期收入和实际收入，增加了他们市民化的成本，弱化了他们实现与市民共生的能力，降低了他们对城市的认同感。一言以蔽之，二元户籍制度造就了不利于进城农民实现市民化转型的经济社会与制度环境。由于户籍制度所形成的户籍身份与地位、资源、利益绑定，致使进城务工群体纵然进入城市工作、生活，仍然被标签化为农村居民，不能享受包括基本公共服务在内的各种社会福利。

因此，只要户籍制度所编制的藩篱未被打破，进城务工群体的市民

① 邹农俭：《中国农村城市化研究》，广西人民出版社 1998 年版，第 261 页。

化就难以实现。同时，受制于户籍制度，城市对于进城务工群体的管理与其说是对人员的管理，倒不如说是对身份的管理。在身份化的城市管理模式中，进城务工人员由于“农民”或“外来人口”身份而无法获得必要的公共资源与公共服务，其市民化诉求也得不到公共政策的有效回应和保障。所以，解除户籍与公共福利的绑定，剥离户籍制度的福利分配功能①，恢复其本身的管理功能，实现人本化城市管理，就成为促进进城农民与市民共生进化的必要举措。

（一）解除户籍与利益配置的绑定关系

从户籍制度的原初功能来看，户籍的作用只限于身份识别、户口登记和管理，但在我国自新中国建立以来长期的计划经济体制背景下，户籍制度成为政府执行城乡地区差别政策、避免城乡人口流动的有力工具，而其身份等级认同与社会福利分配功能也被不断强化。户籍制度与权利挂钩，经济发展成果的分享按照户籍实施不平等分配，催生了改革开放后农村户籍居民对于城市户籍的向往，同时也成为进城务工人员融入城市的主要障碍之一。户籍制度的改革并非可望而不可即，改革的方向是要消除户籍制度造成的这种权利捆绑，是破除城乡之间以及城市户籍居民与农村户籍居民之间的制度隔离，改革的方法并非一定要消除现行的城市和农村的身份制度，其改革的着力点应该在于剥离利益与户籍的捆绑，使户籍制度实现管理功能的回归。为此，城市政府有必要梳理现行法律法规与政策，撤销将户籍与利益捆绑的不合理条款，制定出台过渡性法律和政策措施，让户籍制度不再是进城务工群体市民化的绊脚石。

（二）调整户籍转换的总体思路，降低“城市门槛”

以样本调研地中的广州和武汉为例，两城市在户籍转换办法上虽然各有侧重，但其根本的指导思想是吸纳人力资本和经济资本较高的外来人口加入本地户籍，从而忽视了进城务工群体中大部分人力资本和经济资本较少者的客观需求。具体来看，广州市采取的是积分制（85 分为准申请线），即进城务工人员户籍由农村户籍转换为广州市户籍就必须达到

① 简新华：《中国工业化和城市化过程中的农民工问题研究》，人民出版社 2008 年版，第 150 页。

相应的积分，而积分的计算是省统一指标和各市自定指标两部分构成。省统一指标包括个人素质、参保情况、社会贡献及减分指标；各市的自定指标包括就业、居住、投资纳税等情况，具体指标和分值可根据当地产业发展和人才引进政策设定。原则上进城农民积满 60 分可申请入户，具体入户分值由各地级以上市人民政府根据当年入户计划和农民工积分排名情况确定。官方数据表明，截至 2013 年 8 月，仅有 6000 名进城务工人员转为广州户籍，而 2013 年成功转为广州户籍的人员中，最低积分为 139 分。

武汉市作为进城务工人口较多的城市，其户籍转换的主要政策措施是自购商品房。武汉市在关于外来人口落户城市中心区的相关文件中规定“凡户籍不在武汉市中心城区，具备合法身份证明的中国公民，在我市中心城区购买住房面积在 100 平方米（含 100 平方米）和总价超过 50 万元（含 50 万元），可在住房地申办武汉市非农业户口。”① 不难看出，进城务工群体面对积分制和投资购房政策会心有余而力不足。从全国来看，城市户籍转换制度的准入条件可以分为两种类型，一类是以投资吸引为主，一类是以人才引入为主。这两种制度的可能结果是将绝大部分进城务工人员尤其是相对弱势的女性群体排斥在外，本质上是又在进城农民群体中区分高低贵贱，如果不及时调整政策思路，有可能在农民工这个“第三元”结构之中，再产生一个“第四元”结构。

故此，有必要重新调整大都市的户籍转换政策思维和理念，在户籍转换制度、准入政策及其指标体系设计过程中不应再人为增设歧视性障碍，要切实考虑人数较多的普通群体的诉求与利益，降低进城务工群体市民化门槛。我们认为，尝试从支持“家庭”或者“女性”的角度出发，也许更符合农业转移人口市民化的统筹规划要求。至于大多数中小城市，则应该完全取消户籍制，实行统一的居民证制。当然，不论是大城市，还是中小城镇，都应避免使农业转移人口市民化表面化：只给身份，不给权利。

① 参见：《武汉市购买住房申办武汉市常住户口实施细则》武公通字，http：//www.whga.gov.cn/pawh/New.jsp？id＝1201210231142196471［2009］1 号。

四　强化性别意识，增强政策敏感度

根据 1997 年联合国经社理事会对社会性别主流化内涵的阐释，社会性别主流化是指“把性别问题纳入主流是一个过程，它对任何领域各个层面上的任何一个计划行动，包括立法、政策或项目计划对妇女和男人产生的影响进行分析。它是一个战略，把妇女和男人的关注、经历作为在政治、经济和社会各领域中设计、执行、跟踪、评估政策和项目计划的不可分割的一部分来考虑，以使妇女和男人能平等受益，不平等不再延续下去。它的最终目的是达到社会性别平等。”①

公共政策作为政府对社会公共利益与公共资源做出的一种权威性分配，是协调社会成员之间合理的资源配置，增强社会成员可行能力，帮助他们成长与发展的最有效工具与保障。社会性别意识主流化，最关键的是要将社会性别意识纳入政策与规划的主流。对于农业转移人口市民化而言，社会性别意识主流化，就是要将社会性别意识纳入市民化政策与发展规划。正如前文所述，农业转移人口市民化指数存在着明显的性别差异，性别中立的市民化政策无疑不利于改善进城务工女性群体的共生弱势地位。鉴于这种差异，有必要通过去性别中立化的政策关照，将进城务工女性群体的特殊需求纳入政府的政策议程与行动视野，并且通过增强妇女在政策中的话语权、性别预算计划等措施，切实发挥进城务工女性群体的主体地位，改善她们的共生条件与环境。

（一）增强进城务工女性群体的决策参与和影响力

公共政策源于利益关系的发展，其实质是以政府为代表的公共权力对社会资源和社会利益进行配置的手段。② 公共政策是优化资源配置、平衡利益分配的有力杠杆。进城务工女性群体市民化指数比男性低，归根结底，是受不均衡的资源与利益配置影响。要彻底解决进城务工女性群体城镇融入难题，推进其市民化进程，就必须从实现进城务工女性与男性共生、与市民共生的高度，重新审视现有政策，清理政策中的性别歧

① 李小云主编：《普通发展学》，社会科学文献出版社 2005 年版，第 271 页。

② 宁国良：《公共利益的权威性分配：公共政策过程研究》，湖南人民出版社 2005 年版，第 38 页。

视条款，在制定与调整政策过程中，充分考虑女性群体的特殊需要与利益诉求。要将社会性别意识纳入市民化政策、规划与发展项目的主流，提升政策与规划的性别敏感度，最直接也最有效的措施就是要保证进城务工女性群体在公共决策中的话语权及其决策影响力。

城市公共决策机构与决策者，在制定、调整相关农民市民化政策过程中，应吸纳一定数量和比例的进城务工女性代表。作为女性群体利益的代表，因为她们最了解进城务工女性自身的现实诉求，她们更能站在女性群体的立场上思考政策问题。总体而言，不同性别的决策者对待农民市民化问题时会呈现出不同的思维模式与关注点。男性决策者更倾向于从提高进城务工群体经济收入、提高进城务工群体就业机会、加强进城务工群体的职业保护等方面解决。相反，女性决策者则更容易从群体的传统角色地位、群体的特殊需要等立场出发，除此之外，她们会更多地考虑来自家庭因素的影响与羁绊。因此，吸纳一定数量与比例的进城务工女性群体参与决策，既能保障女性群体切身利益，也能使政策更具合理性、实效性。

综合考察我国目前的决策体制，女性决策者所占的比例依然较低，还远远没有达到联合国所倡导的30%的女性代表比例。从影响力来看，进入决策层的女性依然处于核心决策圈的绝对边缘地位。女性决策者在数量上的不足以及非核心的决策性别结构使得女性代表势单力薄、人微言轻，在决策体制中处于“失语”状态或话语权不足，导致女性决策者无法替广大妇女争取应有的权益。

因此，要提高市民化政策的性别敏感度，就必须扩大进城务工女性的决策参与，保障其决策话语权与影响力，让女性决策者能真正代表进城务工女性群体向核心决策层进言献策。进城务工女性决策参与比例及其影响力的提高，有助于促使进城务工女性群体市民化难题引起社会的广泛关注，有助于推动政府制定更能体现进城务工女性群体诉求的市民化政策，最终切实保障农民市民化过程中女性群体的切身利益，改善进城务工女性群体市民化过程中的双重不利地位，改善进城务工女性群体与男性群体、市民共生的环境。

（二）进一步做好社会性别统计工作

社会性别统计是指通过指标和变量所进行的描述、分析和测评不仅要在国家统计体系中的现有指标和变量里反映，即可“看得见”的女人和男人社会参与的差距，还要展示没有计入国家统计体系但反映女人和男人差异的生活范围，如家庭和民间、社区活动。① 中国的社会性别统计产生于20世纪80年代末，在随后的几十年里，中国的社会性别统计有了缓慢的发展，但由于缺乏对社会性别的关注，目前我国的社会性别统计仍未正式纳入国家的统计法律制度之内。在新型城镇化建设与农业现代化建设快速推进的今天，只有建立和完善科学详尽的社会性别统计制度，充分掌握农业转移人口以及城镇地区常住人口的分性别统计资料，才能客观地评估进城务工女性群体的生存和发展状况，从而深入分析影响进城务工女性市民化及其与男性群体、市民之间共生进化的制约因素，并为政府出台有关进城务工女性市民化的政策措施提供科学的依据。

需要指出的是，有利于推进进城务工女性群体市民化的社会性别统计制度需要在国家统计部门确立并完善社会性别统计指标体系的基础上，联合教育、卫生、公安、民政、组织、劳动等相关职能部门，实施针对进城务工女性在经济收入、住房状况、劳动保护、生育保障、子女教育、养老保障、家庭分工等方面的分性别数据采集与统计，并通过对数据的整理、汇总与分析，建立全面完备的社会性别数据库，为解决进城务工女性群体市民化问题提供科学的数据参考。

（三）建立专项社会性别预算计划

社会性别预算是指在社会性别主流化过程中，通过分析公共预算对男女两性的不同影响，对公共预算做出具有社会性别敏感的回应，推动公共部门以更趋公平的方式分配资源，从而使公共预算满足不同群体的不同需求，促进社会性别平等的一种手段和途径。② 社会性别预算作为公共政策有效执行的先行兵，是提高资源配置效率，促进性别平等的重要保障。将社会性别预算纳入农业转移人口市民化的行动中，其核心目标

① 陈澜燕：《性别统计与中国的和谐发展》，天津人民出版社2011年版，第22页。

② 张再生：《社会性别与公共管理》，天津大学出版社2011年版，第48页。

在于提高各级政府对进城务工女性群体市民化问题重要性的认识，增强人们的社会性别平等意识与理念；明确政府在推进进城务工女性群体市民化进程中的主体责任，影响政府决策与行动以实现政府的政治承诺；为进城务工女性群体争取更多的发展项目资金预算，为消除进城务工群体市民化过程中的性别差距提供坚实的物质保障。实施用于增进进城务工女性群体市民化的社会性别预算计划应关注以下行动策略。

首先，要做好有关社会性别预算支出项目与支出力度的实地调研，并在全社会做好社会性别预算的价值宣传。对进城务工女性群体获得和享受公共资源与公共服务的现实情况进行调研，掌握相关政策对她们市民化进程的实际影响，有利于财政支出有的放矢。同时，促进进城务工女性群体市民化的社会性别预算在全国范围内的实施与开展，有赖于社会成员尤其是各级人大与政府的认同与支持。因此，必须在全国范围内对社会性别预算的价值与意义进行宣传，并通过对人大代表与政府职能部门工作人员的专项培训，提高他们对社会性别预算重要性与必要性的认识。

其次，推进具有社会性别意识的参与式预算。社会性别预算作为反映进城务工女性群体利益诉求，推动进城务工女性群体市民化进程的重要政策工具，仅靠少数有限的公民参与是不够的。为充分反映进城务工女性群体的实际困难和特殊需要，在保障一定比例的男性公民参与的基础上，还要确保一定比例的女性公民尤其是进城务工女性代表的参与。通过直接利益相关者的参与，有助于制定能够真正体现进城务工女性群体生存与发展需要、推进进城务工女性群体市民化进程的预算计划。

最后，要将社会性别意识纳入社会性别预算过程始终。预算的制定与实施是一个复杂的系统工程，它不仅涉及国家多个职能部门的行动，也需要专业的预算实施技术与工具。因此，必须时刻考虑到进城务工女性群体的特殊利益与需要，将社会性别意识作为预算编制、审批、执行、审核和评估阶段的基本准则，以免社会性别预算在繁杂的操作过程中又演变成性别中立的预算。

五 完善家庭政策，提升家庭发展能力

家庭发展能力不足，是社会转型期我国家庭面临的普遍性问题，农村家庭尤其如此。因而，通过政策与发展项目承担必要的社会保障与社会福利责任，为家庭提供帮助与支持，促进家庭能力发展并最终为提升国家竞争力提供支撑，就成为国家和政府回应家庭发展能力不足的基本做法。要提升家庭发展能力，唯有政府对家庭进行投资。这是发展型家庭政策最具理论创新的观点，也是现代西方发达国家社会政策改革的实践取向。西方发达国家社会政策实践领域发生的变革，对我国的社会政策转型及社会建设实践具有重要的借鉴意义。我国是人力资源大国，政府制定完善的发展型家庭政策投资于家庭，积蓄雄厚的人力资本，开发丰富的劳动力资源，具有深厚的现实基础。同时，政府投资于家庭，还十分符合将我国由人力资源大国转变成人力资源强国的既定战略。此外，政府投资于家庭，促进家庭能力发展，对于促进农业转移人口市民化更是具有十分重要的政策意义。

（一）以教育和就业为中心，投资家庭人力资本建设

当前，我国改革开放已进入关键时期，经济社会协调发展的改革思路已经确立，社会主义和谐社会建设、公民社会建设等议题已提上政府政策议程。在推动社会政策转型过程中，政府有必要进一步转变社会保障与社会福利是单纯财政支出的传统观念，将社会政策及其社会建设目标作为生产力要素对待。在政策设计上，注重投资于家庭、投资于社会。政府投资于家庭，其根本的途径就是要注重人力资本投资，鼓励人们进入劳动力市场，重视对潜在劳动力资源的培育。在具体政策措施方面，首先要确保教育投入，优先保障教育事业的发展，同时加大对现有劳动力的知识、技能培训力度。其次要完善就业制度体系，重视支持劳动年龄人口进入劳动力市场，使他们成为生产性经济活动的活跃成员，成为国家经济发展的力量源泉。

正如前文所指出的那样，农业转移人口市民化进程受到了来自家庭的掣肘，从家庭在市民化进程中的地位来看，解决农业转移人口市民化问题就是一个如何解决他们的家庭发展能力不足的问题，也即家庭共生

问题。因此，政府投资于家庭，就是要投资于农村进城务工人口及其家庭。首先，要切实解决进城务工群体子女的教育问题，包括随迁子女在城镇入学难、各种收费高等问题。其次，要切实做好进城务工群体的继续教育和技能培训工作。具体政策措施主要包括：一是要加大财政投资力度，同时充分吸纳民间资本，鼓励社会组织、社会团体与社区投资于农村进城务工家庭。二是要广泛动员高校、职业院校、培训机构加入农业转移人口培训市场，为进城务工群体提供免费或收费低廉的培训服务。三是要以满足需求为导向，灵活选择方式方法。由于进城务工群体学历层次、知识结构与所从事的行业和工作均存在一定差异，因此要根据他们的培训需求确定相应的培训内容。培训时间、地点与方式的选择也要具有灵活性，可以在进城务工群体集中居住的社区及附近举办培训班，采取上门服务，在进城农民密集的工厂、社区开展知识和技能讲座等等。

（二）以支持为导向，兼顾预防和应急治理

从人力资本角度看，教育和培训是最重要的人力资本投资方式，也是投资于家庭的基本策略。值得注意的是，投资于教育和培训只是发展型家庭政策的“发展”或者“投资”理念之一，并非全部。除了教育和培训，还有养老、医疗、住房等方方面面的问题都需要政府积极投资。“投资”理念的关键意义在于，注重长远的战略眼光，而不是短期的收益与回报，更不是对家庭问题的“急救式”治理，而是通过长期的“投资”，提升家庭自我发展能力。此外，投资于进城务工人员家庭与投资于农村家庭（其中很多是潜在的农业转移人口家庭）并不矛盾，它们是政府投资农村家庭行为的两个方面或者两个阶段。无论是新型城镇化，还是农业现代化或农业转移人口市民化，都不是一个暂时的现象，而发展型家庭政策的“发展”的内涵，除了“投资”之外，还注重投资“未来”。因此，投资于进城务工群体家庭只是这个过程的一个方面，而投资于若干潜在的农业转移人口家庭则是投资未来的重要体现。为此，政府完善以投资为导向的家庭政策体系，就是要用“投资未来”的战略视野，以投资人力资本为重点，以教育与培训、就业制度为主轴，完善进城务工人员子女入学制度、就业创业制度、劳动工资制度、劳动保护制度等一系列制度，建立起帮助、支持家庭能力发展的政策体系。

发展型家庭政策注重对家庭成长与发展能力的投资，注重社会风险的事前预防，这并非是说发展型家庭政策不考虑对家庭问题的应急性补救。家庭的私人—公共性质的界限是一个相对的问题①，家庭问题与社会问题并没有严格的界限，二者紧密联系又相互依赖。社会问题大多数涉及家庭，是众多家庭普遍关注或面临的问题，比如养老、赡养父母。同样，当众多家庭都面临着无法由自身独立解决的问题时，也就意味着家庭问题不再是私人问题，而是整个社会面临的共同问题，即政策问题。

新中国成立以来，我国颁布了一系列法律法规和政策，有力地解决了由传统婚姻家庭制度带来的若干社会性问题。不过，由于法律执行不彻底、人们的法治意识淡薄、封建残余思想等因素影响，一些传统家庭问题并没有得到根治，甚至仍有进一步恶化的趋势，比如针对老年妇女的暴力问题。改革开放以后，由于社会压力和风险加大，我国家庭又面临着许多新问题。而在由农业就业转变为非农就业的乡城流动中产生的许多问题，比如农村老年人老无所依问题、农村老年人自杀问题、留守儿童问题、进城妇女遭受性骚扰或性暴力问题，这些都严重破坏了家庭关系，增加了进城务工人员市民化转型的家庭成本，引发了社会的广泛关注，为政府介入治理提出了强烈诉求。

第五节　本章小结

当前，国家加大了推进农业转移人口市民化的政策支持，仔细分析相关政策话语，不难看出，农业转移人口市民化问题更多地仅仅作为一种手段纳入政策规划，其促进农业转移人口发展的目的依然不够突出。比如，在党的十八大报告中，“城镇化”、“农业转移人口市民化”只是“推进经济结构战略性调整”、“扩大内需”的子目标。特别值得一提的是，一些专家学者对政策文本的解读及其认识定位存在明显的误区，在他们眼中，推进农业转移人口市民化只不过是推进经济结构战略调整、扩大内需的手段。笔者认为，有必要把共生作为推进农业转移人口市民

① 张秀兰、徐月宾：《建构中国的发展型家庭政策》，《中国社会科学》2003年第6期。

化的一种理念，一种价值导向。唯有人们特别是城市决策者、管理者真正把解决进城务工群体市民化问题置于共生的高度，才能真正触动极其固化的资源配置结构与利益分配结构，从而做出实质性改革，采取实质性行动措施。

当然，以共生为价值观指导农业转移人口市民化工作，也是一项极其复杂的工程。因此，首先，要理顺各种共生关系，从各种共生关系对农业转移人口与市民共生进化的影响中寻找策略和突破口，并且在治理农业转移人口市民化问题时，充分注意各个层次的共生体及其可能面临的问题。其次，在各种共生关系中，家庭是最基本的共生体，没有农业转移存量人口（农民工）整个家庭的市民化，很难彻底解决实质性的市民化问题，也难以满足未来几亿农业转移增量人口市民化的需求。虽然解决了家庭整体迁移问题未必就能解决市民化问题，但若不能解决好家庭问题，市民化问题就一定不能彻底解决好。再次，社区在农业转移人口市民化中的地位仅次于家庭，社区是家庭的基本依托。因此，要努力为农业转移人口市民化搭建好社区平台。最后，在治理农业转移人口市民化问题时，应充分注意地区、城市以及性别差异，并在采取分层分类的个性化措施基础上，将社会性别意识纳入市民化政策措施与发展规划。相应地，在推进农业转移人口市民化政策措施方面，要加大户籍改革力度并努力实现户籍与社会福利配置脱钩，实现人本化管理；改善城市管理方式，推进以服务为导向和宗旨的城市公共管理；完善以投资为导向的家庭政策，提升家庭发展能力，为农村家庭市民化奠定基础。

结 语

共生的理想与智慧：研究结论与展望

有序推进农业转移人口市民化是党和政府的既定方针政策，也是以改善和保障民生为重点的社会建设的中心任务与使命。故此，深化农业转移人口市民化问题研究，既是贯彻党的方针政策的内在要求，也是理论服务实践的重要体现。另一方面，社会治理体制创新与社会治理能力现代化是国家治理体系与治理能力现代化的关键领域，农业转移人口市民化问题治理过程及其结果，无疑是社会治理体系与治理能力现代化的重要体现。故此，深化农业转移人口市民化问题研究，是社会治理体制与治理能力现代化研究的重要组成部分。从社会共生的理论视角看，农业转移人口市民化问题就是一个农业转移人口与市民共生进化的问题，因此，推进农业转移人口市民化就是促进农业转移人口与市民的共生进化。

正是基于这种认识，本书运用社会共生的理论话语、分析框架探究农业转移人口市民化问题。通过对国家农民工政策以及农业转移人口与市民的共生研究，可以得出几个基本结论：第一，国家农民工政策的变迁整体上越来越有利于农业转移人口的发展，但实现农业转移人口与市民的共生进化仍是今后政策变革的努力方向。第二，尽管改革开放以来农业转移人口与市民的共生关系不断改善，但现阶段农业转移人口与市民尚处于非对称性互惠共生阶段。第三，相比市民而言，作为共生单元的农业转移人口自身基本条件不足，作为共生界面的家庭、社区与社会的割裂，共同导致了农业转移人口的共生弱势地位，致使农业转移人口与市民处于非对称性互惠共生状态，同时也制约了农业转移人口与市民的共同发展与共生进化。第四，要改善农业转移人口的共生弱势地位，推动农业转移人口与市民之间的共生关系走向对称性互惠共生，首先需要在全社会树立共生理念，并将共生理念纳入农业转移人口市民化政策过程。其次要围绕家庭这一关键性共生界面，采取有效措施，推动相关变革进程，包括创新城市管理方式；构建以社区为依托的社会支持网络；消除制度障碍，实施人本化管理；完善投资型家庭政策等等。

毋庸讳言，农业转移人口市民化是一个长期的过程，也是一项十分复杂的系统工程。尽管推进农业转移人口市民化已成为党的最高决策并在全社会达成共识，但农业转移人口市民化进程及其政策目标的实现势必充满艰辛与挫折。从共生的角度来看，实现农业转移人口与市民的对称性互惠共生，既是解决农业转移人口生存与发展系列重大民生问题的现实诉求，也是实现农业转移人口与市民共同发展、共生进化的崇高理想。不论是作为一种现实诉求，还是作为一种理想，都需要极大的政治勇气与改革智慧。唯有坚定决心实施改革、下大力气推动制度创新与变革，农业转移人口与市民之间从非对称性互惠共生到对称性互惠共生的共生相变过程才有望实现。一句话，农业转移人口与市民的共生进化是一种理想，但又不仅仅是理想，因为它并非“乌托邦”式的遥不可及。事实上，在党的坚强领导下，经过社会各界若干年的积极努力，农业转移人口市民化已具备了坚实基础。问题的关键是，如何进一步动员中华儿女积极参与、充分发挥中华民族的高超智慧，促成理想的早日实现。

一　农业转移人口与市民共生进化的理想与政策目标

理想，与其说是人们对未来美好愿景的设想与预期，不如说是现实状况与未来愿景之间的差距。农业转移人口与市民共生进化的理想何尝不是如此？千百年来，农民就一直处于整个社会阶层金字塔结构中的最底层，在社会中处于从属地位，特别是在私有制社会，农民一直是剥削阶级压迫、奴役的对象。马克思主义思想家认为，经济基础决定上层建筑，归根结底，生产资料私有制经济关系是导致阶级压迫、剥削的根源。在我国，党领导全国人民进行了艰苦卓著的新民主主义革命，彻底推翻了帝国主义、封建主义和官僚资本主义的统治，消灭了压迫阶级，砸碎了维护剥削阶级利益的政治制度与国家机器，结束了中国半殖民地半封建社会的历史。在此基础上，党领导人民顺利完成了社会主义改造，彻底摧毁了生产资料私有制，建立了社会主义制度。社会主义制度的确立，标志着我国长达数千年的阶级剥削制度的终结，标志着中国社会进入了一个崭新的时代——社会主义基本制度的确立，不仅意味着我国社会经济制度与政治制度的革命性变革，也意味着社会阶级关系的根本性变化，为当代中国社会的发展进步奠定了制度基础。包括农民在内的广大劳动人民从此摆脱了被剥削被奴役的地位，成为国家和社会的主人。改革开放以来，党和政府高度重视“三农”问题，农民、农业与农村再次发生了翻天覆地的巨大变化，农民生活水平不断提高，农村发展日新月异。

尽管如此，“三农”问题依然是国家经济社会现代化进程中难以突破的瓶颈。由于国家体制机制不健全等众多原因，农业产业的弱质性依然十分突出，农村现代化转型依然面临众多难题，农民不仅面临生存与发展困境，而且边缘化、从属性社会地位也没有得到彻底改善。从某种程度上说，这正是数以亿计的农民工城乡流动的内在驱动力，也正是催生农业转移人口市民化时代命题的重要根源。进城务工农民为城市经济社会的发展做出了巨大的贡献，但是他们并没有平等分享到现代化的成果：他们与市民一样同为国民，却没有享受到该享受的基本权利和福利待遇；他们为城市的高楼大厦付出了辛劳与汗水，但大多数只能蜗居建筑工棚；他们的子女还不能和市民子女一样正常地在城市接受教育，他们依然缺乏接受技能培训的机会；他们也不能像市民一样享受城市基本公共服务，时常为工伤、养老、失业等问题所困扰……对于绝大多数进城务工农民而言，“学有所教、劳有所得、病有所医、老有所养、住有所居”与幸福美好的城市生活仅仅是一种美好的愿望与憧憬。

党和政府实现“城镇基本公共服务常住人口全覆盖”的政策目标也充分表明，城镇基本公共服务的供给在常住人口之间存在选择性、差别化，要消除这种选择性与差别化，实现城镇基本公共服务常住人口全覆盖，又何尝不是党和政府乃至全社会为之奋斗的“理想”？当进城务工农民能够和市民一样平等享受这些权利和福利待遇的时候，也就意味着他们与市民对称性互惠共生理想的实现。

“理想”既言明了现实差距，也指明了奋斗目标。从共生的视角出发，推进农业转移人口与市民共生进化，建立二者之间的对称性互惠共生关系，无疑是农业转移人口市民化政策的总目标。这个目标具有内容的综合性、实施历程的长期性、牵涉面的广泛性与层次性等复合特征，因此，为了确保党的政策目标的实现，有必要对政策目标进行分解，并制定详细规划与实施方案，明确具体进程。从政策目标周期角度，可以将政策总目标划分为近期、中期与长期目标。具体而言，农业转移人口市民化政策的近期目标是用1—3年的时间，在全国彻底取消户籍制度，建立起统一的居民身份登记制度，打破户籍身份的藩篱，并最终消除户籍的身份区分与福利绑定功能，实现户籍与权利、福利待遇、基本公共服务脱钩。中期目标是用5年左右的时间集中治理群众反映强烈、与进城务工农民工作生活密切相关的居住、教育、医疗与社会保障等问题，从根本上改善进城务工农民的生存环境。远期目标是用8—10年时间建立起城镇基本公共服务平等分享机制，彻底改善进城务工农民的共生弱势地位，基本实现进城务工农民与市民身份地位平等化。此外，还应从市民化的内容与层次、市民化的对象等多个角度细化政策目标。总之，党中央推进农业转移人口市民化方针政策的贯彻实施，要求进一步明确、分解、细化政策目标。

二 农业转移人口与市民共生进化的智慧与变革措施

“理想犹如天上的星星，我们犹如水手，虽不能到达天上，但是我们的航程可凭它指引（［美］舒尔茨）”。“现实是此岸，理想是彼岸。中间隔着湍急的河流，行动则是架在川上的桥梁（克雷洛夫）”。理想为我们指明了前进的方向，理想的实现需要付诸行动，而行动需要智慧。怎样才能推进农业转移人口市民化，实现农业转移人口与市民的共生进化？说到底，推进农业转移人口市民化或者实现农业转移人口与市民共生进化的最大障碍在于固化的利益格局。相对于农村而言，城市占有的资源自然要丰富得多，作为利益最大化的理性经济人，城市居民并不乐意看到公共资源被进城务工农民“挤占”。因此，要推进农业转移人口市民化，破除固化的利益格局具有决定性意义。

突破现行固化的利益格局，无疑需要巨大的变革勇气，也需要极大的改革智慧。在这个过程中，动员社会组织、企事业单位、公民积极参与，整合各个社会行动者所拥有的资源以减轻政府公共支付成本的压力显然是必要的。当然，强调农业转移人口市民化问题的多元主体治理格局并不排斥政府的主导地位和作用。事实上，政府的主导作用是不可替代的，它不仅是各个治理主体的联络者、协调员，也是整个治理格局的组织者、领导者与监督员，还是治理制度与规则的制定者、制度变革与创新的发起人与引导者。

如何才能突破固化的利益格局？调整现有利益格局的阻力主要来自于两方面，一是既得利益者的主观排斥，二是决定资源配置与利益分配方式的制度。因此，在全社会大力倡导公民权思想、平等意识、共生理念是十分必要的，消减人们在思想观念上的排斥与抵触情绪无疑有助于推动变革进程。当然，利益最大化的理性经济人特征是人性的劣根性之一，仅仅依靠人们道德的良善是远远不够的。追溯不平等的资源配置与利益分配格局的形成过程不难发现，从某种程度上说，城乡二元户籍制度是固化的利益格局的始作俑者，教育制度、就业制度、医疗卫生制度、住房制度、社会保障制度等众多户籍制度的姻亲则是固化的利益格局的帮凶，它们共同主导着国家公共资源配置方式并产生了不平等的利益分配结果，而制度的“锁定与路径依赖”特性，则是不平等的利益格局得以维系并固化的重要原因之一。

新制度经济学关于制度变迁的理论认为，“路径依赖”类似于物理学中的“惯性”，制度变迁一旦进入某一路径（无论是好的还是坏的）就可能对这种路径产生依赖。① 依据制度所依赖的路径方向，可将路径依赖分为良性路径依赖与恶性路径依赖。路径依赖使得制度变迁方向一旦确定，便会通过自我强化、自我维系机制使制度在不断发展中得到自我强化。从新中国建立初期的国际国内环境与国家发展战略来看，户籍制度的确立及一系列相关制度的发展无疑产生了深远的历史意义。但是随着我国

① 卢现详：《新制度经济学》，武汉大学出版社2004年版，第168页。

经济社会的发展进步，以户籍制度为主的城乡二元制度体系在形式上早已从良性路径依赖进入恶性路径依赖，在绩效上早已处于无效率或低效率状态，因此，有必要打破相关制度的“锁定”状态，推动制度的创新与变革。

正如制度是不平等的利益格局得以形成且不断固化的根本原因一样，要突破既得利益格局仍然需要回到问题最初的起点——那就是积极推动制度变革与创新，废除城乡二元户籍制度及其附属的福利分配制度，重新运用制度的力量建立起公平、公正、平等的利益分配格局。从制度变迁的角度看，就是要使制度变迁重新回归良性路径依赖，促使制度沿着既定的路径，进入良性循环的轨道，并迅速得到优化。事实上，在党的领导下，户籍制度及其附属的福利分配制度变迁已提上日程，制度变迁已选择了正确路径。可以预期，农业转移人口市民化进程完全可以顺利走上预定轨道。当然，制度的变迁是一个渐进的过程，我们必须为这个过程的长期性、曲折性做好充分的思想准备。

制度变迁理论认为，利益是影响制度变迁方向选择的重要因素，当主要政治利益集团的谈判力量处于相对均衡状态时，这时社会制度就会长期处于锁定状态，利益集团为了维护既得利益，会竭力维护现存制度，阻碍新的路径选择。正因为制度的资源配置与利益分配功能，在制度变迁选择新的路径并沿着新的方向发展优化过程中，一切围绕利益分配开展的制度变革措施都有可能因为损害既得利益集团的利益而举步维艰。因此，灵活科学的制度变革策略选择就具有重要意义，这是制度变迁理论留给我们的最宝贵启示。

三　农业转移人口市民化研究展望与创新领域

在过去的三十余年里，农民工或流动人口问题一直是理论界研究的热门领域并产生了很多高水平理论成果。在党中央提出有序推进农业转移人口市民化的方针政策之后，农业转移人口市民化成为一个全新的理论命题。理论界应积极创新研究方法，拓展研究领域，为有序推进农业转移人口市民化提供政策咨询与参考建议。在开展农业转移人口市民化研究时，进城务工农民市民化问题自然是一个不可回避的重点内容，但是应该清楚地认识到，进城务工农民市民化并不等于农业转移人口市民化，也就是说，农业转移人口的内涵远比进城务工农民丰富。在此背景下，适时推动理论研究话语体系由农民工或流动人口到农业转移人口的转变是十分必要的。理论研究话语体系的转变不仅表明了研究对象的变化，也直接决定了理论研究成果的有效性。无论是对于实践工作者而言，还是对于理论工作者而言，农业转移人口市民化都是一个与农民工（或流动人口）问题迥然不同的全新课题。因此，有必要在借鉴农民工或流动人口研究的丰硕成果与宝贵经验基础上，深化农业转移人口市民化问题的认识，积极开展创新研究。

笔者认为，以下几个领域是理论研究必须重点关注的：

首先，农业转移人口市民化的界定与内涵。对农业转移人口市民化概念的科学阐释，是后续研究的基础。什么是农业转移人口市民化？要解释农业转移人口市民化，首先要弄清楚什么是农业转移人口。中国社科院研究报告的观点比较合理，较具代表性。该报告认为，从广义来看，农业转移人口是指从农村转移到城镇、从农业转移到非农产业的人口。从狭义来看，农业转移人口主要指在本地乡镇企业或进入城镇从事非农产业的农业户口人口。农业转移人口可分为农业转移存量人口与农业转移增量人口。所谓农业转移人口市民化就是农业转移人口转变为市民的过程，具体而言，农业转移人口市民化就是从农村转移到城镇的人口，在经历城乡迁移和职业转变的同时，获得城镇永久居民身份、平等享受城镇居民各项社会福利和政治权利成为城镇居民的过程。即农业转移人口在取得城镇户籍的基础上，在政治权利、劳动就业、社会保障、公共服务等方面享受城镇居民（市民）同等待遇，并在思想观念、社会认同、生活方式等方面逐步融入城市的过程。①

既然农业转移人口可以区分为农业转移存量（现有进城农民工）人口与农业转移增量（潜在的进城农民）人口，那么推进农业转移人口市民化的策略、路径、对策措施也不可一概而论。与此同时，市民化与城

① 潘家华、魏后凯主编：《中国城市发展报告·No.6，农业转移人口的市民化》，社会科学文献出版社2013年版，第4页。

镇融入是什么关系？此外，有研究对“市民”概念进行重构，认为“市民”和“农民”的区别，不在于地域，也不在于职业，而是权利、待遇、生活方式、文明程度。农民市民化也不简单地等于户籍转变、地域转变与职业转换，农民市民化的实质在于农民的思想意识、生产与生活方式的本质转变，是现有的传统农民在身份、地位、价值观、生活权利以及生产与生活方式等各方面全面向城市居民的转化。① 按照这种理解，即便是居住于农村、从事农业生产的人口，只要在权利、待遇与生活方式、文明程度等方面发生了市民化转变，也就是市民。果真如此的话，那么农民市民化进程又该如何推进？这些问题恰恰是今后理论研究应该关注的。

其次，推进农业转移人口市民化的基础与条件。农业转移人口市民化系统工程的推进，离不开一定的基础条件的支撑。这些基础条件既是国家推进农业转移人口市民化的立足点和出发点，又在某种程度上直接决定了农业转移人口市民化的实践进程及其政策目标的实现程度。系统、深入地研究推进农业转移人口市民化的思想基础、组织与制度基础、经济与社会条件，既有助于在全社会牢固确立推进农业转移人口市民化的信念，又可以帮助我们认清问题的复杂性、任务的艰巨性与现实条件的约束性，同时还有助于从实际情况出发，客观地分析问题并寻求解决问题的方法与途径，找到破解问题的难点、切入点与实施策略，并动员一切可以动员的力量，采取有效措施，有计划、分阶段、有重点地推进农业转移人口市民化进程。

再次，城镇居民的“再市民化”问题。众多研究成果表明，除了正式制度外，推进农业转移人口市民化进程的另一大阻力来自于非正式制度，即社会距离。社会距离包括两方面，一是进城务工农民对城市、市民的认同度低，二是市民对进城务工农民的社会排斥。相比后者而言，前者更多地被有关农民工城镇融入研究所强调，后者所蕴含的深刻意义则常常被研究者忽视。无论是从市民化进程的角度予以考察，还是从共生进化的角度予以考察，市民的社会排斥都是不容忽视的。消除来自于

① 文军：《农民市民化：从农民到市民的角色转型》，《华东师范大学学报》（哲学社会科学版）2004 年第 3 期。葛正鹏：《“市民”概念的重构与我国农民市民化道路研究》，《农业经济问题》2006 年第 9 期。

市民的社会排斥是推进农业转移人口市民化的重要任务之一，它和增强农业转移人口对城市的认同度一样，共同构成了农业转移人口市民化进程的两个交互环节，二者是一枚硬币的两面。从这个角度上看，市民的“再市民化”是农业转移人口市民化研究的有机构成部分。如何顺利推进市民或城镇居民“再市民化”进程，以便使市民“再市民化”与农业转移人口市民化相互作用、相互促进，通过市民“再市民化”消减农业转移人口市民化的阻力，顺利实现党和政府的政策目标？显然，这个领域的研究也应成为今后理论界研究的重点领域。

最后，农业转移人口与市民共生进化的相关理论问题。正如前文所论述的那样，从共生的视角来看，推进农业转移人口市民化就是推进农业转移人口与市民的共生进化。推进农业转移人口市民化的任务、目标亦是实现农业转移人口与市民共生进化的任务和目标。那么，从人类共生进化的崇高理整出发，开展有序推进农业转移人口市民化研究有何重大理论与现实意义？如何运用共生的理论体系和分析框架研究农业转移人口市民化问题？如何突破和克服共生理论运用过程中共生度测量等关键技术问题？运用共生理论研究农业转移人口市民化问题有何不足？这些问题都有待学界今后的创新研究予以回应。可以肯定的是，关于农业转移人口市民化问题的理论研究亟待实现跨学科的融合以及理论工具、研究方法、研究视角的开拓创新。同样可以预期的是，随着学界对农业转移人口市民化问题的理论研究不断深入，必定有更多高水平、开创性成果面世，相关研究的理论化、体系化、系统化也必将获得突破性进展。

参考文献

一　工具书

1. 国家统计局:《中国统计年鉴》(2010—2013),中国统计出版社。
2. 中华人民共和国国家教育委员会计划建设司:《中国教育统计年鉴》(2010—2012),人民教育出版社。
3. 教育部财务司、国家统计局社会与科技统计司编:《中国教育经费统计年鉴》(1997—2010),中国统计出版社。

二　著作部分

1.《马克思恩格斯全集》第 21 卷,人民出版社 1965 年版。
2.《马克思恩格斯选集》第 1 卷,人民出版社 1995 年版。
3. [美] D. 盖尔·约翰逊:《经济发展中的农业、农村、农民问题》,林毅夫、赵耀辉编译,商务印书馆 2004 年版。
4. [美] 林恩·玛格丽斯:《生物共生的行星——进化的新景观》,易凡译,上海科学技术出版社 1999 年版。
5. [美] 托马斯·库恩:《科学革命的结构》,金吾伦、胡新和译,北京大学出版社 2003 年版。
6. [美] 杰·D. 怀特:《公共行政研究的叙事基础》,胡辉华译,中央编译出版社 2011 年版。
7. [美] 李丹:《理解中国农民——社会科学哲学的案例研究》,张天、张洪云等译,凤凰出版传媒集团、江苏人民出版社 2008 年版。
8. [美] 马古利斯 (Margulis, L.)、萨根 (Sagan, D.):《倾斜的真理:

论盖娅、共生和进化》，李建会等译，江西教育出版社 1999 年版。

9. ［美］普里西拉·R. 尤林、伊丽莎白·T. 洛宾森等主编：《质性研究方法：性与生殖健康应用研究之现场指南》，刘大红等编译，中国人口出版社 2002 年版。

10. ［日］黑川纪章：《新共生思想》，覃力、杨熹微等译，中国建筑工业出版社 2009 年版。

11. ［加］道格·桑德斯：《落脚城市》，陈信宏译，上海译文出版社 2012 年版。

12. ［日］尾关周二：《共生的理想——现代交往与共生、共同的思想》，卞崇道等译，中央编译出版社 1996 年版。

13. ［丹麦］埃丝特·博斯拉普：《妇女在经济发展中的角色》，陈慧平译，凤凰出版传媒集团、译林出版社 2010 年版。

14. ［美］詹姆斯·G. 马奇、［挪］约翰 P. 奥尔森：《重新发现制度——政治的组织基础》，生活·读书·新知三联书店 2011 年版。

15. ［美］明恩浦（Arthur H. Smith）：《中国乡村生活》，陈午晴、唐军译，中华书局 2006 年版。

16. ［美］帕克等：《城市社会学》，吴建华、宋俊岭译，华夏出版社 1987 年版。

17. ［美］阿列克斯·英克尔斯、戴维·H. 史密斯：《从传统人到现代人：六个发展中国家中的个人变化》，顾听译，中国人民大学出版社 1992 年版。

18. 安东尼·哈尔、詹姆斯·梅志里：《发展型社会政策》，罗敏等译，社会科学文献出版社 2006 年版。

19. ［美］范芝芬（Fan C. Cindy）：《流动中国：迁移、国家和家庭》，邱幼云、黄河译、社会科学文献出版社 2013 年版。

20. ［美］道格拉斯·C. 诺斯：《经济史中的结构与变迁》，上海三联书店、上海人民出版社 1994 年版。

21. ［美］道格拉斯·C. 诺斯：《制度、制度变迁与经济绩效》，上海三联书店、上海人民出版社 1994 年版。

22. ［美］康芒斯：《制度经济学》（上册），商务出版社 1962 年版。

23. ［德］柯武刚、史漫飞：《制度经济学》，商务出版社 2000 年版。
24. ［美］加里·斯坦利·贝克尔：《家庭论》，商务印书馆 2009 年版。
25. ［法］卢梭：《社会契约论》，商务印书馆 1980 年版。
26. ［美］路易斯·亨利·摩尔根：《古代社会》，商务印书馆 1981 年版。
27. ［法］H. 蒙德拉斯：《农民的终结》，李陪林译，中国社会科学文献出版社 1991 年版。
28. ［美］内尔·诺丁斯：《始于家庭：关怀与社会政策》，候晶晶译，教育科学出版社 2006 年版。
29. ［德］斐迪南·滕尼斯：《社区与社会》，林荣译，商务印书馆 1999 年版。
30. 北京大学哲学系编译：《十八世纪法国哲学》，商务印书馆 1963 年版。
31. 《刘少奇选集》（下卷），人民出版社 1985 年版。
32. 巴曙松、杨现领：《城市化大转型的金融视角》，厦门大学出版社 2013 年版。
33. 蔡昉：《中国人口与劳动问题报告·No. 10，提升人力资本的教育改革》，社会科学文献出版社 2009 年版。
34. 陈澜燕：《性别统计与中国的和谐发展》，天津人民出版社 2011 年版。
35. 陈效一编译：《共生趣谈》，气象出版社 1986 年版。
36. 陈映芳：《城市中国的逻辑》，生活·读书·新知三联书店 2012 年版。
37. 仇保兴：《城镇化与城乡统筹发展》，中国城市出版社 2012 年版。
38. 崔传义：《农民进城就业与市民化的制度》，山西出版集团、山西经济出版社 2008 年版。
39. 杜漪：《构建和谐城乡关系的经济学研究——以公平与效率的统一为基点》，光明日报出版社 2007 年版。
40. 段应碧主编：《工业化进程中的城乡关系研究》（纪念农村改革 30 周年学术论文集），中国农业出版社 2008 年版。
41. 冯奎：《中国城镇化转型研究》，中国发展出版社 2013 年版。
42. 傅晨：《农民工市民化的制度创新：基于广东省的实证研究》，中国经济出版社 2013 年版。
43. 贡森、葛延风等：《福利体制和社会政策的国际比较》，中国发展出版社 2012 年版。

44. 顾朝林主编：《人文地理学导论》，科学出版社 2012 年版。

45. 国家卫生和计划生育委员会流动人口司编：《2013 年中国流动人口发展报告》，中国人口出版社 2013 年版。

46. 国务院发展研究中心课题组：《农民工市民化：制度创新与顶层政策设计》，中国发展出版社 2011 年版。

47. 韩长赋：《中国农民工的发展与终结》，中国人民大学出版社 2007 年版。

48. 韩俊主编：《中国农民工战略问题研究》，上海远东出版社 2009 年版。

49. 韩培花：《经济全球化与社会主义经济体制的变革》，中国书籍出版社 2013 年版。

50. 何平林：《资本共生与产业发展》，中国水利水电出版社 2011 年版。

51. 洪天慧主编：《中国和谐家庭建设报告》，社会科学文献出版社 2011 年版。

52. 胡守均：《社会共生论》（第 2 版），复旦大学出版社 2012 年版。

53. 胡守均：《走向共生》，上海文化出版社 2002 年版。

54. 简新华、黄锟：《中国工业化和城市化过程中的农民工问题研究》，人民出版社 2008 年版。

55. 康之国：《构建城市和谐社区与社区治理创新研究》，知识产权出版社 2008 年版。

56. 黎熙元、童晓频等：《社区建设：理念、实践与模式比较》，商务印书馆 2006 年版。

57. 李良贤：《基于共生理论的中小企业竞合成长研究》，经济管理出版社 2011 年版。

58. 李陪林：《村落的终结：羊城村的故事》，商务印书馆 2010 年版。

59. 李思强：《共生构建说论纲》，中国社会科学出版社 2004 年版。

60. 李铁：《城镇化是一次全面深刻的社会变革》，中国发展出版社 2013 年版。

61. 李铁、乔润令等：《城镇化进程中的城乡关系》，中国发展出版社 2013 年版。

62. 李晓凤、佘双好编著：《质性研究方法》，武汉大学出版社 2006 年版。

63. 李仲生：《发达国家的人口变动与经济发展》，清华大学出版社 2011 年版。
64. 李仲生：《发展中国家的人口增加与经济发展》，世界图书出版公司 2012 年版。
65. 厉以宁主编：《中国道路与新城镇化》，商务印书馆 2012 年版。
66. 梁治平编：《转型期的社会公正：问题与前景》，生活 · 读书 · 新知三联书店 2010 年版。
67. 廖乙勇：《都市更新主体之共生模式——以台北市为例》，东南大学出版社 2011 年版。
68. 林斐：《中国农民大分流》，黄山书社 2008 年版。
69. 刘传江、程建林等：《中国第二代农民工研究》，山东人民出版社 2009 年版。
70. 刘电芝、疏德明：《走进幸福：农民工城市融入与主观幸福感研究》，苏州大学出版社 2012 年版。
71. 刘怀廉：《中国农民工问题》，人民出版社 2005 年版。
72. 刘小年：《中国农民工政策研究》，湖南人民出版社 2007 年版。
73. 刘筱红、聂金山：《村庄治理中的女性：角色、地位与制度变迁》，中国社会科学文献出版社 2013 年版。
74. 刘应杰：《中国城乡关系与中国农民工人》，中国社会科学出版社 2000 年版。
75. 卢国显：《农民工：社会距离与制度分析》，社会科学文献出版社 2010 年版。
76. 陆学艺：《社会建设论》，社会科学文献出版社 2012 年版。
77. 陆学艺主编：《2013 年中国社会形势分析与预测》，社会科学文献出版社 2012 年版。
78. 吕青、赵向红：《家庭政策》，社会科学文献出版社 2012 年版。
79. 罗荣渠：《现代化新论——中国的现代化之路》，华东师范大学出版社 2013 年版。
80. 马春华、李银河等：《转型期中国城市家庭变迁——基于五城市的调查》，社会科学文献出版社 2013 年版。

81. 莫家豪、岳经纶等：《变迁中的社会政策》，社会科学文献出版社 2013 年版。

82. 穆光宗：《家庭养老制度的传统与变革》，华龄出版社 2002 年版。

83. 潘家华、魏后凯主编：《中国城市发展报告・No. 6，农业转移人口的市民化》，社会科学文献出版社 2013 年版。

84. 潘允康：《家庭社会学》，中国审计出版社、中国社会出版社 2002 年版。

85. 潘泽泉：《国家调整农民工社会政策研究》，中国人民大学出版社 2013 年版。

86. 钱宏：《中国：共生崛起》，知识产权出版社 2012 年版。

87. 钱文荣、黄祖辉：《转型时期的中国农民工——长江三角洲十六城市农民工市民化问题调查》，中国社会科学出版社 2007 年版。

88. 秦瑞英：《城市社区演变与治理》，经济科学出版社 2012 年版。

89. 宋健：《社会性别视角下的中国社会政策》，社会科学文献出版社 2012 年版。

90. 宋健坤：《资源空间学》，国防大学出版社 2011 年版。

91. 孙成军：《超越“三农”障碍：如何破解中国城乡统筹发展的难题》，东北师范大学出版社 2004 年版。

92. 孙立平：《断裂：20 世纪 90 年代以来的中国社会》，社会科学文献出版社 2003 年版。

93. 唐晋主编：《大国策：全球视野中的社保路径》，人民日报出版社 2009 年版。

94. 佟光霁：《闭锁与破解：中国城镇化进程中的城乡协调研究》，科学出版社 2010 年版。

95. 童小燕：《公共领域与城市社区自治》，社会科学文献出版社 2010 年版。

96. 王建民：《流动的城乡界限》，光明日报出版社 2012 年版。

97. 王列军等：《完善城镇化进程中的社会政策》，中国发展出版社 2013 年版。

98. 王思斌：《社会学概论》，北京大学出版社 2003 年版。

99. 王玉波：《中国家庭的起源与演变》，河北科学技术出版社 1992 年版。

100. 微软（中国）有限公司等编：《农民工：社会融入与就业——以政

府、企业和民间伙伴关系为视角》，社会科学文献出版社 2008 年版。

101. 吴振磊：《西部地区城乡经济社会一体化支持体系研究》，中国经济出版社 2011 年版。

102. 箫国亮、隋福民：《中华人民共和国经济史》（1949—2010），北京大学出版社 2011 年版。

103. 谢建社：《新生代农民工融入城镇问题研究》，人民出版社 2011 年版。

104. 徐安琪、张亮等：《风险社会的家庭压力和社会支持》，上海社会科学院出版社 2007 年版。

105. 闫志刚：《社会建构论视角下的社会问题研究：农民工问题的社会建构过程》，中国社会科学文献出版社 2010 年版。

106. 杨涤、白钦先：《21 世纪新资源理论：关于国民财富源泉的最新研究》，中国金融出版社 2006 年版。

107. 杨善华、沈崇麟：《城乡家庭——市场经济与非农化背景下的变迁》，浙江人民出版社 2000 年版。

108. 袁纯清：《共生理论：兼论小型经济》，经济科学出版社 1998 年版。

109. 袁纯清：《和谐与共生》，社会科学文献出版社 2008 年版。

110. 岳贤平、于振英：《微观经济学》，清华大学出版社 2007 年版。

111. 悦中山、李树茁、［美］费尔德曼：《农民工的社会融合研究：现状、影响因素与后果》，社会科学文献出版社 2012 年版。

112. 张鸿雁、谢静：《城市进化论：中国城市化进程中的社会问题与治理创新》，东南大学出版社 2011 年版。

113. 张丽丽主编：《和谐家庭：理论与实践探索》，上海社会科学院出版社 2009 年版。

114. 张清泉：《二元经济结构条件下的中国农民工研究》，经济科学出版社 2008 年版。

115. 张秀兰、徐月宾等编：《中国发展型社会政策论纲》，中国劳动社会保障出版社 2007 年版。

116. 张秀中：《转型之路：转型时期构建农民工基本公共服务体系研究》，广东人民出版社 2012 年版。

117. 张跃进等：《中国农民工问题新解》，光明日报出版社 2011 年版。

118. 张跃进主编：《中国农民工问题解读》，光明日报出版社 2007 年版。

119. 张再生：《社会性别与公共管理》，天津大学出版社 2011 年版。

120. 中国科学院可持续发展战略研究院：《2005 中国可持续发展战略报告》，科学出版社 2005 年版。

121. 周海旺：《城市女性流动人口社会融入问题研究》，上海社会科学出版社 2013 年版。

122. 邹农俭：《中国农村城市化研究》，广西人民出版社 1998 年版。

三 论文部分

1. 蔡昉、杨涛：《城乡收入差距的政治经济学》，《中国社会科学》2000 年第 4 期。

2. 陈邓海、赵光勇：《新生代农民工城市社区融入问题研究》，《中国劳动关系学院学报》2012 年第 3 期。

3. 陈芳：《新生代农民工媒介素养对其城市融入的影响探讨》，《中国报业》2012 年第 24 期。

4. 陈广桂：《房价、农民市民化成本与我国城市化》，《中国农村经济》2004 年第 3 期。

5. 陈旭峰、田志锋、钱民辉：《农民工的社会融入何以可能——基于理论的分析与调研思考》，《理论探索》2010 年第 3 期。

6. 迟福林：《我国统筹城乡发展的基本公共服务均等化因素》，《东南学术》2009 年第 6 期。

7. 丛志杰、吴松阳：《基本公共服务均等化视野下的新生代农民工问题研究》，《内蒙古大学学报》（哲学社会科学版）2012 年第 3 期。

8. 邓秀华：《新生代农民工问题及其市民化路径选择》，《求索》2010 年第 8 期。

9. 丁静：《中国新生代农民工市民化问题研究》，《学术界》2013 年第 1 期。

10. 杜永红、李鑫：《城市融入视角下的新生代农民工培训：问题与对策》，《职教论坛》2012 年第 18 期。

11. 高红：《公民权视域下农民工权益保护的社会政策支持》，《南京师大学报》（社会科学版）2009 年第 5 期。

12. 郭立场、张吉：《新生代农民工城市融入的困境与对策》，《农业现代化研究》2012 年第 2 期。

13. 郭秀云：《流动人口市民化的政策测度及评价体系》，《改革》2009 年第 1 期。

14. 胡兵、赖景生、胡宝娣：《二元结构、劳动力转移与经济增长》，《财经问题研究》2005 年第 7 期。

15. 胡杰成：《农民工城市融入问题研究综述》，《兰州学刊》2008 年第 12 期。

16. 胡书芝、刘桂生：《住房获得与乡城移民家庭的城市融入》，《经济地理》2012 年第 4 期。

17. 胡晓登：《中国资产建设主要瞄准群体：市民化进程中的新生代农民工》，《贵州社会科学》2012 年第 11 期。

18. 黄进：《略论农民工政策范式的转移》，《中共四川省委省级机关党校学报》2009 年第 2 期。

19. 黄进：《资本建设：农民工政策范式的新走向》，《农村经济》2009 年第 6 期。

20. 黄力明：《支持农民工市民化的财政政策研究》，《经济研究参考》2012 年第 47 期。

21. 黄祖辉、顾益康等：《农村工业化、城市化和农民市民化》，《经济研究》1989 年第 3 期。

22. 江小容、王征兵：《新生代农民工市民化困境及路径选择》，《求索》2012 年第 1 期。

23. 蒋占峰、张晓勇：《论新生代农民工就近就地城市化——以中原经济区为研究范本》，《长白学刊》2012 年第 3 期。

24. 金喜在、张增磊：《当前我国农民市民化面临的主要障碍性因素分析》，《河北师范大学学报》（哲学社会科学版）2012 年第 6 期。

25. 郎晓波、俞云峰：《农民工融入当地社区的壁垒及实践策略研究——基于对农民工与社区居民群际关系的分析》，《北京行政学院学报》2012 年第 2 期。

26. 李丹、李玉凤：《新生代农民工市民化问题探析》，《中国人口·资源与环境》2012 年第 7 期。

27. 李贵成:《社会排斥视域下的新生代农民工城市融入问题研究》,《理论探讨》2013 年第 2 期。

28. 李开宇、张波等:《西部农民(工)城市融入空间分异特征研究——基于城市社会生活空间的视角》,《西北大学学报》(自然科学版)2013 年第 1 期。

29. 李梅香:《基本公共服务均等化水平评估——基于新生代农民工城市融合的视角》,《财政研究》2011 年第 2 期。

30. 李强:《关于城市农民工的情绪倾向及社会冲突问题》,《社会学研究》1995 年第 4 期。

31. 李雅婷:《新生代农民工的城市融入机制研究》,《农业经济》2013 年第 3 期。

32. 梁辉:《信息社会进程中农民工的人际传播网络与城市融入》,《中国人口·资源与环境》2013 年第 1 期。

33. 刘爱玉:《城市化过程中的农民工市民化问题》,《中国行政管理》2012 年第 1 期。

34. 刘爱玉、刘明利:《城市融入,组织信任与农民工的社会信任——以对纺织服装业农民工的调查为例》,《江苏行政学院学报》2012 年第 2 期。

35. 刘传江:《迁移条件、生存状态与农民工市民化的现实进路》,《区域经济》2013 年第 4 期。

36. 刘传江、程建林:《第二代农民工市民化现状分析与进程测度》,《人口研究》2008 年第 5 期。

37. 刘恩立:《就业能力对于新生代农民工城市融入的影响分析——以上海为例》,《现代经济探讨》2012 年第 12 期。

38. 刘海军等:《新时期中国农民工市民化的主要问题及对策》,《农业经济》2012 年第 6 期。

39. 刘丽:《新生代农民工“内卷化”现象及其城市融入问题》,《河北学刊》2012 年第 4 期。

40. 刘丽:《新生代农民工“市民化”问题研究——基于社会资本与社会排斥分析的视角》,《河北经贸大学学报》2012 年第 5 期。

41. 刘筱红、姚德超:《农业女性化现象及其形成机制》,《湖南科技大学学报》2012 年第 4 期。

42. 刘应君:《促进新生代农民工市民化的对策探讨》,《经济纵横》2012 年第 3 期。

43. 刘玉侠、尚晓霞:《新生代农民工城市融入中的社会认同考量》,《浙江社会科学》2012 年第 6 期。

44. 孟宪范:《家庭:百年来的三次冲击及我们的选择》,《清华大学学报》(哲学社会科学版)2008 年第 3 期。

45. 米永平:《城市化进程中农民市民化的困境与出路》,《生产力研究》2012 年第 9 期。

46. 秦光强、陈志光:《语言与流动人口的城市融入》,《山东师范大学学报》(人文社会科学版)2012 年第 6 期。

47. 任映红、罗科萍:《城郊农民市民化的多重阻滞和推进路径》,《浙江学刊》2013 年第 2 期。

48. 申兵:《"十二五"时期农民工市民化成本测算及其分担机制构建》,《城市发展研究》2012 年第 1 期。

49. 沈蓓绯、纪玲妹等:《新生代农民工城市文化融入现状及路径研究》,《学术论坛》2012 年第 6 期。

50. 沈关宝:《中国城市化的三个人群界标》,《探索与争鸣》2012 年第 2 期。

51. 沈君彬:《促进新生代农民工城市融入的积极社会政策体系:理念、特征、实践》,《中共福建省委党校学报》2011 年第 11 期。

52. 沈君彬:《社会政策视域下的新生代农民工城市融入:一个分析的框架》,《中共福建省委党校学报》2012 年第 10 期。

53. 石长慧:《文化适应与社会排斥——流动少年的城市融入研究》,《青年研究》2012 年第 4 期。

54. 石智雷:《迁移劳动力的能力发展与融入城市的多维分析》,《中国人口·资源与环境》2013 年第 1 期。

55. 史斌:《新生代农民工与城市居民的社会距离分析》,《南方人口》2010 年第 1 期。

56. 苏昕：《“城市新移民”公民权的缺失及回归探析》，《中国行政管理》2012 年第 5 期。

57. 谭彦红：《基本公共服务的均等化与农民工问题》，《宏观经济管理》2009 年第 8 期。

58. 田凯：《关于农民工的城市适应性的调查分析与思考》，《社会科学研究》1995 年第 5 期。

59. 童雪敏、晋洪涛等：《农民工城市融入：人力资本和社会资本视角的实证研究》，《经济经纬》2012 年第 5 期。

60. 王春光：《新生代农村流动人口的社会认同与城乡融合的关系》，《社会学研究》2001 年第 3 期。

61. 王春光：《中国社会政策调整与农民工城市融入》，《探索与争鸣》2011 年第 5 期。

62. 王佃利、刘保军、楼苏萍：《新生代农民工的城市融入——框架建构与调研分析》，《中国行政管理》2011 年第 2 期。

63. 王佃利、徐晴晴：《包容性发展中的农民工城市融入：问题界定与路径审视》，《东岳论丛》2012 年第 3 期。

64. 王桂新、沈建法、刘建波：《中国城市农民工市民化研究——以上海为例》，《人口与发展》2008 年第 1 期。

65. 王桂新、王利民：《城市外来人口社会融合研究综述》，《上海行政学院学报》2008 年第 6 期。

66. 王桂新、武俊奎：《城市农民工与本地居民社会距离影响因素分析——以上海为例》，《社会学研究》2011 年第 2 期。

67. 王慧博：《新生代农民工市民化社会融入风险研究》，《社会科学辑刊》2012 年第 5 期。

68. 王俊恒：《农民工城市适应问题及社会工作介入研究》，《江淮论坛》2012 年第 6 期。

69. 王克忠：《让更多符合条件农业转移人口成为市民》，《农村实用技术》2010 年第 3 期。

70. 文军：《农民市民化：从农民到市民的角色转型》，《华东师范大学学报》（哲学社会科学版）2004 年第 3 期。

71. 吴来桂：《新生代农民工市民化的困境与对策》，《宏观经济管理》2013 年第 5 期。

72. 吴太胜：《乡—城移民的融入诉求与地方政府回应——以 T 市乡—城移民的城市融入境遇为例》，《行政论坛》2013 年第 2 期。

73. 伍万云：《人口发展与城镇化水平协调研究——基于皖江城市带承接产业转移示范区的调查》，《科学社会主义》2013 年第 2 期。

74. 夏芳、王雅林：《基于生产函数模型的农民工对经济增长贡献率的测量》，《中国管理科学》2008 年第 16 卷。

75. 相伟：《深度城市化战略的内涵与实施保障研究》，《经济纵横》2012 年第 4 期。

76. 肖金成：《谈谈农民工的市民化、本地化、家庭化》，《中国经贸导刊》2012 年第 14 期。

77. 谢丽威、唐若兰：《新生代农民工城市职业融入问题探讨》，《理论与改革》2013 年第 1 期。

78. 熊光清：《制度设定、话语建构与社会合意——对“农民工”概念的解析》，《中国人民大学学报》2011 年第 5 期。

79. 徐建玲：《农民工市民化进程度量：理论探讨与实证分析》，《农业经济问题》2008 年第 9 期。

80. 徐建玲、刘传江：《农民工就业市场的经济学分析》，《市场与人口分析》2006 年第 5 期。

81. 严强：《社会转型历程与政策范式转变》，《南京社会科学》2007 年第 5 期。

82. 严于龙、李小云：《农民工对经济增长贡献及成果分享的定量测量》，《统计研究》2007 年第 1 期。

83. 杨菊华：《流动人口在流入地社会融合的指标体系——基于社会融入理论的进一步研究》，《人口与经济》2010 年第 2 期。

84. 杨晓军：《农民工对经济增长贡献与成果分享》，《中国人口科学》2012 年第 6 期。

85. 杨英新：《城市融入之推手：新生代农民工的网络媒介素养》，《中国劳动关系学院学报》2012 年第 2 期。

86. 杨云善：《制度供求失衡：农民工市民化进程中的重要障碍及破解思路》，《求实》2012 年第 3 期。
87. 姚德超、刘筱红：《农业女性化视野下农村妇女发展的困境与路径》，《兰州学刊》2012 年第 8 期。
88. 叶鹏飞：《探索农民工城市社会融合之路——基于社会交往“内卷化”的分析》，《城市发展研究》2012 年第 1 期。
89. 叶裕民、钟治锋等：《中国流动人口制度障碍的宏观负面效应解析》，《现代城市研究》2013 年第 3 期。
90. 易毅：《我国农民工市民化进程中的利益关系分析》，《财经问题研究》2013 年第 3 期。
91. 殷江滨、李郇：《中国人口流动与城镇化进程的回顾与展望》，《城市问题》2012 年第 12 期。
92. 于建嵘：《基本公共服务均等化与农民工问题》，《中国农村观察》2008 年第 2 期。
93. 岳澎、黄解宇：《从“二元结构”到“三元结构”》，《农业现代化研究》2008 年第 2 期。
94. 张春华：《组织化：农民工“虚城市化”到市民化的理性路径》，《学术论坛》2012 年第 1 期。
95. 张峰：《中国经济可持续增长与农民工市民化刍议》，《现代经济探讨》2012 年第 4 期。
96. 张国胜：《基于社会成本考虑的农民工市民化：一个转轨中发展大国的视角与政策选择》，《中国软科学》2009 年第 4 期。
97. 张国胜：《市民化进程中的农民工城市安居》，《改革》2007 年第 9 期。
98. 张国胜、陈瑛：《社会成本、分摊机制与我国农民工市民化》，《经济学家》2013 年第 1 期。
99. 张华：《农民工家庭城市融入的制约因素与对策分析》，《经济体制改革》2013 年第 2 期。
100. 张静：《城市融入中新生代农民工文化自觉的引领和培育》，《理论探讨》2013 年第 2 期。
101. 张蕾、王燕：《新生代农民工城市融入水平及类型分析》，《农业经济问题》2013 年第 4 期。

102. 张卫枚：《农民工融入城市过程中的文化适应》，《城市问题》2012 年第 8 期。

103. 张秀兰、徐月宾：《建构中国的发展型家庭政策》，《中国社会科学》2003 年第 6 期。

104. 张永丽、肖华堂：《新生代农民工城市融入问题分析》，《农村经济》2012 年第 2 期。

105. 张振宇、陈岱云等：《流动人口城市融入度及其影响因素的实证分析——基于济南市的调查》，《山东社会科学》2013 年第 1 期。

106. 赵昆：《乡土性与现代性——关于城中村居民价值观市民化的思考》，《齐鲁学刊》2012 年第 1 期。

107. 赵利梅：《消费认同视角下新生代农民工市民化的消费行为和影响机理》，《农村经济》2013 年第 3 期。

108. 赵凌云、赵文：《差异化的社会距离——论城郊结合部群体间的社会关系》，《农村经济》2013 年第 2 期。

109. 郑杭生：《农民工市民化：当代中国社会学的重要研究主题》，《甘肃社会科学》2005 年第 4 期。

110. 中国（海南）改革发展研究院：《加快推进基本公共服务均等化》（12 条建议），《经济研究参考》2008 年第 3 期。

111. 钟在明：《新生代农民工职业素质与市民化制度创新研究》，《农业经济》2012 年第 5 期。

112. 周密、张广胜、黄利：《新生代农民工市民化程度的测度》，《农业技术经济》2012 年第 1 期

113. 周密、张广胜等：《人力资本、社会资本与市民化抑制》，《中国人口·资源与环境》2012 年第 7 期。

114. 周智：《新生代农民工市民化问题的政治学分析》，《河南社会科学》2012 年第 1 期。

115. 祝西冰、陈友华：《中国家庭政策研究：回顾与相关问题探讨》，《社会科学研究》2013 年第 4 期。

四 英文文献

1. Cai F, Wang D. , *Sustainability of Economic Growth and Labor Contribution in China*, Journal of Economic Research, 1999 (10): 62 - 68.

2. D. Solinger, *Contesting Citizenship in Urban China Peasant Migrant, the State and the Logic of the Market*, University of California Press, 1999.

3. Gil S. Epstein and Ira N. Gang, *The Influence of others on Migration Plans*, Review of Development Economics, 2006, 10 (4): 652 - 665.

4. Gemici, Ahi, *Family Migration and Labor Market Outcomes*, University of Pennsylvania, 2007.

5. G J. Borjas, *Does Immigration Grease the Wheels of the Labor Market?* Brookings Papers on Economic Activity, 2001 (6): 69 - 119.

6. John Knight, Lina Song, *Chinese Peasant Choices: Migration, Rural Industry or Farming*, Oxford Development Studies, Vol. 31, No. 2, 2003.

7. Johnson D G. , *Provincial migration in China in the* 1990*s*, China Economic Review, 2003 (14): 22 - 31.

8. John C H Fei, Gustav Ranis, *Growth and development from an evolutionary perspective*, Blackwell Publishers, Journal of Development Economics, 2001 (65): 237 - 241.

9. John Knight, Linda Yueh, *Job Mobility of Residents and Migrants in Urban China*, Journal of Comparative Economics, 2004 (32): 637 - 660.

10. Lewis. W. Arthur, *A model of dualistic economics*, American Economic Review, 1954 (36): 46 - 51.

11. L. Gardner Bruce, *Economic Growth and Low Incomes in Agriculture*, American Journal of Agricultural Eeonomics, 2000, 82 (5): 1059 - 1074.

12. M. P. Todaro, *A Model of Labor Migration and Urban Unemployment in Less Developed Countries*, American Economic Review, March 1969.

13. Oded Stark, *The Migration of Labor*, Cambridge Basil Blackwell 1991.

14. Roberts, Kenneth, *Chinese Labor Migration: Insights from Mexican Undocumented Migration to the United States in west*, Loraine & Zhao Yaohui

(eds.) Rural Labor Flows in China Institute of East Asian Studies, University of California, Berkeley, 2000.

15. Rozelle. Scott, Brandt. Loren, Li. Guo and Huang, *Jikun*: *Land Rights in China*: *Facts*, *Fictions*, *and Issues*, China Journal, 2002 (47): 67 - 97.

16. Tieman, TK., *Grower-only farmers markets*: *public spaces and third places*, Journal of Popular Culture, 2008: 467 - 487.

17. Wallace E Huffman, Scot Rozelle, *Migration and local off-farm working in rural China*, American Agricultural Economics Association Annual Meeting, Denver, Colorado, 2004. August 1 - 4.

18. W. Carrington, E. Detragiache, T. Vishwanath, *Equilibrium Migration with Endogenous Moving Costs*, American Economic Review, 1996, 86 (4): 909 - 930.

19. Zhang J., *Urbanization*, *Population Transition*, *and Growth*, Oxford Economic Papers, 2002 (54): 91 - 117.

附　　录

附录一　1978 年前部分政策文件

1.《国务院关于建立经常户口登记制度的指示》

国务院关于建立经常户口登记制度的指示

（一九五五年六月九日国务院全体会议第十一次会议通过
一九五五年六月二十二日发布）

1953 年的人口调查登记工作，已为建立经常的户口登记制度奠立了基础。目前这一制度在大部分地区已经开始建立，或者进行了必要的部署。为了做好这项工作，特作如下指示：

一、全国户口登记行政，由内务部和县级以上人民委员会的民政部门主管。办理户口登记的机关，在城市、集镇是公安派出所，在乡和未设公安派出所的集镇是乡、镇人民委员会。

二、原由公安派出所办理户口登记的地方，仍按照 1951 年 7 月 16 日公安部公布的城市户口管理暂行条例办理。乡和未设公安派出所的集镇，乡、镇人民委员会应当建立乡、镇户口簿和出生、死亡、迁出、迁入登记册。乡、镇户口簿登记全乡、镇的常住人口，并且根据人口变动，随时填入或者注销，以掌握全乡、镇实有人口的情况。出生、死亡、迁出、迁入四种登记册，随时登记变动人口，以掌握人口变动的情况。登记的内容和办法规定如下：

甲、出生：婴儿在出生后一个月内，应由婴儿的父、母或者其他关系人报告婴儿父、母当地乡、镇人民委员会，或者报告当地乡、镇以下行政组织的负责人（如组长、屯长等）转报乡、镇人民委员会登入出生登记册。

乙、死亡：正常死亡，应当在死亡后一个月内，由户主或者其他关系人报告当地乡、镇人民委员会，或者报告当地乡、镇以下行政组织的负责人转报乡、镇人民委员会登入死亡登记册；非正常死亡（如自杀、被杀、死因不明等）和传染病死亡，户主或者其他关系人应当立即报告当地乡、镇以下行政组织的负责人，或者直接报告当地乡、镇人民委员会登记，以便查明处理。

丙、迁出（包括婚出）：全户或者个人变动常住所的时候，应由户主或者本人在迁出以前按照下列规定办理：在原乡、镇地区以内变动常住所的，报告乡、镇人民委员会，只作住所变更的登记，不办迁出手续；迁出原乡、镇地区但不出县境的，应当向乡、镇人民委员会领取迁移证，并由乡、镇人民委员会登入迁出登记册；迁出县境的，应当向乡、镇人民委员会或者由乡、镇人民委员会介绍到上一级户口主管机关领取迁移证，并由乡、镇人民委员会登入迁出登记册。外出六个月以上的应当办理迁出手续。未改变成分的地主分子的迁出，必须经区公所或者县人民委员会批准；被剥夺政治权利、监外执行、缓刑、假释和被管制分子的迁出，必须报经县、市司法机关或者公安机关的批准，再照以上规定办理迁出手续。迁移证由公安部门统一印制。

丁、迁入（包括婚入）：全户或者个人迁到新住地的时候，应由户主或者本人在到达后五天内报告当地乡、镇以下行政组织的负责人，并且交出迁移证或者缴验其他证件。当地乡、镇人民委员会根据行政组织负责人的报告并审查证件后，登入迁入登记册。

由于离婚、分居、合居、失踪、寻回、收养、认领、雇工、解雇等原因引起的户口变动，都应由户主或者本人报告当地乡、镇人民委员会，或者报告当地乡、镇以下行政组织的负责人转报乡、镇人民委员会按迁出迁入的规定，办理登记或者注销。

三、机关、团体、学校、企业等公共户口的登记：设有公安派出所的地区由公安派出所办理，在乡和未设公安派出所的集镇由乡、镇人民委员会办理，并由各机关、团体、学校、企业等单位指定专人负责协助。

四、户口登记的统计时间，暂定每年一次。乡、镇等地区应当在每年的 2 月将上年全年的户口变动数字统计报县，县在每年的 3 月汇总报省，省在每年的 4 月汇总报内务部。

县境内由公安派出所办理户口登记的地方，公安派出所应按照乡、镇等地区上报的时间，将所辖区域内户口变动数字报由县公安局汇总后转送县民政科。市的户口变动数字，应由市公安局按照县上报省的时间交市民政部门报省民政厅。直辖市的户口变动数字，应由公安局交民政局于每年 4 月底前报内务部。

五、省人民委员会和自治区自治机关都可以对本区内各少数民族地区制定适合当地情况和习惯的变通办法，并且按照变通办法上报户口数字。各地制定的变通办法应报内务部备查。

六、经常的户口登记制度刚刚开始建立，工作经验还很缺乏，各级人民委员会在进行这一工作中，必须认真做好宣传教育和组织工作；对所属有关部门，应加强检查督促和具体指导。县、自治县人民委员会应在适当的时候，以一个区或几个区为单位，召集各乡、镇办理户口工作的人员（乡文书、民政委员和治安委员）进行短期训练，将本指示的精神和作法详细讲解和讨论清楚，并且通过他们对广大人民群众进行经常的宣传教育。这样做，我们就能够争取在几年之内，将经常的户口登记制度逐步地建立和健全起来。

各省、自治区、直辖市人民委员会在执行本指示中有何经验和问题，望随时报告内务部。

2.《中华人民共和国户口登记条例》及附件《关于中华人民共和国户口登记条例草案的说明》

全国人民代表大会

中华人民共和国主席令（一届 91 次会议）

中华人民共和国户口登记条例已由中华人民共和国第一届全国人民

代表大会常务委员会于1958年1月9日第九十一次会议通过，现予公布。

中华人民共和国主席毛泽东

1958年1月9日

中华人民共和国户口登记条例

（1958年1月9日全国人民代表大会常务委员会第九十一次会议通过
1958年1月9日中华人民共和国主席令公布自公布之日起施行）

第一条 为了维持社会秩序，保护公民的权利和利益，服务于社会主义建设，制定本条例。

第二条 中华人民共和国公民，都应当依照本条例的规定履行户口登记。

现役军人的户口登记，由军事机关按照管理现役军人的有关规定办理。

居留在中华人民共和国境内的外国人和无国籍的人的户口登记，除法令另有规定外，适用本条例。

第三条 户口登记工作，由各级公安机关主管。

城市和设有公安派出所的镇，以公安派出所管辖区为户口管辖区；乡和不设公安派出所的镇，以乡、镇管辖区为户口管辖区。乡、镇人民委员会和公安派出所为户口登记机关。

居住在机关、团体、学校、企业、事业等单位内部和公共宿舍的户口，由各单位指定专人，协助户口登记机关办理户口登记；分散居住的户口，由户口登记机关直接办理户口登记。

居住在军事机关和军人宿舍的非现役军人的户口，由各单位指定专人，协助户口登记机关办理户口登记。

农业、渔业、盐业、林业、牧畜业、手工业等生产合作社的户口，由合作社指定专人，协助户口登记机关办理户口登记。合作社以外的户口，由户口登记机关直接办理户口登记。

第四条 户口登记机关应当设立户口登记簿。

城市、水上和设有公安派出所的镇，应当每户发给一本户口簿。

农村以合作社为单位发给户口簿；合作社以外的户口不发给户口簿。

户口登记簿和户口簿登记的事项，具有证明公民身份的效力。

第五条 户口登记以户为单位。同主管人共同居住一处的立为一户，以主管人为户主。单身居住的自立一户，以本人为户主。居住在机关、团体、学校、企业、事业等单位内部和公共宿舍的户口共立一户或者分别立户。户主负责按照本条例的规定申报户口登记。

第六条 公民应当在经常居住的地方登记为常住人口，一个公民只能在一个地方登记为常住人口。

第七条 婴儿出生后一个月以内，由户主、亲属、抚养人或者邻居向婴儿常住地户口登记机关申报出生登记。

弃婴，由收养人或者育婴机关向户口登记机关申报出生登记。

第八条 公民死亡，城市在葬前，农村在一个月以内，由户主、亲属、抚养人或者邻居向户口登记机关申报死亡登记，注销户口。公民如果在暂住地死亡，由暂住地户口登记机关通知常住地户口登记机关注销户口。

公民因意外事故致死或者死因不明，户主、发现人应当立即报告当地公安派出所或者乡、镇人民委员会。

第九条 婴儿出生后，在申报出生登记前死亡的，应当同时申报出生、死亡两项登记。

第十条 公民迁出本户口管辖区，由本人或者户主在迁出前向户口登记机关申报迁出登记，领取迁移证件，注销户口。

公民由农村迁往城市，必须持有城市劳动部门的录用证明，学校的录取证明，或者城市户口登记机关的准予迁入的证明，向常住地户口登记机关申请办理迁出手续。

公民迁往边防地区，必须经过常住地县、市、市辖区公安机关批准。

第十一条 被征集服现役的公民，在入伍前，由本人或者户主持应征公民入伍通知书向常住地户口登记机关申报迁出登记，注销户口，不发迁移证件。

第十二条 被逮捕的人犯，由逮捕机关在通知人犯家属的同时，通知人犯常住地户口登记机关注销户口。

第十三条 公民迁移，从到达迁入地的时候起，城市在三日以内，农村在十日以内，由本人或者户主持迁移证件向户口登记机关申报迁入登记，缴销迁移证件。

没有迁移证件的公民，凭下列证件到迁入地的户口登记机关申报迁入登记：

一、复员、转业和退伍的军人，凭县、市兵役机关或者团以上军事机关发给的证件；

二、从国外回来的华侨和留学生，凭中华人民共和国护照或者入境证件；

三、被人民法院、人民检察院或者公安机关释放的人，凭释放机关发给的证件。

第十四条 被假释、缓刑的犯人，被管制分子和其他依法被剥夺政治权利的人，在迁移的时候，必须经过户口登记机关转报县、市、市辖区人民法院或者公安机关批准，才可以办理迁出登记；到达迁入地后，应当立即向户口登记机关申报迁入登记。

第十五条 公民在常住地市、县范围以外的城市暂住三日以上的，由暂住地的户主或者本人在三日以内向户口登记机关申报暂住登记，离开前申报注销；暂住在旅店的，由旅店设置旅客登记簿随时登记。

公民在常住地市、县范围以内暂住，或者在常住地市、县范围以外的农村暂住，除暂住在旅店的由旅店设置旅客登记簿随时登记以外，不办理暂住登记。

第十六条 公民因私事离开常住地外出、暂住的时间超过三个月的，应当向户口登记机关申请延长时间或者办理迁移手续；既无理由延长时间又无迁移条件的，应当返回常住地。

第十七条 户口登记的内容需要变更或者更正的时候，由户主或者本人向户口登记机关申报；户口登记机关审查属实后予以变更或者更正。

户口登记机关认为必要的时候，可以向申请人索取有关变更或者更正的证明。

第十八条 公民变更姓名，依照下列规定办理：

一、未满十八周岁的人需要变更姓名的时候，由本人或者父母、收养人向户口登记机关申请变更登记；

二、十八周岁以上的人需要变更姓名的时候，由本人向户口登记机关申请变更登记。

第十九条 公民因结婚、离婚、收养、认领、分户、并户、失踪、寻回或者其他事由引起户口变动的时候，由户主或者本人向户口登记机关申报变更登记。

第二十条 有下列情形之一的，根据情节轻重，依法给予治安管理处罚或者追究刑事责任：

一、不按照本条例的规定申报户口的；

二、假报户口的；

三、伪造、涂改、转让、出借、出卖户口证件的；

四、冒名顶替他人户口的；

五、旅店管理人不按照规定办理旅客登记的。

第二十一条 户口登记机关在户口登记工作中，如果发现有反革命分子和其他犯罪分子，应当提请司法机关依法追究刑事责任。

第二十二条 户口簿、册、表格、证件，由中华人民共和国公安部统一制定式样，由省、自治区、直辖市公安机关统筹印制。

公民领取户口簿和迁移证应当缴纳工本费。

第二十三条 民族自治地方的自治机关可以根据本条例的精神，结合当地具体情况，制定单行办法。

第二十四条 本条例自公布之日起施行。

附

1. 中华人民共和国主席令（一届91次会议）

相关文件

1. 关于中华人民共和国户口登记条例草案的说明

关于中华人民共和国户口登记条例草案的说明

中华人民共和国公安部部长　罗瑞卿

中华人民共和国户口登记条例草案，是根据几年来户口登记工作的经验，经过长期的准备，征求了各省、自治区、市公安机关和中央有关部门的意见起草出来的。这个条例草案，已经国务院全体会议讨论通过，现在提请人大常委会审议。

对于这个条例草案，我有以下几点说明：

一、为什么要制定户口登记条例？

几年来，我国的户口登记工作，特别是城市的户口登记工作，在党和政府的正确领导下，已经建立了一定的基础。这一工作，对于社会主义建设，保护公民的权利和利益，维持社会秩序，起了重要的作用。

但是，由于我们的国家建立才八年，现行的户口登记制度还是很不完备的，它的主要缺陷是：

第一，制度不够统一，不仅城市和农村应该统一的没有统一，就是这个城市和那个城市也不完全统一。

第二，有些应当规定的制度，没有规定，或者规定得不够妥善。例如：公共户口管理不健全，没有规定制止农村人口盲目流入城市和控制迁往边防地区的户口，以及没有适当限制那些依法被剥夺了政治权利的人的户口变动，等等。

第三，还有一些制度，适合过去的情况，今天情况变了，需要适当地加以修改或者废除。如像住医院病人的登记报告，旅店来客的每日报告，等等，都没有适时地加以修改或者废除。

为了加强和健全户口登记工作，以适应社会主义建设迅速发展的需要，满足人民在政治生活和社会生活中日益增长的要求，进一步维护社会秩序，制定一个比较完备的全国统一的户口登记条例，已经成为当前的迫切需要了。

中华人民共和国户口登记条例草案，就是从上述具体情况和实际需要出发，根据中华人民共和国宪法第四十九条第十二项“保护国家利益，维护公共秩序，保障公民权利”的精神制定的。这个条例的实行，对国家建设和人民生活所起的作用，我们以为有以下三个方面：

第一，准确地及时地掌握全国人口的分布、增减和变动情况，为我国有计划地进行社会主义建设，编制国民经济计划，正确地贯彻统购统销，统筹安排劳动就业和劳动力调配，以及节制生育等等重要政策措施，提供人口资料。

第二，证明公民的身份，以保护人民群众在政治生活和社会生活中的合法权利和利益。例如：保护人民行使选举权和被选举权，保护人民正当的居住和迁徙自由，为人民的劳动就业和受教育、购买粮布等出具证明，帮助人民查询亲友地址，等等。

第三，堵塞治安管理中的某些空隙，限制反革命分子和其他坏分子的破坏活动，保卫国家建设和人民生活的安全。

从这些作用中可以看到，户口登记条例是我们国家在行政管理上的一项重要措施。它是服务于国家的社会主义建设，并和广大人民的切身利益相关联的。

二、对于条例草案的具体内容，有几点需要解释：

第一，户口登记条例草案的各项制度，都是遵循着适应国家建设，为人民群众服务的原则制定的。这些制度概括起来，就是：常住、暂住、出生、死亡、迁出、迁入和变更更正等七项登记。其中，常住人口登记，主要是掌握固定居住人口的基本状况，而其他六项登记，则是掌握人口的增减和变动情况。这些项目是一个统一的整体，缺少了任何一项，都不能掌握人口的全貌，都不能满足国家和人民的要求。因此，这些制度都是必需的，无论城市和农村，原则上都是适用的。

但是，为了照顾农村目前交通不便，户口工作基础较差等情况，在第四、第八、第十三、第十五等四条中，都特别作了一些规定。对农村户口登记的要求，比城市要低一些，手续更简便一些。如像：农村目前只实行常住人口登记和出生、死亡、迁出、迁入等项变动登记，不实行暂住人口登记；迁入申报的时限，城市定为三天以内，而农村则定为十天以内，死亡申报的时限，城市是在葬前，农村是在一个月以内；城市以户为单位设户口簿，而农村则以合作社为单位设户口簿。

对于机关、团体、学校、企业、事业等单位和农业、渔业、盐业、林业、牧畜业、手工业等生产合作社的户口登记，也根据实际情况，在第三条中作了专门的规定，要求各单位指定专人，协助户口登记机关办理登记。这样办好处很多：一是职工、社员登记户口方便；二是各单位的人事、行政工作可以随时了解人口变动情况；三是便于合作社制定计划、组织生产或者进行收益分配；四是便于户口登记机关的户口管理。

从条例草案的内容和手续上都可以说明，既满足国家建设和社会生活的需要，又照顾到便利群众，这是我们户口登记制度的一个特点。

第二，关于制止农村人口盲目流入城市的问题。

在第十条第二款中规定："公民由农村迁往城市，必须持有城市劳动部门的录用证明，学校的录取证明，或者城市户口登记机关的准予迁入的证明，向常住地户口登记机关申请办理迁出手续。"为什么要这样办呢？就当前情况来说，因为近几年来，农村人口盲目流入城市的现象比较严重，而有些机关、企业单位，也没有认真执行紧缩城市人口的方针，甚至私自招工，随便写信向农村索要户口证明；有些单位对于从农村盲目流入城市没有户口的人员，不仅不积极协助政府动员还乡，反而利用机关、企业的某些便利，让其长期居住。这样就更加助长了这种混乱情形的严重性，给城市的各方面建设计划和正常的生活秩序带来了许多困难，使得有些城市的交通、住房、供应、就业、上学等问题，都出现了一定的紧张局面。同时，由于农村劳动力的大量外流，也影响农业生产建设的开展，对于发展农业生产不利，也就对整个社会主义建设不利。

从长远情况看，我国社会主义建设的方针，是在优先发展重工业的基础上，发展工业和发展农业同时并举。无论工业生产和农业生产都必须按照国家统一的规划和计划进行。因此，城市和农村的劳动力，都应当适应社会主义建设的需要，进行统一的有计划的安排，既不能让城市劳动力盲目增加，也不能让农村劳动力盲目外流。而且，我国当前情况是城市劳动力已经过多，农村生产则有很大潜力，可以容纳大量劳动力。因此政府正在动员干部和大、中、小学毕业学生下乡上山，这就更不难了解要制止农业人口盲目外流的必要。

此外，盲目流入城市的农村人口，因为找不到职业，生活就会发生困难，有些人就会流浪街头，少数人甚至会被坏分子所勾引，进行偷窃、诈骗等犯罪活动，破坏城市社会秩序。

由此可见，适当地解决农村人口盲目流入城市的问题，不仅是国家的需要，也是广大人民的要求。中共中央和国务院最近针对这种情况，发出了"关于制止农村人口盲目外流的指示"，指示中要求"进行严格户口管理”，以制止农村人口盲目外流。因此，在户口登记条例中对于这个问题作相应的规定，是完全必要的。当然，要制止农村人口盲目流入城市，主要还是要依靠党和政府的各项工作，特别是要做好群众工作，依靠多数人来劝说少数人，才能完全达到目的。但是，健全的户口登记工作，也是一个必要的条件。

第三，适当控制迁往边防地区的户口问题。在第十条第三款中规定：“公民迁往边防地区，必须经过常住地县、市、市辖区公安机关批准。”这是因为，我国很长一部分边防地区是我们国防的门户，为了维持这些地区的社会治安，保卫国防前哨的安全，对于迁入的人口经过一定的批准手续，是必要的。

第四，公民因私事外出、暂住的问题。在第十六条中规定：“公民因私事离开常住地外出、暂住的时间超过三个月的，应当向户口登记机关申请延长时间或者办理迁移手续；既无理由延长时间又无迁移条件的，应当返回常住地。”这个规定，对于广大人民正常的外出、暂住是没有任何约束的。因为从实际情况来看，公民因探亲、访友、治病、旅行等外出、暂住所需要的时间，一般地说三个月是足够的。如果需要延长外出、暂住时间，只要向户口登记机关讲明理由，就可以延长；合乎迁移条件愿意迁移的，也可以办理迁移手续。路途遥远的，旅途中的时间还可以不计算在三个月以内。这个规定对于少数不务正业，游手好闲，利用外出、暂住长期流浪在外，不事生产，扰乱社会秩序的分子来说，确是一种约束。但是对于这种人加以约束，是完全应该的，因为这样做，才能使他们在生产岗位定居下来，这对于保证社会生产和生活秩序以及改造他们本人，都是完全必要的。

第五，第十四条规定：“被假释、缓刑的犯人，被管制分子和其他依法被剥夺政治权利的人，在迁移的时候，必须经过户口登记机关转报县、市、市辖区人民法院或者公安机关批准，才可以办理迁出登记；到达迁入地后，应当立即向户口登记机关申报迁入登记。”这样规定的目的，是为了防止他们中间的一些人，利用户口迁移，逃避监督改造，或者从事犯罪活动。这样做，不仅对社会治安有利，就是对这些人的改造也有好处。

三、条例草案中某些带有约束性的规定，同公民的居住和迁徙自由是否有抵触呢?

应该说是没有抵触的。

我在前面已经说过，我们的户口登记制度，就其具体作用来说，不仅是服务于社会主义建设和维护社会治安秩序的一项重要措施，而且也是直接保护广大人民政治权利和经济利益的一项重要措施。就其根本目的来说，它就是为我国人民在政治上和经济上创造一个幸福的美好的前途而服务的。因此，它不但不会同广大人民的自由有抵触，而且是保护广大人民的自由的。

大家都知道，我们是社会主义国家。统筹兼顾，适当安排，是我们国家的根本方针。无论是发展国民经济，或者是改善人民的生活，都是按照国家统一的计划进行的，都必须从全国人民的利益出发。毛主席指示我们说："我们作计划、办事、想问题，都要从我国有六亿人口这一点出发，千万不要忘记这一点"。户口登记条例草案正是根据这一方针，来考虑加强和健全户口管理工作的。条例草案中某些带有约束性的规定，比如制止农村人口盲目外流，控制迁往边防地区的户口，以及公民外出、暂住时间的规定等，也都是根据国家的统筹安排的方针，为六亿人口着想，对六亿人口负责，来保护广大人民的政治权利和经济利益的。因此，它同广大人民的民主自由是没有抵触的，而且是保护广大人民的民主自由的；它同公民的居住和迁徙自由是没有抵触的，而且是保护公民的居住和迁徙自由的。

当然，我们户口登记条例草案中某些带有约束性的规定，对于少数人的只顾自己、不顾国家和集体利益的盲目流动迁徙行为，是有抵触的。但是这种抵触，并不是限制公民的居住和迁徙自由。这是因为宪法所规定的自由，是有领导的自由，不是无政府状态；是广大人民的自由，不是少数人的个人绝对自由。如果允许少数人有个人绝对自由，允许少数人有只顾自己、不顾国家和集体利益的盲目流动迁徙自由，那么，就必然会使得国家统筹安排的方针和社会主义建设的计划不能顺利执行，必然会使得广大人民的工作、学习和生活的正常秩序受到损害，其结果必然是妨碍广大人民的自由，也当然会妨碍公民的居住和迁徙的自由。因此，限制少数人这种不合理的盲目流动迁徙“自由”，正是为了保护多数人正当的居住和迁徙自由。而且还应该看到，对于这些少数人来说，也仅仅是限制他们这种盲目流动迁徙的不合理行为，对于他们正当的居住和迁徙自由，我们是丝毫也不加以限制的。比如居住农村的公民，只要他们持有城市劳动部门或学校发给的录用、录取证明，或者城市户口登记机关准予迁入的证明，完全可以迁往城市，不会受到任何限制。同时，对于这些少数人来说，限制他们这种盲目流动迁徙的不合理行为，正是对他们自己有利的。如果纵容他们脱离国家统筹安排，违反广大人民的集体利益，盲目流动迁徙，那就对国家、人民不利，对他们自己也不利。因为只有国家发展了，他们自己才能发展；大家过好日子了，他们自己才能过好日子。试想，一个人如果脱离了国家的安排，违反了集体的利益，自己个人的政治权利和经济利益，怎么能够得到真正的保障呢？

由此可见，条例草案中某些带有约束性的规定，同宪法规定的“中华人民共和国公民有居住和迁徙的自由”，是完全一致的。我们相信，广大人民根据自己在政治生活和社会生活中的切身体验，是懂得这个道理的，因而也是会拥护这些措施的。

四、怎样执行这个条例？

户口登记条例同每个人都有密切关系，必须依靠大家的自觉，才能贯彻执行。现在广大群众的觉悟程度和组织程度，已经空前提高，大多数群众已经养成了遵守户口制度的习惯。但是还有少数人，没有遵守或者没有很好遵守这个制度，其中有的是由于不了解这个制度的内容和意义，有的是由于自私自利和懒惰。另外，也还有一些反革命分子和其他坏分子，故意破坏这个制度。因此，在贯彻执行这个条例的时候，必须采取依靠多数、督促少数、防范坏人的方针。应当在人民群众中充分地做好宣传教育工作，使户口登记工作的意义和各种制度，家喻户晓，人人明白。户口登记机关和户口登记工作人员，在工作中应当联系群众，依靠群众，便利群众，并帮助他们解决困难，勤勤恳恳地为群众服务。对于违反户口制度的人的处理，主要还是采取说服教育的办法，只是对于那些构成了违反治安管理行为的人，才给以适当的处罚，而处罚的目的，也还是为了教育。对于反革命分子和其他坏分子破坏户口制度，进行犯罪活动，必须依法惩办。我们相信，只要坚决地依靠群众，取得广大群众的支持，这个新的户口登记条例，一定能够很好地贯彻执行。

3.《国务院关于各单位从农村中招用临时工的暂行规定》与《关于“国务院关于各单位从农村中招用临时工的暂行规定”的说明》

国务院关于各单位从农村中招用临时工的暂行规定

（1957 年 12 月 13 日国务院全体会议第六十五次会议通过）

一、企业、事业、机关、部队、团体、学校等单位（以下简称各单位）需用的临时工，应该首先从本单位多余人员中调剂解决；调剂不够的时候，应该根据国家批准的劳动计划，拟定各季度需要临时工的计划，报请所在省、自治区、直辖市人民委员会批准后，由地方劳动部门从当地其他单位的多余人员中调剂解决；当地调剂仍然不够的时候，才可以由劳动部门布置招用。招用临时工必须尽量在当地城市中招用，不足的时候，才可以从农村中招用。如果当地农村不可能完成招工任务而宜于从邻省（区）就近招用的时候，可以报告劳动部，由劳动部通知有关省（区）人民委员会责成所属劳动部门布置招用。

遇有抢修、抢险等紧急情况需用临时工，准许有关单位直接向当地人民委员会申请先行招用，然后补办批准手续。

二、各单位从农村中招用临时工，必须持有当地劳动部门的介绍信，在县、乡人民委员会的指导下，与农业生产合作社协商招用；非经乡人民委员会的同意，不得招用单干农民。

三、各单位在招工的时候，必须据实向乡人民委员会、农业社和外出做工的社员讲明所需的临时工应该具备的条件、从事什么工作、工作地点、工作期限、生活环境和工资福利等情况。乡人民委员会和农业社应该积极完成招工任务。

四、各单位根据劳动计划必须从农村中招用长期工人的时候，也应该按照上述一、二、三项的原则、程序和手续办理。

五、各单位从农业社招用临时工的时候，必须与农业社和外出做工的社员共同签订劳动合同。劳动合同上应该写明临时工的工作职务、工作期限、工资福利、农业社所规定的外出的社员与农业的经济关系及三方的其他权利和义务等。续订合同或者提前解除合同的手续，也应该在合同中写明。合同签订以后，三方均须严格遵守。合同式样由劳动部制定发布。

六、农业社社员外出做临时工期间与社的经济关系，应该根据社与外出做工的社员两利的原则和有利于提高外出做工社员的劳动积极性的精神，由社内民主讨论确定。

七、各单位一律不得私自从农村中招工和私自录用盲目流入城市的农民。农业社和农村中的机关、团体也不得私自介绍农民到城市和工矿区找工作。

八、本规定由各级监察部门和劳动部门监督执行。

九、本规定自发布之日起实行。各省、自治区、直辖市人民委员会应该根据本规定制定实施办法，在本省、区、市范围内统一执行。

关于“国务院关于各单位从农村中招用临时工的暂行规定”的说明

劳动部部长　马文瑞

全国国民经济各部门招用的临时工，从近几年的情况看，每年不下二百万人次，1956 年达到三百余万人次，是一个不小的数目。过去由于对招工的程序、手续规定得不够严格，产生了不少弊病。例如有些单位本来有多余人员或者当地其他单位有多余人员，需要临时工的时候不从现有人员中调剂解决而却另从社会上招用；有些单位往往过多地招用，造成严重的窝工现象，这些都浪费了劳动力和国家的资金。1956 年劳动计划突破，过多地招用临时工是原因之一。有些单位在招用临时工的时候，没有严格遵守先城市后农村的原则，放着城市中的剩余劳动力不加利用而去农村招工，对于城市中安排劳动就业和农业生产，都有不利。特别是在农业合作化已经基本实现以后，我们没有能够根据新的情况，强调有组织地通过农业合作社去招工，以致不少单位仍然超越农业社招工或者任意录用盲目流入城市的农民。结果造成在招工时刺激农民大量涌入城市，妨碍农业生产和农业社的巩固，在丰收农忙时则又产生临时工成批退工回乡，影响城市建设。为了克服上述的一些弊病，就有必要根据城乡兼顾、工业和农业兼顾以及精简节约的原则，制定一个关于从农村中招收临时工的规定。

这个规定的第一条确定，各单位在招用临时工的时候，应该首先从本单位的多余人员中调剂解决，不够的时候，应该按照批准的计划由劳动部门从当地其他单位的多余人员中调剂解决。这样做，是完全符合于勤俭建国的方针和精简节约的原则的。我们不应该再重复过去的毛病，一方面闲置着多余人员，一方面又去招工，浪费人力财力。这项规定，是会得到广大职工群众的拥护的。但是也应该看到，进行这种调剂工作，有的时候也会遇到一些困难的，某些被调动的原来不是从事临时工工作的职工，可能认识不清，思想抵触，不乐意去做临时工。对于抱有这种态度的人，各单位的领导应该向他们说明：从人民的整体利益着眼，一个企业、机关对于多余的人员，按理是可以辞退的，现在把他们留下来，调他们做临时工的工作，照样拿工资，这显然是一件公私两利的事情，也是一种照顾；并且，任何工作都是国家建设事业所需要的，他们不应该也没有理由不服从行政上的调动。对于没有正当理由拒绝调动工作的职工，为了巩固劳动纪律，行政上有权辞退。当然，在调动多余人员做其他工作的时候，领导应该注意做到公平合理。

这个规定的第一条中还说到，招用临时工必须先城市后农村。这个原则本来是政府早就确定了的，今后要求严格遵守。这样做，对于工农业生产都是有利的。因为农民在农村中，任何时候都可以从事农副业生产，创造财富，而城市中的剩余劳动力没有工作，就是人力的浪费。并且，尽量少从农村中招工，对于控制城市人口的增加，也有很大意义。过去有些单位只喜欢从农村中招用临时工而不乐意在城市中招用，这种不正确的想法和做法，必须纠正。

这个规定中规定：招用临时工必须经过省、自治区、直辖市人民委员会批准，由当地劳动部门统一布置招用，招工必须持有当地劳动部门的介绍信，必须在县、乡人民委员会的指导下向农业合作社协商招用，招工单位必须据实介绍有关的情况，必须订立劳动合同，这些严格的程序和手续，都是十分必要的。特别是通过农业社有组织地招工，这是根据目前农业发展的新情况所必须采取的新措施，是国家用人制度的一项重要措施。只有这样，才能够杜绝漏洞，控制各单位私自增加人员和防止农民盲目流入城市，有利于提高工业生产和农业生产使用劳动力的计划性，做到既保证城市建设的需要，又有助于农业生产的发展和农业社的巩固。按照这个规定，今后严格禁止各单位私自到农村招工和私自录用盲目流入城市的农民，农业社和农村中的机关、团体也不得私自介绍农民到城市或工矿区找工作。各单位如果违反这项规定，要受到监察部门的议处。

这个规定中对于外出做工的农业社员和社的经济关系，只作了原则的规定。因为这是农业社内部的事情，并且情况复杂，政府不好作更具体的规定。现在的情况，外出做工的社员和社的经济关系，基本上有两种形式：一种是做工的收入全部归本人，但须给社按规定缴纳公积金和公益金；一种是做工的收入，部分归本人，部分交社，由社按照他交给社的款项的多少，给他记劳动日。不论采取什么形式，重要的是，必须经过社内民主讨论，做到社与社员两利，并且还应该注意到有利于发挥外出做工的社员的劳动积极性。

由于各单位从农村中招工的时候，主要的是招用临时工，很少招用长期工，因此，这个规定主要地也是针对从农村中招用临时工这一问题而制定的。但是，这个规定的基本精神和第一、二、三项的原则、程序和手续，对于招用长期工人，也是完全适用的，因此，规定第四项确定今后各单位招用长期工人的时候，也应该照此办理。

附录二 调查问卷

调查问卷

亲爱的兄弟姐妹：

您好！为了帮助政府制定更有利于外来务工人员城市融入的政策，我们真诚邀请您作为意见代表，接受我们的问卷调查。本调查不记名，数据由计算机统一处理。我们承诺：对您的个人信息将予以严格的保密，请您放心填写。

真诚期待您的合作与支持。谢谢!

华中师范大学管理学院课题组

填写说明:

1. 问卷调查所涉及的问题没有对错之分，您只需按照实际情况填写，您答案的真实性和完整性对本课题的质量具有重要影响。

2. 请在符合您实际情况的选项上打钩（√）或者在“( )”上填写真实情况。

3. 为了保证问卷调查结果的信度和效度，请您一定要认真填写，若有漏填或者填写不规范的情况，问卷将作废卷处理。

Ⅰ　基本信息

1－1. 您的性别:　　　　（　　）

A. 男　B. 女

1－2. 您是哪一年出生的?　　　　（　　）

A. 1980 年以前出生　B. 1980 年以后出生　C. 1990 年以后

1－3. 您的教育程度:　　　　（　　）

A. 不识字或识字很少　B. 小学　C. 初中　D. 高中或中专

E. 大专　F. 本科及以上

1－4. 您来自于______省的　　　　（　　）:

A. 县城　B. 城郊　C. 乡镇　D. 农村

1－5. 您目前的工作地点在:　　　　（　）

A. 省会城市　B. 地级市　C. 县城　D. 乡镇　　　　（　　）

1－6. 您在目前工作的城镇生活多长时间? ______（请您填写）

1－7. 到目前为止，您外出到城镇工作，累计有多长时间? ______（请您填写）

1－8. 在目前工作的城镇，您搬了几次家? ______次

Ⅱ　基本融入状况调查

2－1. 您目前在本地的居住形式是:　　　　（　　）

A. 自己购买的住房（______元/每平方米）

B. 私人出租房（月租______）

C. 政府提供的廉租房　D. 单位提供的宿舍　E. 建筑工棚

F. 亲戚家　G. 无固定住所　H. 其他

2－2. 您目前已经享受了哪些住房政策？　（　　）

A. 可以购买本地的经济适用房或限价房

B. 可以购买老家所在市县的经济适用房或限价房

C. 可以申请本地的廉租房

D. 可以申请老家所在地的廉租房

E. 单位缴纳了住房公积金

F. 单位提供了住房补贴

G. 没有享受过

H. 其他____________

2－3. 您期望改善住房的方式是：　（　　）

A. 单位提供更舒适的宿舍　B. 单位缴纳住房公积金

C. 单位提供住房补贴　D. 政府放开购买政策性住房的限制

E. 政府改善务工人员集聚区的生活环境

F. 政府建设专门的居住区　G. 其他

2－6. 目前，您从事的职业是：______（请根据您的实际情况填写；多种职业者填收入主要来源职业）

2－7. 您是否与单位签订了书面劳动合同？【无单位者选择 C】

A. 否　B. 是　C.　（　　）

2－8. 近 3 年中您更换了几个工作单位？　（　　）

A. 没有更换过　B. 1 个　C. 2 个　D. 3 个　E. 4 个及以上

2－9. 您接受就业或技能培训的情况是：(可多选)　（　　）

A. 没有参加任何培训　B. 接受过政府组织的就业培训

C. 参加过政府组织的技能培训　C. 参加过企业组织的技能培训

E. 自费参加过技能培训　F. 其他

2－10. 您目前有没有相应的职业资格或技术等级证书？　（　　）

A. 没有　B. 初级资格证　C. 中级资格证　D. 高级资格证　E. 其他

2－11. 您现在的月收入约______元，您每天工作______小时，每月休息______天。

2－12. 除日常消费外，您的收入主要用在：（可多选，并按重要程度进行排序） （ ）

A. 储蓄 B. 子女教育 C. 休闲娱乐 D. 人情交际

E 投资理财 F. 自我学习与教育投资 G. 没有结余 H. 其他

2－13. 根据您的实际，依次在每句话后相应的空格中打“√”

	非常满意	比较满意	一般	不满意	非常不满意
您对在城镇的基本生活与工作状况满意吗？					
您对目前的居住状况满意吗？					
您对目前的工作状况满意吗？					
您对目前的工资水平满意吗？					
您对目前的工作强度满意吗？					

Ⅲ 情感与家庭生活

3－1. 您的婚姻状况：A. 未婚 B. 已婚 C. 离异 D. 丧偶（ ）

下列选项（2－5）由未婚者填写

3－2. 在城里您的异性朋友主要是： （ ）

A. 同学 B. 同乡 C. 同事 D. 街坊 E. 邻居 F. 网友

G. 其他__________

3－3. 您认识异性朋友的途径是：（可多选，请按重要性排序）（ ）

A. 网络（交友网站、微博、QQ 等） B. 亲朋好友介绍

C. 参加社交活动

D. 学习培训中结识 E. 因工作结识 F. 其他__________

3－4. 对适婚对象的条件要求是：（可多选，请按重要性排序）（ ）

A. 城市居民 B. 有稳定的工作 C. 有房有车 D. 家庭背景好

E. 社会地位比较高 F. 有发展前途 G. 两情相悦

H. 有共同的语言 I. 人品才华 J. 老乡 K. 其他__________

3－5. 您在城里成家最大的困难是： （ ）

A. 没有城镇户口 B. 没有住房 C. 工作不稳定

D. 不适应城镇生活方式　E. 消费水平太高　F. 其他＿＿＿＿＿＿

下列选项（6－10）由已婚者填写

3－6. 您的居住情况是：　　　　　　　　　　　　　　　　（　　）

A. 全家住在一起　B. 自己一人住，配偶及子女在老家

C. 与配偶住一起，子女在老家　D. 与子女住在一起，配偶留在老家

E. 与朋友或亲戚合租　F. 其他＿＿＿＿＿＿

3－7. 您每年与配偶相聚的次数：　　　　　　　　　　　　（　　）

A. 住在一起，没有分开　B. 在同一个城镇务工，见面次数多

C. 分隔两地，相聚次数少　D. 分隔两地，相聚次数较多

E. 其他＿＿＿＿＿＿

3－8. 您觉得全家移居进城的最大困难是：　　　　　　　　（　　）

A. 房价太高　B. 工作不稳定　C. 没有城镇户口　D. 子女上学困难

E. 缺乏社会保障　F. 生活不习惯　G. 生活成本高

H. 不便照料老人　I. 承包地的处置

3－9.（1）您认为自己的孩子在城镇入学有困难吗？　　　（　　）

A. 有　B. 没有

（2）如果有困难，主要困难是：　　　　　　　　　　　　（　　）

A. 受户口限制，入校困难　B. 借读费高　C. 与城里孩子相处困难

D. 其他＿＿＿＿＿＿

3－10. 到城镇务工对您和配偶感情的影响有哪些？　　　　（　　）

A. 更加和谐　B. 没有影响　C. 感情冷淡　D. 感情破裂

E. 其他＿＿＿＿＿＿

3－11. 根据您在城镇务工的经历，依次在每句话后相应的空格中打“√”

	非常同意	比较同意	一般	不同意	极不同意
“男性比女性更容易找到工作”					
“男性比女性更容易适应城镇生活”					
“男性比女性更容易结识异性朋友”					
“农村与城镇的家庭分工是一样的”					

3－12. 根据您对家庭夫妻分工方式的看法，依次在每句话后相应的

空格中打“√”

	非常同意	比较同意	一般	不同意	极不同意
农村与城镇家庭分工都是“男主外、女主内”					
农村与城镇不一样，农村是“男主外、女主内”，城市是夫妻共同劳动、共同分担家务					

3-13. 根据您对移居城镇后家庭分工方式的打算，依次在每句话后相应的空格中打“√”

	丈夫	妻子	丈夫和妻子
结婚生子前，准备由谁出去工作			
结婚生子后，准备由谁出去工作			
您认为家庭的主要经济支柱应该是			
您认为从事家务劳动的是			

Ⅳ　安全状况调查

4-1. 您所在的单位是否提供了安全保护措施？　(　　)

A. 目前没有工作单位　B. 开展过安全培训

C. 提供了必要的安全防护用品　D 没有　E. 其他______

4-2. 如果工友发生工伤事故，工作单位提供的工伤费用是：(　　)

A. 全额　B. 部分　C. 很少　D. 没有　E. 不知道

4-3. 如果您的权益受到侵犯，您会采取或期望采取解决的方式是：(可多选，请按优先顺序排序)　(　　)

A. 默默忍受　B. 找亲友同乡帮助　C. 罢工

D. 同单位（老板）协商解决　E 求助妇联　F. 找报纸电视媒体曝光

G. 寻求政府法律援助　H. 通过仲裁委员会

I. 向人大代表或政协委员反应　J. 通过企业工会

K. 通过劳动和社会保障部门（劳动监察大队）　M. 其他______

4－4. 请根据您的实际以及本题的填写说明，翔实填写

您在本地享受过下列社会保障吗？您是否满意？请把对应的答案序号 A. 或 B. 或 C 或 D 或 E，填在后面的（　　）中。	您享受过吗？ A. 享受过 B. 没有	您满意吗？ A. 非常不满意　B. 不满意 C. 一般　D. 满意 E. 非常满意
养老保险	（　　）	（　　）
医疗保险	（　　）	（　　）
工伤保险	（　　）	（　　）
失业保险	（　　）	（　　）
城镇低保	（　　）	（　　）

4－5. 请根据您的实际以及本题的填写说明，翔实填写

您在本地享受过下列基本公共服务吗？您是否满意？请把对应的答案序号 A. 或 B. 或 C 或 D 或 E，填在后面的（　　）中。	您享受过吗？ A. 享受过 B. 没有	您满意吗？ A. 非常不满意　B. 不满意 C. 一般　D. 满意 E. 非常满意
法律援助	（　　）	（　　）
心理咨询	（　　）	（　　）
提供工作信息或岗位	（　　）	（　　）
计划生育和生殖健康服务	（　　）	（　　）
职业病防治	（　　）	（　　）
子女学前教育	（　　）	（　　）
子女义务教育	（　　）	（　　）
生育保险【男士不回答该题】	（　　）	（　　）
公共安全（治安状况）	（　　）	（　　）
改善食品、药品安全	（　　）	（　　）
打预防针（疫苗）	（　　）	（　　）
公共文化设施与场所（博物馆、图书馆等）	（　　）	（　　）
社区管理（办理准生证、暂住证等）	（　　）	（　　）
便利的生活设施（超市、菜市场）	（　　）	（　　）
福利机构（养老院、慈善机构等）	（　　）	（　　）
健康讲座或社区免费健康检查（免费测量血压等）	（　　）	（　　）
科学普及活动（如火灾逃生演练、免费计划生育用品）	（　　）	（　　）
其他：如办理老年证、免费公交卡、公园免门票等	（　　）	（　　）

4－6. 您没有参加社会保险的主要原因是：　　　　　　（　　）

A. 费率太高，承担不起　B. 参保不划算　C. 所在单位不给缴纳

D. 没有参保机会 E. 不知道怎么异地转移，或接续不方便

F. 对社保政策不了解 G. 不需要

V 社会关系调查

5－1. 您参加社区举办的娱乐交流活动（如社区运动会、邻里聚餐、文化娱乐等）的次数多吗？（ ）

A. 从来没有 B. 很少 C. 偶尔 D. 比较多 E. 非常多

5－2. 您参加社区民主管理（如社区听证会、社区评议会、民情恳谈会等）的次数多吗？（ ）

A. 从来没有 B. 很少 C. 偶尔 D. 比较多 E. 非常多

5－3. 您参加社区选举（如选举居民代表、选举楼栋长、居民委员会成员等）的次数多吗？（ ）

A. 完全没有 B. 很少 C. 偶尔 D. 比较多 E. 非常多

5－4. 如果有机会，您愿意参加社区的各种活动吗？（ ）

A. 非常愿意 B. 比较愿意 C. 说不好 D. 不愿意 E. 非常不愿意

5－5. 您在城/镇里有参加选举，或者被选举为代表、居委会委员、楼栋长等职务的机会吗？（ ）

A. 完全有 B. 可能有 C. 不知道 D. 没有 E. 完全没有

5－6. 您的政治面貌是：（ ）

A. 共产党员 B. 共青团员 C. 群众 D. 其他______

5－7. 【不是党员或团员的请选择 F】您在工作单位是否经常参加党团组织活动？（ ）

A. 经常参加 B. 参加比较多 C. 参加过几次 D. 偶尔参加

E. 从不参加

5－8. 与进城镇前相比，您回老家参加村委会选举的次数是：（ ）

A. 与进城镇前一样 B. 比进城镇前多 C. 比进城镇前少

D. 从没有参加过

5－9. 目前您在本地参加的组织或团体是：（可多选）（ ）

A. 行业协会 B. 企业工会 C. 社区管理委员会

D. 业主管理委员会 E. 老乡会 F. 志愿组织 G. 娱乐团体

H. 社区服务中心 I. 家属委员会 J. 其他______

5－10. 您参加社会活动的主要原因是：(可多选，请按重要性排序)

( )

A. 适应城市的生活方式 B. 提高自身社会地位 C. 结交更多朋友

D. 寻求更多资源或机会 E. 个人兴趣 F. 其他______

5－11. 您经常接触的人、朋友、同事和居住社区的一些情况：(请在相应栏里划“√”)

	全是本地人	大部分是本地人	大部分是外地人	全是外地人	各占一半
经常接触的人					
朋友					
同事					
居住社区					

5－12. 根据您的实际情况，依次在每句话后相应的空格中打“√”

	亲戚家人	同乡	朋友	本地人	其他
您心情不好时，经常找谁谈心？					
与您经常交往的对象主要是？					

5－13. 当遇到困难时，您一般找谁帮忙？ ( )

A. 亲友家人 B. 同乡 C. 本地人 D. 妇联组织

E 新闻媒体 F. 政府职能部门 G. 民间公益组织 H. 其他

5－14. 您在与本地人交往过程中遇到过哪些困难？(可多选) ( )

A. 语言问题 B. 观念不同 C. 生活习惯不同 D. 没有交往机会

E. 被本地人看不起 F. 没有困难 G. 其他__________

5－15. 根据您的实际，依次在每句话后相应的空格中打“√”

	非常符合	比较符合	一般	不符合	极不符合
您熟悉本地特有的风俗习惯					
您按照本地人的风俗习惯办事					
您经常与本地人一起参加社会活动					
您经常与本地人接触					
您与本市居民相处融洽					

Ⅵ 心理状况调查

6－1. 根据您的心理感受，依次在每句话后相应的空格中打“√”

	非常不愿意	不愿意	一般	比较愿意	非常愿意
您是否愿意与本地人聊天					
您是否愿意和本地人一起工作					
您是否愿意和本地人成为邻居					
您是否愿意和本地人成为亲密朋友					
您是否愿意和本地人一起参加社区管理					
你是否愿意和本地人通婚或结成亲戚					
您觉得本地人是否愿意跟您聊天					
您觉得本地人是否愿意和跟您一起工作					
您觉得本地人是否愿意和您成为邻居					
您觉得本地人是否愿意和您成为亲密朋友					
您觉得本地人是否愿意和您一起参加社区管理					
你觉得本地人是否愿意和你通婚或结成亲戚					

6－2. 请您按符合自己真实情况的程度，依次在每句后的空格中打“√”，每行只打一个

	完全不符合	比较不符合	说不清楚	比较符合	完全符合
我感觉自己是属于城市的					
我觉得大部分城里人素质比较高					
我经常把自己生活、工作的各个方面与城里人进行比较					
我认为自己已经是城里人					
我觉得城里人比较傲慢，瞧不起人					
生活在城市里，我感觉很孤独					
我还是愿意回到农村					
我认为我始终都是农民					
我经常把现在的生活跟以前在农村的生活进行比较					
我获得城市居民身份后，就是城市人了					
我获得城市居民身份后，仍会被城市人认为是外地人					

Ⅶ 自我认同与发展调查

7－1. 您闲暇时间的主要活动是： （ ）

A. 闲在家里，睡觉 B. 逛街购物 C. 外出旅游

D. 看电视或听广播 E. 进行体育活动 F. 与朋友聚会聊天

G. 读书、看报、学习 H. 玩扑克或打麻将 I. 上网 J. 其他____

7－2. 您对未来居住地的打算是： （ ）

A. 愿意在本地定居 B. 在本地工作一段时间后选一城镇定居

C. 在本地工作一段时间后回乡定居 D. 继续在本地和家乡之间流动

E. 难以决定

7－3. 如果将来可以把户口迁到城镇，您处置农村承包地的方式是：

（ ）

A. 无偿放弃 B. 补偿后放弃 C. 保留承包地，自家耕种

D. 保留承包地，包给他人种 E. 以承包地入股分红

F. 不愿意把户口迁到城市 G. 其他__________

7－3. 您认为新市民应该具备哪些条件？（可多选，请按优先排序）

（ ）

A. 较高的收入 B. 有城镇户籍 C. 较高的学历 D. 在城镇有房产

E. 行为举止文明 F. 与城镇居民有和谐的人际关系

G. 在城镇工作、生活的时间较长

H. 能够享受与城镇居民同等的待遇（包括收入、教育、医疗等）

I. 获得尊重，对城镇有归属感、认同感 J. 其他__________

7－4. 请在符合您实际情况的表述下画“√”

	非常符合	比较符合	一般	不合符合	极不符合
您经常会把要做的工作列成计划表					
无特殊情况，您会对没有守时感到不安					
您会通过新闻媒体、网络等渠道来了解信息					
您关心国内国际大事					
您赞同超前消费，比如贷款买房、信用透支消费等					

续表

	非常符合	比较符合	一般	不合符合	极不符合
当您身边的大多数朋友进行投资股票等行为时，您也会与他们一样					
您能够接受技术能力高低所带来的收入差异					
您赞同一份工作的发展前途比暂时的工作收入更重要					
您觉得定期去医院做全面体检有必要					
您赞成学习一项新的技术，从事新的更好的工作					
您觉得您已经是本地人了					
您觉得在本地生活很幸福					
您觉得您对工作所在地有贡献					

7－5. 您将来的梦想是：（可多选，请按重要性排序） （　　）

A. 在城里结婚成家　B. 在城镇创业　C. 回家乡创业

D. 全家移居城镇　E. 获得职位升迁与提高工资的机会

F. 其他＿＿＿＿＿＿

7－6. 您希望政府提供的服务是：（可多选，请按重要性排序） （　　）

A. 取消户籍限制　B. 提供保障住房或廉租房　C. 提供更多就业机会

D. 提高最低工资水平　D. 解决子女的上学问题　E. 改善医疗条件

F. 改善工作和生活环境　F. 提供职业技能培训

G. 改善社会保障（如工伤、生育、失业保险）

H. 加强权益保障（如正常休息日、假节日加班工资）

I. 其他＿＿＿＿＿＿

7－8. 您希望妇联帮您做： （　　）

A. 提供心理辅导　B. 提供维权服务　C. 组织市民化培训

D. 就业培训　E. 提供免费技能培训　F. 提供家庭教育辅导

G. 组织卫生保健、文明礼仪活动　G. 其他＿＿＿＿＿＿

7－9. 您希望所居住的社区： （　　）

A. 提供就业信息　B. 提供技能培训　C. 开展法律援助服务活动

D. 开展健康义诊服务活动　E. 建立进城务工人员服务站

F. 建立娱乐室或学习室　G. 其他＿＿＿＿＿

7－10. 您希望所在的工作单位： （　　）

A. 提供实用技术培训　B. 举办更多的文体活动

C. 建立心理疏导小组　D 有特殊保护　E. 按时如数发放工资

F. 建立健全“五险一金”制　G. 其他__________

您对务工女性生活现状还有其他哪些看法？您对改善务工女性生活状况还有哪些想法和建议？期望社会、政府等怎样帮助自己？

____

____

____

问卷到此结束，再次衷心感谢您的参与！

附录三　主要数据表

您的性别 ＊ 问卷来源地区 交叉表

			问卷来源地区		合计
			湖北省	广州	
您的性别	男	计数	440	117	557
		您的性别 中的%	79.0	21.0	100.0
		问卷来源地区 中的%	56.4	23.0	43.2
		合计 中的%	34.2	9.1	43.2
	女	计数	340	391	731
		您的性别 中的%	46.5	53.5	100.0
		问卷来源地区 中的%	43.6	77.0	56.8
		合计 中的%	26.4	30.4	56.8
合计		计数	780	508	1288
		您的性别 中的%	60.6	39.4	100.0
		问卷来源地区 中的%	100.0	100.0	100.0
		合计 中的%	60.6	39.4	100.0

您的性别 * 您是哪一年出生的 交叉表

			您是哪一年出生的			合计
			1980年前出生	1980年—1990年间出生	1990年以后出生	
您的性别	男	计数	198	247	108	553
		您的性别 中的%	35.8	44.7	19.5	100.0
		您是哪一年出生的 中的%	40.7	47.5	39.6	43.2
		合计 中的%	15.5	19.3	8.4	43.2
	女	计数	289	273	165	727
		您的性别 中的%	39.8	37.6	22.7	100.0
		您是哪一年出生的 中的%	59.3	52.5	60.4	56.8
		合计 中的%	22.6	21.3	12.9	56.8
合计		计数	487	520	273	1280
		您的性别 中的%	38.0	40.6	21.3	100.0
		您是哪一年出生的 中的%	100.0	100.0	100.0	100.0
		合计 中的%	38.0	40.6	21.3	100.0

您的性别 * 您的教育程度 交叉表

			您的教育程度						合计
			本科及以上	大专	高中或中专	初中	小学	小学以下	
您的性别	男	计数	46	97	186	180	34	11	554
		您的性别 中的%	8.3	17.5	33.6	32.5	6.1	2.0	100.0
		您的教育程度 中的%	58.2	55.7	44.6	39.0	29.3	30.6	43.2
		合计 中的%	3.6	7.6	14.5	14.0	2.7	0.9	43.2
您的性别	女	计数	33	77	231	281	82	25	729
		您的性别 中的%	4.5	10.6	31.7	38.5	11.2	3.4	100.0
		您的教育程度 中的%	41.8	44.3	55.4	61.0	70.7	69.4	56.8
		合计 中的%	2.6	6.0	18.0	21.9	6.4	1.9	56.8
合计		计数	79	174	417	461	116	36	1283
		您的性别 中的%	6.2	13.6	32.5	35.9	9.0	2.8	100.0
		您的教育程度 中的%	100.0	100.0	100.0	100.0	100.0	100.0	100.0
		合计 中的%	6.2	13.6	32.5	35.9	9.0	2.8	100.0

您的性别 * 您来自于省的 交叉表

			您来自于省的			合计
			城郊	乡镇	农村	
您的性别	男	计数	89	128	336	553
		您的性别 中的%	16.1	23.1	60.8	100.0
		您来自于省的 中的%	45.2	44.6	42.3	43.2
		合计 中的%	7.0	10.0	26.3	43.2
	女	计数	108	159	459	726
		您的性别 中的%	14.9	21.9	63.2	100.0
		您来自于省的 中的%	54.8	55.4	57.7	56.8
		合计 中的%	8.4	12.4	35.9	56.8
合计		计数	197	287	795	1279
		您的性别 中的%	15.4	22.4	62.2	100.0
		您来自于省的 中的%	100.0	100.0	100.0	100.0
		合计 中的%	15.4	22.4	62.2	100.0

您的性别 * 您目前在本地的住房情况是 交叉表

			您目前在本地的住房情况是								合计
			自己购买的住房	私人出租房	政府提供的廉租房	单位提供的宿舍	建筑工棚	亲戚家	无固定住所	其他	
您的性别	男	计数	94	228	4	143	5	21	16	42	553
		您的性别 中的%	17.0	41.2	0.7	25.9	0.9	3.8	2.9	7.6	100.0
		您目前在本地的住房情况是 中的%	50.3	40.8	28.6	41.8	71.4	30.0	53.3	58.3	43.2
		合计 中的%	7.3	17.8	0.3	11.2	0.4	1.6	1.2	3.3	43.2
	女	计数	93	331	10	199	2	49	14	30	728
		您的性别 中的%	12.8	45.5	1.4	27.3	0.3	6.7	1.9	4.1	100.0
		您目前在本地的住房情况是 中的%	49.7	59.2	71.4	58.2	28.6	70.0	46.7	41.7	56.8
		合计 中的%	7.3.	25.8	0.8	15.5	0.2	3.8	1.1	2.3	56.8

续表

		您目前在本地的住房情况是								合计
		自己购买的住房	私人出租房	政府提供的廉租房	单位提供的宿舍	建筑工棚	亲戚家	无固定住所	其他	
合计	计数	187	559	14	342	7	70	30	72	1281
	您的性别 中的%	14.6	43.6	1.1	26.7	0.5	5.5	2.3	5.6	100.0
	您目前在本地的住房情况是 中的%	100.0	100.0	100.0	100.0	100.0	100.0	100.0	100.0	100.0
	合计 中的%	14.6	43.6	1.1	26.7	0.5	5.5	2.3	5.6	100.0

您的性别＊您目前享受的住房政策有可以购买本地的经济适用房或限价房 交叉表

			您目前享受的住房政策有可以购买本地的经济适用房或限价房		合计
			不选	选	
您的性别	男	计数	511	40	551
		您的性别 中的%	92.7	7.3	100.0
		您目前享受的住房政策有可以购买本地的经济适用房或限价房 中的%	43.3	42.1	43.2
		合计 中的%	40.0	3.1	43.2
	女	计数	670	55	725
		您的性别 中的%	92.4	7.6	100.0
		您目前享受的住房政策有可以购买本地的经济适用房或限价房 中的%	56.7	57.9	56.8
		合计 中的%	52.5	4.3	56.8
合计		计数	1181	95	1276
		您的性别 中的%	92.6	7.4	100.0
		您目前享受的住房政策有可以购买本地的经济适用房或限价房 中的%	100.0	100.0	100.0
		合计 中的%	92.6	7.4	100.0

您的性别＊可以购买家乡所在市县的经济适用房或限价房 交叉表

			可以购买家乡所在市县的经济适用房或限价房		合计
			不选	选	
您的性别	男	计数	518	34	552
		您的性别 中的%	93.8	6.2	100.0
		可以购买家乡所在市县的经济适用房或限价房 中的%	43.6	38.6	43.3
		合计 中的%	40.6	2.7	43.3
	女	计数	670	54	724
		您的性别 中的%	92.5	7.5	100.0
		可以购买家乡所在市县的经济适用房或限价房 中的%	56.4	61.4	56.7
		合计 中的%	52.5	4.2	56.7
合计		计数	1188	88	1276
		您的性别 中的%	93.1	6.9	100.0
		可以购买家乡所在市县的经济适用房或限价房 中的%	100.0	100.0	100.0
		合计 中的%	93.1	6.9	100.0

您的性别＊可以申请本地的廉租房 交叉表

			可以申请本地的廉租房		合计
			不选	选	
您的性别	男	计数	514	38	552
		您的性别 中的%	93.1	6.9	100.0
		可以申请本地的廉租房 中的%	44.0	35.5	43.3
		合计 中的%	40.3	3.0	43.3
	女	计数	655	69	724
		您的性别 中的%	90.5	9.5	100.0
		可以申请本地的廉租房 中的%	56.0	64.5	56.7
		合计 中的%	51.3	5.4	56.7
合计		计数	1169	107	1276
		您的性别 中的%	91.6	8.4	100.0
		可以申请本地的廉租房 中的%	100.0	100.0	100.0
		合计 中的%	91.6	8.4	100.0

您的性别＊可以申请家乡所在地的廉租房 交叉表

			可以申请家乡所在地的廉租房		合计
			不选	选	
您的性别	男	计数	525	27	552
		您的性别 中的%	95.1	4.9	100.0
		可以申请家乡所在地的廉租房 中的%	43.9	33.8	43.3
		合计 中的%	41.1	2.1	43.3
您的性别	女	计数	671	53	724
		您的性别 中的%	92.7	7.3	100.0
		可以申请家乡所在地的廉租房 中的%	56.1	66.3	56.7
		合计 中的%	52.6	4.2	56.7
合计		计数	1196	80	1276
		您的性别 中的%	93.7	6.3	100.0
		可以申请家乡所在地的廉租房 中的%	100.0	100.0	100.0
		合计 中的%	93.7	6.3	100.0

您的性别＊单位缴纳了住房公积金 交叉表

			单位缴纳了住房公积金		合计
			不选	选	
您的性别	男	计数	483	69	552
		您的性别 中的%	87.5	12.5	100.0
		单位缴纳了住房公积金 中的%	43.2	43.7	43.3
		合计 中的%	37.9	5.4	43.3
	女	计数	635	89	724
		您的性别 中的%	87.7	12.3	100.0
		单位缴纳了住房公积金 中的%	56.8	56.3	56.7
		合计 中的%	49.8	7.0	56.7
合计		计数	1118	158	1276
		您的性别 中的%	87.6	12.4	100.0
		单位缴纳了住房公积金 中的%	100.0	100.0	100.0
		合计 中的%	87.6	12.4	100.0

您的性别 * 单位提供了住房补贴 交叉表

			单位提供了住房补贴		合计
			不选	选	
您的性别	男	计数	507	45	552
		您的性别 中的%	91.8	8.2	100.0
		单位提供了住房补贴 中的%	44.0	36.0	43.3
		合计 中的%	39.7	3.5	43.3
	女	计数	644	80	724
		您的性别 中的%	89.0	11.0	100.0
		单位提供了住房补贴 中的%	56.0	64.0	56.7
		合计 中的%	50.5	6.3	56.7
合计		计数	1151	125	1276
		您的性别 中的%	90.2	9.8	100.0
		单位提供了住房补贴 中的%	100.0	100.0	100.0
		合计 中的%	90.2	9.8	100.0

您的性别 * 没有享受过 交叉表

			没有享受过		合计
			不选	选	
您的性别	男	计数	177	375	552
		您的性别 中的%	32.1%	67.9%	100.0%
		没有享受过 中的%	49.7%	40.8%	43.3%
		合计 中的%	13.9%	29.4%	43.3%
	女	计数	179	545	724
		您的性别 中的%	24.7%	75.3%	100.0%
		没有享受过 中的%	50.3%	59.2%	56.7%
		合计 中的%	14.0%	42.7%	56.7%
合计		计数	356	920	1276
		您的性别 中的%	27.9%	72.1%	100.0%
		没有享受过 中的%	100.0%	100.0%	100.0%
		合计 中的%	27.9%	72.1%	100.0%

您的性别 * 其他 交叉表

			其他		合计
			不选	选	
您的性别	男	计数	522	30	552
		您的性别 中的%	94.6	5.4	100.0
		其他 中的%	44.5	29.4	43.3
		合计 中的%	40.9	2.4	43.3
	女	计数	652	72	724
		您的性别 中的%	90.1	9.9	100.0
		其他 中的%	55.5	70.6	56.7
		合计 中的%	51.1	5.6	56.7
合计		计数	1174	102	1276
		您的性别 中的%	92.0	8.0	100.0
		其他 中的%	100.0	100.0	100.0
		合计 中的%	92.0	8.0	100.0

您的性别 * 您期望改善住房的方式是 交叉表

			您期望改善住房的方式是							合计
			单位提供更舒适的宿舍	单位缴纳住房公积金	单位提供住房补贴	政府放开购买政策性住房的限制	政府改善务工人员集聚区的生活环境	政府建设专门的居住区	其他	
您的性别	男	计数	86	65	90	78	80	78	70	547
		您的性别 中的%	15.7	11.9	16.5	14.3	14.6	14.3	12.8	100.0
		您期望改善住房的方式是 中的%	42.2	54.2	41.7	39.2	54.8	53.8	29.2	43.1
		合计 中的%	6.8	5.1	7.1	6.1	6.3	6.1	5.5	43.1
	女	计数	118	55	126	121	66	67	170	723
		您的性别 中的%	16.3	7.6	17.4	16.7	9.1	9.3	23.5	100.0
		您期望改善住房的方式是 中的%	57.8	45.8	58.3	60.8	45.2	46.2	70.8	56.9
		合计 中的%	9.3	4.3	9.9	9.5	5.2	5.3	13.4	56.9

续表

		您期望改善住房的方式是							合计
		单位提供更舒适的宿舍	单位缴纳住房公积金	单位提供住房补贴	政府放开购买政策性住房的限制	政府改善务工人员集聚区的生活环境	政府建设专门的居住区	其他	
合计	计数	204	120	216	199	146	145	240	1270
	您的性别 中的%	16.1	9.4	17.0	15.7	11.5	11.4	18.9	100.0
	您期望改善住房的方式是 中的%	100.0	100.0	100.0	100.0	100.0	100.0	100.0	100.0
	合计 中的%	16.1	9.4	17.0	15.7	11.5	11.4	18.9	100.0

您的性别 * 目前，您从事的职业是 交叉表

			目前，您从事的职业是										合计
			公司管理人员、普通职员（侧重文职）	加工、制造业、电子产业工人（侧重技术）	批发、零售、运输行业	餐饮、酒店、美容美发等服务行业	纺织服装行业	建筑行业	家政、物业、环卫工人	个体户	小摊贩、打零工	其他	
您的性别	男	计数	83	104	37	82	59	8	26	78	18	24	519
		您的性别 中的%	16.0	20.0	7.1	15.8	11.4	1.5	5.0	15.0	3.5	4.6	100.0
		目前，您从事的职业是 中的%	51.6	56.2	42.0	33.1	33.0	72.7	21.7	56.5	56.3	68.6	43.4
		合计 中的%	6.9	8.7	3.1	6.9	4.9	0.7	2.2	6.5	1.5	2.0	43.4
您的性别	女	计数	78	81	51	166	120	3	94	60	14	11	678
		您的性别 中的%	11.5	11.9	7.5	24.5	17.7	0.4	13.9	8.8	2.1	1.6	100.0
		目前，您从事的职业是 中的%	48.4	43.8	58.0	66.9	67.0	27.3	78.3	43.5	43.8	31.4	56.6
		合计 中的%	6.5	6.8	4.3	13.9	10.0	0.3	7.9	5.0	1.2	0.9	56.6
合计		计数	161	185	88	248	179	11	120	138	32	35	1197
		您的性别 中的%	13.5	15.5	7.4	20.7	15.0	0.9	10.0	11.5	2.7	2.9	100.0
		目前，您从事的职业是 中的%	100.0	100.0	100.0	100.0	100.0	100.0	100.0	100.0	100.0	100.0	100.0
		合计 中的%	13.5	15.5	7.4	20.7	15.0	0.9	10.0	11.5	2.7	2.9	100.0

您的性别 * 您是否与单位签订了书面劳动合同? 交叉表

			您是否与单位签订了书面劳动合同?			合计
			否	是	其他	
您的性别	男	计数	180	284	88	552
		您的性别 中的%	32.6	51.4	15.9	100.0
		您是否与单位签订了书面劳动合同? 中的%	40.9	43.2	48.1	43.1
		合计 中的%	14.1	22.2	6.9	43.1
	女	计数	260	373	95	728
		您的性别 中的%	35.7	51.2	13.0	100.0
		您是否与单位签订了书面劳动合同? 中的%	59.1	56.8	51.9	56.9
		合计 中的%	20.3	29.1	7.4	56.9
合计		计数	440	657	183	1280
		您的性别 中的%	34.4	51.3	14.3	100.0
		您是否与单位签订了书面劳动合同? 中的%	100.0	100.0	100.0	100.0
		合计 中的%	34.4	51.3	14.3	100.0

您的性别 * 近 3 年中您更换了几个工作单位 交叉表

			近 3 年中您更换了几个工作单位					合计
			没有更换过	1 个	2 个	3 个	4 个及以上	
您的性别	男	计数	300	86	83	50	32	551
		您的性别 中的%	54.4	15.6	15.1	9.1	5.8	100.0
		近 3 年中您更换了几个工作单位 中的%	41.3	44.6	42.1	44.6	62.7	43.1
		合计 中的%	23.5	6.7	6.5	3.9	2.5	43.1
	女	计数	426	107	114	62	19	728
		您的性别 中的%	58.5	14.7	15.7	8.5	2.6	100.0
		近 3 年中您更换了几个工作单位 中的%	58.7	55.4	57.9	55.4	37.3	56.9
		合计 中的%	33.3	8.4	8.9	4.8	1.5	56.9
合计		计数	726	193	197	112	51	1279
		您的性别 中的%	56.8	15.1	15.4	8.8	4.0	100.0
		近 3 年中您更换了几个工作单位 中的%	100.0	100.0	100.0	100.0	100.0	100.0
		合计 中的%	56.8	15.1	15.4	8.8	4.0	100.0

您的性别 * 您接受就业或技能培训的情况是没有参加任何培训 交叉表

			您接受就业或技能培训的情况是没有参加任何培训		合计
			不选	选	
您的性别	男	计数	331	224	555
		您的性别 中的%	59.6	40.4	100.0
		您接受就业或技能培训的情况是没有参加任何培训 中的%	47.8	37.8	43.2
		合计 中的%	25.8	17.4	43.2
	女	计数	361	368	729
		您的性别 中的%	49.5	50.5	100.0
		您接受就业或技能培训的情况是没有参加任何培训 中的%	52.2	62.2	56.8
		合计 中的%	28.1	28.7	56.8
合计		计数	692	592	1284
		您的性别 中的%	53.9	46.1	100.0
		您接受就业或技能培训的情况是没有参加任何培训 中的%	100.0	100.0	100.0
		合计 中的%	53.9	46.1	100.0

您的性别 * 接受过政府组织的就业培训 交叉表

			接受过政府组织的就业培训		合计
			不选	选	
您的性别	男	计数	522	33	555
		您的性别 中的%	94.1	5.9	100.0
		接受过政府组织的就业培训 中的%	44.4	30.8	43.3
		合计 中的%	40.7	2.6	43.3
	女	计数	654	74	728
		您的性别 中的%	89.8	10.2	100.0
		接受过政府组织的就业培训 中的%	55.6	69.2	56.7
		合计 中的%	51.0	5.8	56.7
合计		计数	1176	107	1283
		您的性别 中的%	91.7	8.3	100.0
		接受过政府组织的就业培训 中的%	100.0	100.0	100.0
		合计 中的%	91.7	8.3	100.0

您的性别＊参加过政府组织的技能培训 交叉表

			参加过政府组织的技能培训		合计
			不选	选	
您的性别	男	计数	524	31	555
		您的性别 中的%	94.4	5.6	100.0
		参加过政府组织的技能培训 中的%	44.0	34.1	43.3
		合计 中的%	40.8	2.4	43.3
您的性别	女	计数	668	60	728
		您的性别 中的%	91.8	8.2	100.0
		参加过政府组织的技能培训 中的%	56.0	65.9	56.7
		合计 中的%	52.1	4.7	56.7
合计		计数	1192	91	1283
		您的性别 中的%	92.9	7.1	100.0
		参加过政府组织的技能培训 中的%	100.0	100.0	100.0
		合计 中的%	92.9	7.1	100.0

您的性别＊自费参加过技能培训 交叉表

			自费参加过技能培训		合计
			不选	选	
您的性别	男	计数	458	97	555
		您的性别 中的%	82.5	17.5	100.0
		自费参加过技能培训 中的%	42.4	48.0	43.3
		合计 中的%	35.7	7.6	43.3
	女	计数	623	105	728
		您的性别 中的%	85.6	14.4	100.0
		自费参加过技能培训 中的%	57.6	52.0	56.7
		合计 中的%	48.6	8.2	56.7
合计		计数	1081	202	1283
		您的性别 中的%	84.3	15.7	100.0
		自费参加过技能培训 中的%	100.0	100.0	100.0
		合计 中的%	84.3	15.7	100.0

您的性别 * 参加过企业组织的技能培训 交叉表

			参加过企业组织的技能培训		合计
			不选	选	
您的性别	男	计数	340	215	555
		您的性别 中的%	61.3	38.7	100.0
		参加过企业组织的技能培训 中的%	42.1	45.2	43.3
		合计 中的%	26.5	16.8	43.3
	女	计数	467	261	728
		您的性别 中的%	64.1	35.9	100.0
		参加过企业组织的技能培训 中的%	57.9	54.8	56.7
		合计 中的%	36.4	20.3	56.7
合计		计数	807	476	1283
		您的性别 中的%	62.9	37.1	100.0
		参加过企业组织的技能培训 中的%	100.0	100.0	100.0
		合计 中的%	62.9	37.1	100.0

您的性别 * 您有没有职业资格或技术等级证书? 交叉表

			您有没有职业资格或技术等级证书?					合计
			没有	初级资格证	中级资格证	高级资格证	其他	
您的性别	男	计数	379	77	56	17	23	552
		您的性别 中的%	68.7	13.9	10.1	3.1	4.2	100.0
		您有没有职业资格或技术等级证书? 中的%	39.7	49.0	60.9	53.1	57.5	43.3
		合计 中的%	29.7	6.0	4.4	1.3	1.8	43.3
	女	计数	576	80	36	15	17	724
		您的性别 中的%	79.6	11.0	5.0	2.1	2.3	100.0
		您有没有职业资格或技术等级证书? 中的%	60.3	51.0	39.1	46.9	42.5	56.7
		合计 中的%	45.1	6.3	2.8	1.2	1.3	56.7
合计		计数	955	157	92	32	40	1276
		您的性别 中的%	74.8	12.3	7.2	2.5	3.1	100.0
		您有没有职业资格或技术等级证书? 中的%	100.0	100.0	100.0	100.0	100.0	100.0
		合计 中的%	74.8	12.3	7.2	2.5	3.1	100.0

您的性别＊您的收入最主要用于日常消费的那些方面？交叉表

			您的收入最主要用于日常消费的那些方面？							合计
			吃饭	买衣服	住房	通讯（手机缴费）	交通	医疗	其他	
您的性别	男	计数	371	37	112	15	6	2	12	555
		您的性别 中的%	66.8	6.7	20.2	2.7	1.1	0.4	2.2	100.0
		您的收入最主要用于日常消费的那些方面？中的%	44.5	32.7	43.1	48.4	54.5	28.6	50.0	43.4
		合计 中的%	29.0	2.9	8.8	1.2	0.5	0.2	0.9	43.4
	女	计数	463	76	148	16	5	5	12	725
		您的性别 中的%	63.9	10.5	20.4	2.2	0.7	0.7	1.7	100.0
		您的收入最主要用于日常消费的那些方面？中的%	55.5	67.3	56.9	51.6	45.5	71.4	50.0	56.6
		合计 中的%	36.2	5.9	11.6	1.3	0.4	0.4	0.9	56.6
合计		计数	834	113	260	31	11	7	24	1280
		您的性别 中的%	65.2	8.8	20.3	2.4	0.9	0.5	1.9	100.0
		您的收入最主要用于日常消费的那些方面？中的%	100.0	100.0	100.0	100.0	100.0	100.0	100.0	100.0
		合计 中的%	65.2	8.8	20.3	2.4	0.9	0.5	1.9	100.0

您的性别＊您的收入主要用于日常消费的那些方面？交叉表

			您的收入最主要用于日常消费的那些方面？							合计
			吃饭	买衣服	住房	通讯（手机缴费）	交通	医疗	其他	
您的性别	男	计数	97	223	90	52	15	14	4	495
		您的性别 中的%	19.6	45.1	18.2	10.5	3.0	2.8	0.8	100.0
		您的收入主要用于日常消费的那些方面？中的%	42.7	47.1	40.2	33.1	41.7	56.0	57.1	43.1
		合计 中的%	8.4	19.4	7.8	4.5	1.3	1.2	0.3	43.1
	女	计数	130	250	134	105	21	11	3	654
		您的性别 中的%	19.9	38.2	20.5	16.1	3.2	1.7	0.5	100.0
		您的收入主要用于日常消费的那些方面？中的%	57.3	52.9	59.8	66.9	58.3	44.0	42.9	56.9
		合计 中的%	11.3	21.8	11.7	9.1	1.8	1.0	0.3	56.9

续表

		您的收入最主要用于日常消费的那些方面?							合计
		吃饭	买衣服	住房	通讯(手机缴费)	交通	医疗	其他	
合计	计数	227	473	224	157	36	25	7	1149
	您的性别 中的%	19.8	41.2	19.5	13.7	3.1	2.2	0.6	100.0
	您的收入主要用于日常消费的那些方面? 中的%	100.0	100.0	100.0	100.0	100.0	100.0	100.0	100.0
	合计 中的%	19.8	41.2	19.5	13.7	3.1	2.2	0.6	100.0

您的性别 * 您的收入用于日常消费的那些方面? 交叉表

			您的收入最主要用于日常消费的那些方面?							合计
			吃饭	买衣服	住房	通讯(手机缴费)	交通	医疗	其他	
您的性别	男	计数	11	44	88	144	57	42	12	398
		您的性别 中的%	2.8	11.1	22.1	36.2	14.3	10.6	3.0	100.0
		您的收入用于日常消费的那些方面? 中的%	27.5	37.9	52.4	45.9	47.9	38.2	41.4	44.4
		合计 中的%	1.2	4.9	9.8	16.1	6.4	4.7	1.3	44.4
	女	计数	29	72	80	170	62	68	17	498
		您的性别 中的%	5.8	14.5	16.1	34.1	12.4	13.7	3.4	100.0
		您的收入用于日常消费的那些方面? 中的%	72.5	62.1	47.6	54.1	52.1	61.8	58.6	55.6
		合计 中的%	3.2	8.0	8.9	19.0	6.9	7.6	1.9	55.6
合计		计数	40	116	168	314	119	110	29	896
		您的性别 中的%	4.5	12.9	18.8	35.0	13.3	12.3	3.2	100.0
		您的收入用于日常消费的那些方面? 中的%	100.0	100.0	100.0	100.0	100.0	100.0	100.0	100.0
		合计 中的%	4.5	12.9	18.8	35.0	13.3	12.3	3.2	100.0

您的性别＊您对目前的生活状况满意吗？交叉表

			您对目前的生活状况满意吗？					合计
			非常满意	比较满意	一般	不满意	非常不满意	
您的性别	男	计数	32	131	279	88	20	550
		您的性别 中的%	5.8	23.8	50.7	16.0	3.6	100.0
		您对目前的生活状况满意吗？中的%	65.3	35.2	44.8	45.6	57.1	43.2
		合计 中的%	2.5	10.3	21.9	6.9	1.6	43.2
	女	计数	17	241	344	105	15	722
		您的性别 中的%	2.4	33.4	47.6	14.5	2.1	100.0
		您对目前的生活状况满意吗？中的%	34.7	64.8	55.2	54.4	42.9	56.8
		合计 中的%	1.3	18.9	27.0	8.3	1.2	56.8
合计		计数	49	372	623	193	35	1272
		您的性别 中的%	3.9	29.2	49.0	15.2	2.8	100.0
		您对目前的生活状况满意吗？中的%	100.0	100.0	100.0	100.0	100.0	100.0
		合计 中的%	3.9	29.2	49.0	15.2	2.8	100.0

您的性别＊您对目前的居住状况满意吗？交叉表

			您对目前的居住状况满意吗？					合计
			非常满意	比较满意	一般	不满意	非常不满意	
您的性别	男	计数	24	124	238	133	31	550
		您的性别 中的%	4.4	22.5	43.3	24.2	5.6	100.0
		您对目前的居住状况满意吗？中的%	54.5	36.6	42.9	46.8	59.6	43.2
		合计 中的%	1.9	9.7	18.7	10.4	2.4	43.2
	女	计数	20	215	317	151	21	724
		您的性别 中的%	2.8	29.7	43.8	20.9	2.9	100.0
		您对目前的居住状况满意吗？中的%	45.5	63.4	57.1	53.2	40.4	56.8
		合计 中的%	1.6	16.9	24.9	11.9	1.6	56.8
合计		计数	44	339	555	284	52	1274
		您的性别 中的%	3.5	26.6	43.6	22.3	4.1	100.0
		您对目前的居住状况满意吗？中的%	100.0	100.0	100.0	100.0	100.0	100.0
		合计 中的%	3.5	26.6	43.6	22.3	4.1	100.0

您的性别 * 您对目前的工作状况满意吗？交叉表

			您对目前的工作状况满意吗？					合计
			非常满意	比较满意	一般	不满意	非常不满意	
您的性别	男	计数	30	143	282	78	18	551
		您的性别 中的%	5.4	26.0	51.2	14.2	3.3	100.0
		您对目前的工作状况满意吗？中的%	66.7	37.8	43.1	46.4	64.3	43.3
		合计 中的%	2.4	11.2	22.2	6.1	1.4	43.3
	女	计数	15	235	372	90	10	722
		您的性别 中的%	2.1	32.5	51.5	12.5	1.4	100.0
		您对目前的工作状况满意吗？中的%	33.3	62.2	56.9	53.6	35.7	56.7
		合计 中的%	1.2	18.5	29.2	7.1	0.8	56.7
合计		计数	45	378	654	168	28	1273
		您的性别 中的%	3.5	29.7	51.4	13.2	2.2	100.0
		您对目前的工作状况满意吗？中的%	100.0	100.0	100.0	100.0	100.0	100.0
		合计 中的%	3.5	29.7	51.4	13.2	2.2	100.0

您的性别 * 您对目前的收入水平满意吗？交叉表

			您对目前的收入水平满意吗？					合计
			非常满意	比较满意	一般	不满意	非常不满意	
您的性别	男	计数	19	74	245	172	39	549
		您的性别 中的%	3.5	13.5	44.6	31.3	7.1	100.0
		您对目前的收入水平满意吗？中的%	79.2	35.7	42.4	44.0	55.7	43.2
		合计 中的%	1.5	5.8	19.3	13.5	3.1	43.2
	女	计数	5	133	333	219	31	721
		您的性别 中的%	0.7	18.4	46.2	30.4	4.3	100.0
		您对目前的收入水平满意吗？中的%	20.8	64.3	57.6	56.0	44.3	56.8
		合计 中的%	0.4	10.5	26.2	17.2	2.4	56.8
合计		计数	24	207	578	391	70	1270
		您的性别 中的%	1.9	16.3	45.5	30.8	5.5	100.0
		您对目前的收入水平满意吗？中的%	100.0	100.0	100.0	100.0	100.0	100.0
		合计 中的%	1.9	16.3	45.5	30.8	5.5	100.0

您的性别＊您在城里成家最大的困难是：交叉表

			您在城里成家最大的困难是：							
			没有城镇户口	没有住房	工作不稳定	不适应城镇生活方式	消费水平太高	接触异性少，不好找对象	其他	合计
您的性别	男	计数	16	77	19	4	38	41	12	207
		您的性别 中的%	7.7	37.2	9.2	1.9	18.4	19.8	5.8	100.0
		您在城里成家最大的困难是：中的%	32.7	50.3	35.8	36.4	35.8	63.1	40.0	44.3
		合计 中的%	3.4	16.5	4.1	0.9	8.1	8.8	2.6	44.3
	女	计数	33	76	34	7	68	24	18	260
		您的性别 中的%	12.7	29.2	13.1	2.7	26.2	9.2	6.9	100.0
		您在城里成家最大的困难是：中的%	67.3	49.7	64.2	63.6	64.2	36.9	60.0	55.7
		合计 中的%	7.1	16.3	7.3	1.5	14.6	5.1	3.9	55.7
合计		计数	49	153	53	11	106	65	30	467
		您的性别 中的%	10.5	32.8	11.3	2.4	22.7	13.9	6.4	100.0
		您在城里成家最大的困难是：中的%	100.0	100.0	100.0	100.0	100.0	100.0	100.0	100.0
		合计 中的%	10.5	32.8	11.3	2.4	22.7	13.9	6.4	100.0

您的性别＊您目前的居住情况是：交叉表

			您目前的居住情况是：						
			全家住在一起	自己一人住，配偶及子女在老家	与配偶住一起，子女在老家	与子女住在一起，配偶留在老家	与朋友或亲戚合租	其他	合计
您的性别	男	计数	195	36	69	7	6	18	331
		您的性别 中的%	58.9	10.9	20.8	2.1	1.8	5.4	100.0
		您目前的居住情况是：中的%	45.0	40.4	41.6	53.8	50.0	29.5	42.8
		合计 中的%	25.2	4.7	8.9	0.9	0.8	2.3	42.8
	女	计数	238	53	97	6	6	43	443
		您的性别 中的%	53.7	12.0	21.9	1.4	1.4	9.7	100.0
		您目前的居住情况是：中的%	55.0	59.6	58.4	46.2	50.0	70.5	57.2
		合计 中的%	30.7	6.8	12.5	0.8	0.8	5.6	57.2

续表

		您目前的居住情况是：						合计
		全家住在一起	自己一人住，配偶及子女在老家	与配偶住一起，子女在老家	与子女住在一起，配偶留在老家	与朋友或亲戚合租	其他	
合计	计数	433	89	166	13	12	61	774
	您的性别 中的%	55.9	11.5	21.4	1.7	1.6	7.9	100.0
	您目前的居住情况是：中的%	100.0	100.0	100.0	100.0	100.0	100.0	100.0
	合计 中的%	55.9	11.5	21.4	1.7	1.6	7.9	100.0

您的性别 * 您觉得全家移居进城的最大困难是：交叉表

			您觉得全家移居进城的最大困难是：									合计
			房价太高	工作不稳定	没有城镇户口	子女上学困难	缺乏社会保障	生活不习惯	生活成本高	不便照料老人	承包地的处置	
您的性别	男	计数	200	29	10	17	16	4	41	6	2	325
		您的性别 中的%	61.5	8.9	3.1	5.2	4.9	1.2	12.6	1.8	0.6	100.0
		您觉得全家移居进城的最大困难是：中的%	45.2	50.0	40.0	36.2	57.1	80.0	29.9	75.0	100.0	43.2
		合计 中的%	26.6	3.9	1.3	2.3	2.1	0.5	5.5	0.8	0.3	43.2
	女	计数	242	29	15	30	12	1	96	2	0	427
		您的性别 中的%	56.7	6.8	3.5	7.0	2.8	0.2	22.5	0.5	0.0	100.0
		您觉得全家移居进城的最大困难是：中的%	54.8	50.0	60.0	63.8	42.9	20.0	70.1	25.0	0.0	56.8
		合计 中的%	32.2	3.9	2.0	4.0	1.6	0.1	12.8	0.3	0.0	56.8
合计		计数	442	58	25	47	28	5	137	8	2	752
		您的性别 中的%	58.8	7.7	3.3	6.3	3.7	0.7	18.2	1.1	0.3	100.0
		您觉得全家移居进城的最大困难是：中的%	100.0	100.0	100.0	100.0	100.0	100.0	100.0	100.0	100.0	100.0
		合计 中的%	58.8	7.7	3.3	6.3	3.7	0.7	18.2	1.1	0.3	100.0

您的性别＊您所在的单位是否提供了安全保护措施？交叉表

			您所在的单位是否提供了安全保护措施？					合计
			目前没有工作单位	开展过安全培训	提供了必要的安全防护用品	没有	其他	
您的性别	男	计数	88	176	152	101	34	551
		您的性别 中的%	16.0	31.9	27.6	18.3	6.2	100.0
		您所在的单位是否提供了安全保护措施？中的%	48.6	43.8	47.4	33.4	49.3	43.2
		合计 中的%	6.9	13.8	11.9	7.9	2.7	43.2
	女	计数	93	226	169	201	35	724
		您的性别 中的%	12.8	31.2	23.3	27.8	4.8	100.0
		您所在的单位是否提供了安全保护措施？中的%	51.4	56.2	52.6	66.6	50.7	56.8
		合计 中的%	7.3	17.7	13.3	15.8	2.7	56.8
合计		计数	181	402	321	302	69	1275
		您的性别 中的%	14.2	31.5	25.2	23.7	5.4	100.0
		您所在的单位是否提供了安全保护措施？中的%	100.0	100.0	100.0	100.0	100.0	100.0
		合计 中的%	14.2	31.5	25.2	23.7	5.4	100.0

您的性别＊您在本地享受过养老保险吗？交叉表

			您在本地享受过养老保险吗？		合计
			享受过	没有	
您的性别	男	计数	221	330	551
		您的性别 中的%	40.1	59.9	100.0
		您在本地享受过养老保险吗？中的%	48.9	40.1	43.2
		合计 中的%	17.3	25.9	43.2
	女	计数	231	493	724
		您的性别 中的%	31.9	68.1	100.0
		您在本地享受过养老保险吗？中的%	51.1	59.9	56.8
		合计 中的%	18.1	38.7	56.8

续表

		您在本地享受过养老保险吗？		合计
		享受过	没有	
合计	计数	452	823	1275
	您的性别 中的%	35.5	64.5	100.0
	您在本地享受过养老保险吗？中的%	100.0	100.0	100.0
	合计 中的%	35.5	64.5	100.0

您的性别 * 如果享受过养老保险，您满意吗？交叉表

			如果享受过养老保险，您满意吗？					合计
			非常不满意	不满意	一般	满意	非常满意	
您的性别	男	计数	8	18	114	70	11	221
		您的性别 中的%	3.6	8.1	51.6	31.7	5.0	100.0
		如果享受过养老保险，您满意吗？中的%	61.5	45.0	57.3	39.3	50.0	48.9
		合计 中的%	1.8	4.0	25.2	15.5	2.4	48.9
您的性别	女	计数	5	22	85	108	11	231
		您的性别 中的%	2.2	9.5	36.8	46.8	4.8	100.0
		如果享受过养老保险，您满意吗？中的%	38.5	55.0	42.7	60.7	50.0	51.1
		合计 中的%	1.1	4.9	18.8	23.9	2.4	51.1
合计		计数	13	40	199	178	22	452
		您的性别 中的%	2.9	8.8	44.0	39.4	4.9	100.0
		如果享受过养老保险，您满意吗？中的%	100.0	100.0	100.0	100.0	100.0	100.0
		合计 中的%	2.9	8.8	44.0	39.4	4.9	100.0

您的性别 * 您在本地享受过医疗保险吗？交叉表

			您在本地享受过医疗保险吗？		合计
			享受过	没有	
您的性别	男	计数	297	252	549
		您的性别 中的%	54.1	45.9	100.0
		您在本地享受过医疗保险吗？中的%	46.5	39.8	43.2
		合计 中的%	23.3	19.8	43.2
	女	计数	342	381	723
		您的性别 中的%	47.3	52.7	100.0
		您在本地享受过医疗保险吗？中的%	53.5	60.2	56.8
		合计 中的%	26.9	30.0	56.8
合计		计数	639	633	1272
		您的性别 中的%	50.2	49.8	100.0
		您在本地享受过医疗保险吗？中的%	100.0	100.0	100.0
		合计 中的%	50.2	49.8	100.0

您的性别 * 如果享受过医疗保险，您满意吗？交叉表

			如果享受过医疗保险，您满意吗？					合计
			非常不满意	不满意	一般	满意	非常满意	
您的性别	男	计数	8	15	156	101	12	292
		您的性别 中的%	2.7	5.1	53.4	34.6	4.1	100.0
		如果享受过医疗保险，您满意吗？中的%	50.0	40.5	52.0	39.8	52.2	46.3
		合计 中的%	1.3	2.4	24.8	16.0	1.9	46.3
	女	计数	8	22	144	153	11	338
		您的性别 中的%	2.4	6.5	42.6	45.3	3.3	100.0
		如果享受过医疗保险，您满意吗？中的%	50.0	59.5	48.0	60.2	47.8	53.7
		合计 中的%	1.3	3.5	22.9	24.3	1.7	53.7
合计		计数	16	37	300	254	23	630
		您的性别 中的%	2.5	5.9	47.6	40.3	3.7	100.0
		如果享受过医疗保险，您满意吗？中的%	100.0	100.0	100.0	100.0	100.0	100.0
		合计 中的%	2.5	5.9	47.6	40.3	3.7	100.0

您的性别 * 您在本地享受过工伤保险吗？交叉表

			您在本地享受过工伤保险吗？		合计
			享受过	没有	
您的性别	男	计数	177	368	545
		您的性别 中的%	32.5	67.5	100.0
		您在本地享受过工伤保险吗？中的%	50.4	40.2	43.0
		合计 中的%	14.0	29.0	43.0
	女	计数	174	548	722
		您的性别 中的%	24.1	75.9	100.0
		您在本地享受过工伤保险吗？中的%	49.6	59.8	57.0
		合计 中的%	13.7	43.3	57.0
合计		计数	351	916	1267
		您的性别 中的%	27.7	72.3	100.0
		您在本地享受过工伤保险吗？中的%	100.0	100.0	100.0
		合计 中的%	27.7	72.3	100.0

您的性别 * 如果享受过工伤保险，您满意吗？交叉表

			如果享受过工伤保险，您满意吗？					合计
			非常不满意	不满意	一般	满意	非常满意	
您的性别	男	计数	5	9	103	50	8	175
		您的性别 中的%	2.9	5.1	58.9	28.6	4.6	100.0
		如果享受过工伤保险，您满意吗？中的%	55.6	50.0	60.6	36.8	50.0	50.1
		合计 中的%	1.4	2.6	29.5	14.3	2.3	50.1
	女	计数	4	9	67	86	8	174
		您的性别 中的%	2.3	5.2	38.5	49.4	4.6	100.0
		如果享受过工伤保险，您满意吗？中的%	44.4	50.0	39.4	63.2	50.0	49.9
		合计 中的%	1.1	2.6	19.2	24.6	2.3	49.9
合计		计数	9	18	170	136	16	349
		您的性别 中的%	2.6	5.2	48.7	39.0	4.6	100.0
		如果享受过工伤保险，您满意吗？中的%	100.0	100.0	100.0	100.0	100.0	100.0
		合计 中的%	2.6	5.2	48.7	39.0	4.6	100.0

您的性别＊您在本地享受过失业保险吗？交叉表

		您在本地享受过失业保险吗？		合计
		享受过	没有	
您的性别 男	计数	129	417	546
	您的性别 中的%	23.6	76.4	100.0
	您在本地享受过失业保险吗？中的%	50.0	41.2	43.0
	合计 中的%	10.2	32.9	43.0
您的性别 女	计数	129	594	723
	您的性别 中的%	17.8	82.2	100.0
	您在本地享受过失业保险吗？中的%	50.0	58.8	57.0
	合计 中的%	10.2	46.8	57.0
合计	计数	258	1011	1269
	您的性别 中的%	20.3	79.7	100.0
	您在本地享受过失业保险吗？中的%	100.0	100.0	100.0
	合计 中的%	20.3	79.7	100.0

您的性别＊如果享受过失业保险，您满意吗？交叉表

		如果享受过失业保险，您满意吗？					合计
		非常不满意	不满意	一般	满意	非常满意	
您的性别 男	计数	8	12	68	38	6	132
	您的性别 中的%	6.1	9.1	51.5	28.8	4.5	100.0
	如果享受过失业保险，您满意吗？中的%	72.7	57.1	54.8	40.4	54.5	50.6
	合计 中的%	3.1	4.6	26.1	14.6	2.3	50.6
您的性别 女	计数	3	9	56	56	5	129
	您的性别 中的%	2.3	7.0	43.4	43.4	3.9	100.0
	如果享受过失业保险，您满意吗？中的%	27.3	42.9	45.2	59.6	45.5	49.4
	合计 中的%	1.1	3.4	21.5	21.5	1.9	49.4
合计	计数	11	21	124	94	11	261
	您的性别 中的%	4.2	8.0	47.5	36.0	4.2	100.0
	如果享受过失业保险，您满意吗？中的%	100.0	100.0	100.0	100.0	100.0	100.0
	合计 中的%	4.2	8.0	47.5	36.0	4.2	100.0

您的性别 * 您在本地享受过住房公积金吗？交叉表

			您在本地享受过住房公积金吗？		合计
			享受过	没有	
您的性别	男	计数	81	451	532
		您的性别 中的%	15.2	84.8	100.0
		您在本地享受过住房公积金吗？中的%	47.4	41.7	42.5
		合计 中的%	6.5	36.0	42.5
	女	计数	90	630	720
		您的性别 中的%	12.5	87.5	100.0
		您在本地享受过住房公积金吗？中的%	52.6	58.3	57.5
		合计 中的%	7.2	50.3	57.5
合计		计数	171	1081	1252
		您的性别 中的%	13.7	86.3	100.0
		您在本地享受过住房公积金吗？中的%	100.0	100.0	100.0
		合计 中的%	13.7	86.3	100.0

您的性别 * 如果享受过住房公积金，您满意吗？交叉表

			如果享受过住房公积金，您满意吗？					合计
			非常不满意	不满意	一般	满意	非常满意	
您的性别	男	计数	9	12	50	19	3	93
		您的性别 中的%	9.7	12.9	53.8	20.4	3.2	100.0
		如果享受过住房公积金，您满意吗？中的%	64.3	41.4	59.5	36.5	50.0	50.3
		合计 中的%	4.9	6.5	27.0	10.3	1.6	50.3
	女	计数	5	17	34	33	3	92
		您的性别 中的%	5.4	18.5	37.0	35.9	3.3	100.0
		如果享受过住房公积金，您满意吗？中的%	35.7	58.6	40.5	63.5	50.0	49.7
		合计 中的%	2.7	9.2	18.4	17.8	1.6	49.7
合计		计数	14	29	84	52	6	185
		您的性别 中的%	7.6	15.7	45.4	28.1	3.2	100.0
		如果享受过住房公积金，您满意吗？中的%	100.0	100.0	100.0	100.0	100.0	100.0
		合计 中的%	7.6	15.7	45.4	28.1	3.2	100.0

您的性别＊您在本地享受过城镇低保吗？交叉表

			您在本地享受过城镇低保吗？		合计
			享受过	没有	
您的性别	男	计数	22	502	524
		您的性别 中的%	4.2	95.8	100.0
		您在本地享受过城镇低保吗？中的%	31.4	42.8	42.2
		合计 中的%	1.8	40.4	42.2
	女	计数	48	670	718
		您的性别 中的%	6.7	93.3	100.0
		您在本地享受过城镇低保吗？中的%	68.6	57.2	57.8
		合计 中的%	3.9	53.9	57.8
合计		计数	70	1172	1242
		您的性别 中的%	5.6	94.4	100.0
		您在本地享受过城镇低保吗？中的%	100.0	100.0	100.0
		合计 中的%	5.6	94.4	100.0

您的性别＊如果享受过城镇低保，您满意吗？交叉表

			如果享受过城镇低保，您满意吗？					合计
			非常不满意	不满意	一般	满意	非常满意	
您的性别	男	计数	6	5	16	6	2	35
		您的性别 中的%	17.1	14.3	45.7	17.1	5.7	100.0
		如果享受过城镇低保，您满意吗？中的%	85.7	62.5	37.2	26.1	50.0	41.2
		合计 中的%	7.1	5.9	18.8	7.1	2.4	41.2
	女	计数	1	3	27	17	2	50
		您的性别 中的%	2.0	6.0	54.0	34.0	4.0	100.0
		如果享受过城镇低保，您满意吗？中的%	14.3	37.5	62.8	73.9	50.0	58.8
		合计 中的%	1.2	3.5	31.8	20.0	2.4	58.8
合计		计数	7	8	43	23	4	85
		您的性别 中的%	8.2	9.4	50.6	27.1	4.7	100.0
		如果享受过城镇低保，您满意吗？中的%	100.0	100.0	100.0	100.0	100.0	100.0
		合计 中的%	8.2	9.4	50.6	27.1	4.7	100.0

您的性别 * 您每年与配偶相聚的次数：交叉表

<table>
<tr><th colspan="3" rowspan="2"></th><th colspan="5">您每年与配偶相聚的次数：</th><th rowspan="2">合计</th></tr>
<tr><th>住在一起，没有分开</th><th>在同一个城镇务工，见面次数多</th><th>分隔两地，相聚次数少</th><th>分隔两地，相聚次数较多</th><th>其他</th></tr>
<tr><td rowspan="8">您的性别</td><td rowspan="4">男</td><td>计数</td><td>237</td><td>32</td><td>35</td><td>18</td><td>7</td><td>329</td></tr>
<tr><td>您的性别 中的%</td><td>72.0</td><td>9.7</td><td>10.6</td><td>5.5</td><td>2.1</td><td>100.0</td></tr>
<tr><td>您每年与配偶相聚的次数：中的%</td><td>42.8</td><td>48.5</td><td>35.0</td><td>60.0</td><td>41.2</td><td>42.9</td></tr>
<tr><td>合计 中的%</td><td>30.9</td><td>4.2</td><td>4.6</td><td>2.3</td><td>0.9</td><td>42.9</td></tr>
<tr><td rowspan="4">女</td><td>计数</td><td>317</td><td>34</td><td>65</td><td>12</td><td>10</td><td>438</td></tr>
<tr><td>您的性别 中的%</td><td>72.4</td><td>7.8</td><td>14.8</td><td>2.7</td><td>2.3</td><td>100.0</td></tr>
<tr><td>您每年与配偶相聚的次数：中的%</td><td>57.2</td><td>51.5</td><td>65.0</td><td>40.0</td><td>58.8</td><td>57.1</td></tr>
<tr><td>合计 中的%</td><td>41.3</td><td>4.4</td><td>8.5</td><td>1.6</td><td>1.3</td><td>57.1</td></tr>
<tr><td colspan="2" rowspan="4">合计</td><td>计数</td><td>554</td><td>66</td><td>100</td><td>30</td><td>17</td><td>767</td></tr>
<tr><td>您的性别 中的%</td><td>72.2</td><td>8.6</td><td>13.0</td><td>3.9</td><td>2.2</td><td>100.0</td></tr>
<tr><td>您每年与配偶相聚的次数：中的%</td><td>100.0</td><td>100.0</td><td>100.0</td><td>100.0</td><td>100.0</td><td>100.0</td></tr>
<tr><td>合计 中的%</td><td>72.2</td><td>8.6</td><td>13.0</td><td>3.9</td><td>2.2</td><td>100.0</td></tr>
</table>

您的性别 * 您在本地享受过提供工作信息或岗位吗？交叉表

<table>
<tr><th colspan="3" rowspan="2"></th><th colspan="2">您在本地享受过提供工作信息或岗位吗？</th><th rowspan="2">合计</th></tr>
<tr><th>享受过</th><th>没有</th></tr>
<tr><td rowspan="8">您的性别</td><td rowspan="4">男</td><td>计数</td><td>148</td><td>398</td><td>546</td></tr>
<tr><td>您的性别 中的%</td><td>27.1</td><td>72.9</td><td>100.0</td></tr>
<tr><td>您在本地享受过提供工作信息或岗位吗？中的%</td><td>44.7</td><td>42.5</td><td>43.1</td></tr>
<tr><td>合计 中的%</td><td>11.7</td><td>31.4</td><td>43.1</td></tr>
<tr><td rowspan="4">女</td><td>计数</td><td>183</td><td>539</td><td>722</td></tr>
<tr><td>您的性别 中的%</td><td>25.3</td><td>74.7</td><td>100.0</td></tr>
<tr><td>您在本地享受过提供工作信息或岗位吗？中的%</td><td>55.3</td><td>57.5</td><td>56.9</td></tr>
<tr><td>合计 中的%</td><td>14.4</td><td>42.5</td><td>56.9</td></tr>
</table>

续表

		您在本地享受过提供工作信息或岗位吗？		合计
		享受过	没有	
合计	计数	331	937	1268
	您的性别 中的%	26.1	73.9	100.0
	您在本地享受过提供工作信息或岗位吗？中的%	100.0	100.0	100.0
	合计 中的%	26.1	73.9	100.0

您的性别＊如果享受过提供工作信息或岗位，您满意吗？交叉表

			如果享受过提供工作信息或岗位，您满意吗？					合计
			非常不满意	不满意	一般	满意	非常满意	
您的性别	男	计数	6	15	76	49	1	147
		您的性别 中的%	4.1	10.2	51.7	33.3	0.7	100.0
		如果享受过提供工作信息或岗位，您满意吗？中的%	75.0	68.2	41.8	45.0	16.7	45.0
		合计 中的%	1.8	4.6	23.2	15.0	0.3	45.0
	女	计数	2	7	106	60	5	180
		您的性别 中的%	1.1	3.9	58.9	33.3	2.8	100.0
		如果享受过提供工作信息或岗位，您满意吗？中的%	25.0	31.8	58.2	55.0	83.3	55.0
		合计 中的%	0.6	2.1	32.4	18.3	1.5	55.0
合计		计数	8	22	182	109	6	327
		您的性别 中的%	2.4	6.7	55.7	33.3	1.8	100.0
		如果享受过提供工作信息或岗位，您满意吗？中的%	100.0	100.0	100.0	100.0	100.0	100.0
		合计 中的%	2.4	6.7	55.7	33.3	1.8	100.0

您的性别 * 您在本地享受过计划生育和生殖健康服务吗? 交叉表

			您在本地享受过计划生育和生殖健康服务吗?		合计
			享受过	没有	
您的性别	男	计数	138	411	549
		您的性别 中的%	25.1	74.9	100.0
		您在本地享受过计划生育和生殖健康服务吗? 中的%	43.1	43.2	43.2
		合计 中的%	10.8	32.3	43.2
	女	计数	182	541	723
		您的性别 中的%	25.2	74.8	100.0
		您在本地享受过计划生育和生殖健康服务吗? 中的%	56.9	56.8	56.8
		合计 中的%	14.3	42.5	56.8
合计		计数	320	952	1272
		您的性别 中的%	25.2	74.8	100.0
		您在本地享受过计划生育和生殖健康服务吗? 中的%	100.0	100.0	100.0
		合计 中的%	25.2	74.8	100.0

您的性别 * 如果享受过计划生育和生殖健康服务, 您满意吗? 交叉表

			如果享受过计划生育和生殖健康服务, 您满意吗?					合计
			非常不满意	不满意	一般	满意	非常满意	
您的性别	男	计数	5	9	57	58	6	135
		您的性别 中的%	3.7	6.7	42.2	43.0	4.4	100.0
		如果享受过计划生育和生殖健康服务, 您满意吗? 中的%	71.4	40.9	40.4	43.3	54.5	42.9
		合计 中的%	1.6	2.9	18.1	18.4	1.9	42.9
	女	计数	2	13	84	76	5	180
		您的性别 中的%	1.1	7.2	46.7	42.2	2.8	100.0
		如果享受过计划生育和生殖健康服务, 您满意吗? 中的%	28.6	59.1	59.6	56.7	45.5	57.1
		合计 中的%	0.6	4.1	26.7	24.1	1.6	57.1

续表

		如果享受过计划生育和生殖健康服务，您满意吗？					合计
		非常不满意	不满意	一般	满意	非常满意	
合计	计数	7	22	141	134	11	315
	您的性别 中的%	2.2	7.0	44.8	42.5	3.5	100.0
	如果享受过计划生育和生殖健康服务，您满意吗？中的%	100.0	100.0	100.0	100.0	100.0	100.0
	合计 中的%	2.2	7.0	44.8	42.5	3.5	100.0

您的性别＊您在本地享受过职业病防治吗？交叉表

			您在本地享受过职业病防治吗？		合计
			享受过	没有	
您的性别	男	计数	59	485	544
		您的性别 中的%	10.8	89.2	100.0
		您在本地享受过职业病防治吗？中的%	45.0	42.8	43.0
		合计 中的%	4.7	38.3	43.0
	女	计数	72	649	721
		您的性别 中的%	10.0	90.0	100.0
		您在本地享受过职业病防治吗？中的%	55.0	57.2	57.0
		合计 中的%	5.7	51.3	57.0
合计		计数	131	1134	1265
		您的性别 中的%	10.4	89.6	100.0
		您在本地享受过职业病防治吗？中的%	100.0	100.0	100.0
		合计 中的%	10.4	89.6	100.0

您的性别＊如果享受过职业病防治，您满意吗？交叉表

			如果享受过职业病防治，您满意吗？					合计
			非常不满意	不满意	一般	满意	非常满意	
您的性别	男	计数	2	4	21	32	1	60
		您的性别 中的%	3.3	6.7	35.0	53.3	1.7	100.0
		如果享受过职业病防治，您满意吗？中的%	100.0	44.4	38.9	51.6	20.0	45.5
		合计 中的%	1.5	3.0	15.9	24.2	0.8	45.5

续表

			如果享受过职业病防治，您满意吗？					合计
			非常不满意	不满意	一般	满意	非常满意	
您的性别	女	计数	0	5	33	30	4	72
		您的性别 中的%	0	6.9	45.8	41.7	5.6	100.0
		如果享受过职业病防治，您满意吗？中的%	0	55.6	61.1	48.4	80.0	54.5
		合计 中的%	0	3.8	25.0	22.7	3.0	54.5
合计		计数	2	9	54	62	5	132
		您的性别 中的%	1.5	6.8	40.9	47.0	3.8	100.0
		如果享受过职业病防治，您满意吗？中的%	100.0	100.0	100.0	100.0	100.0	100.0
		合计 中的%	1.5	6.8	40.9	47.0	3.8	100.0

您的性别＊您在本地享受过福利机构（养老院、慈善机构等）吗？交叉表

			您在本地享受过福利机构（养老院、慈善机构等）吗？		合计
			享受过	没有	
您的性别	男	计数	45	499	544
		您的性别 中的%	8.3	91.7	100.0
		您在本地享受过福利机构（养老院、慈善机构等）吗？中的%	45.5	42.8	43.0
		合计 中的%	3.6	39.4	43.0
	女	计数	54	667	721
		您的性别 中的%	7.5	92.5	100.0
		您在本地享受过福利机构（养老院、慈善机构等）吗？中的%	54.5	57.2	57.0
		合计 中的%	4.3	52.7	57.0
合计		计数	99	1166	1265
		您的性别 中的%	7.8	92.2	100.0
		您在本地享受过福利机构（养老院、慈善机构等）吗？中的%	100.0	100.0	100.0
		合计 中的%	7.8	92.2	100.0

您的性别＊如果享受过福利机构（养老院、慈善机构等），您满意吗？交叉表

			如果享受过福利机构（养老院、慈善机构等），您满意吗？					合计
			非常不满意	不满意	一般	满意	非常满意	
您的性别	男	计数	0	7	19	21	0	47
		您的性别 中的%	0	14.9	40.4	44.7	0	100.0
		如果享受过福利机构（养老院、慈善机构等），您满意吗？中的%	0	77.8	44.2	51.2	0	48.5
		合计 中的%	0	7.2	19.6	21.6	0.0	48.5
	女	计数	1	2	24	20	3	50
		您的性别 中的%	2.0	4.0	48.0	40.0	6.0	100.0
		如果享受过福利机构（养老院、慈善机构等），您满意吗？中的%	100.0	22.2	55.8	48.8	100.0	51.5
		合计 中的%	1.0	2.1	24.7	20.6	3.1	51.5
合计		计数	1	9	43	41	3	97
		您的性别 中的%	1.0	9.3	44.3	42.3	3.1	100.0
		如果享受过福利机构（养老院、慈善机构等），您满意吗？中的%	100.0	100.0	100.0	100.0	100.0	100.0
		合计 中的%	1.0	9.3	44.3	42.3	3.1	100.0

您的性别＊您经常把自己生活、工作的各个方面与城里人进行比较交叉表

			您经常把自己生活、工作的各个方面与城里人进行比较					合计
			完全不符合	比较符合	说不清楚	比较符合	完全符合	
您的性别	男	计数	60	150	175	132	29	546
		您的性别 中的%	11.0	27.5	32.1	24.2	5.3	100.0
		您经常把自己生活、工作的各个方面与城里人进行比较 中的%	44.8	39.2	44.0	43.7	60.4	43.2
		合计 中的%	4.7	11.9	13.8	10.4	2.3	43.2
	女	计数	74	233	223	170	19	719
		您的性别 中的%	10.3	32.4	31.0	23.6	2.6	100.0
		您经常把自己生活、工作的各个方面与城里人进行比较 中的%	55.2	60.8	56.0	56.3	39.6	56.8
		合计 中的%	5.8	18.4	17.6	13.4	1.5	56.8

续表

		您经常把自己生活、工作的各个方面与城里人进行比较					合计
		完全不符合	比较符合	说不清楚	比较符合	完全符合	
合计	计数	134	383	398	302	48	1265
	您的性别 中的%	10.6	30.3	31.5	23.9	3.8	100.0
	您经常把自己生活、工作的各个方面与城里人进行比较 中的%	100.0	100.0	100.0	100.0	100.0	100.0
	合计 中的%	10.6	30.3	31.5	23.9	3.8	100.0

您的性别 * 您认为自己始终都是农民 交叉表

			您认为自己始终都是农民					合计
			完全不符合	比较不符合	说不清楚	比较符合	完全符合	
您的性别	男	计数	105	138	167	87	51	548
		您的性别 中的%	19.2	25.2	30.5	15.9	9.3	100.0
		您认为自己始终都是农民 中的%	46.1	40.6	42.6	41.6	53.1	43.3
		合计 中的%	8.3	10.9	13.2	6.9	4.0	43.3
	女	计数	123	202	225	122	45	717
		您的性别 中的%	17.2	28.2	31.4	17.0	6.3	100.0
		您认为自己始终都是农民 中的%	53.9	59.4	57.4	58.4	46.9	56.7
		合计 中的%	9.7	16.0	17.8	9.6	3.6	56.7
合计		计数	228	340	392	209	96	1265
		您的性别 中的%	18.0	26.9	31.0	16.5	7.6	100.0
		您认为自己始终都是农民 中的%	100.0	100.0	100.0	100.0	100.0	100.0
		合计 中的%	18.0	26.9	31.0	16.5	7.6	100.0

您的性别＊您经常把现在的生活跟以前在农村的生活进行比较 交叉表

			您经常把现在的生活跟以前在农村的生活进行比较					合计
			完全不符合	比较不符合	说不清楚	比较符合	完全符合	
您的性别	男	计数	77	137	146	136	43	539
		您的性别 中的%	14.3	25.4	27.1	25.2	8.0	100.0
		您经常把现在的生活跟以前在农村的生活进行比较 中的%	48.7	40.7	40.4	42.9	55.1	43.1
		合计 中的%	6.2	11.0	11.7	10.9	3.4	43.1
	女	计数	81	200	215	181	35	712
		您的性别 中的%	11.4	28.1	30.2	25.4	4.9	100.0
		您经常把现在的生活跟以前在农村的生活进行比较 中的%	51.3	59.3	59.6	57.1	44.9	56.9
		合计 中的%	6.5	16.0	17.2	14.5	2.8	56.9
合计		计数	158	337	361	317	78	1251
		您的性别 中的%	12.6	26.9	28.9	25.3	6.2	100.0
		您经常把现在的生活跟以前在农村的生活进行比较 中的%	100.0	100.0	100.0	100.0	100.0	100.0
		合计 中的%	12.6	26.9	28.9	25.3	6.2	100.0

您的性别＊您认为即使有城市居民身份，仍会被城里人认为是外地人 交叉表

			您认为即使有城市居民身份，仍会被城里人认为是外地人					合计
			完全不符合	比较不符合	说不清楚	比较符合	完全符合	
您的性别	男	计数	75	87	202	123	55	542
		您的性别 中的%	13.8	16.1	37.3	22.7	10.1	100.0
		您认为即使有城市居民身份，仍会被城里人认为是外地人 中的%	46.0	42.9	41.1	41.8	51.9	43.1
		合计 中的%	6.0	6.9	16.1	9.8	4.4	43.1
	女	计数	88	116	289	171	51	715
		您的性别 中的%	12.3	16.2	40.4	23.9	7.1	100.0
		您认为即使有城市居民身份，仍会被城里人认为是外地人 中的%	54.0	57.1	58.9	58.2	48.1	56.9
		合计 中的%	7.0	9.2	23.0	13.6	4.1	56.9

续表

		您认为即使有城市居民身份，仍会被城里人认为是外地人					合计
		完全不符合	比较不符合	说不清楚	比较符合	完全符合	
合计	计数	163	203	491	294	106	1257
	您的性别 中的%	13.0	16.1	39.1	23.4	8.4	100.0
	您认为即使有城市居民身份，仍会被城里人认为是外地人 中的%	100.0	100.0	100.0	100.0	100.0	100.0
	合计 中的%	13.0	16.1	39.1	23.4	8.4	100.0

您的性别＊您对未来居住地的打算是：交叉表

			您对未来居住地的打算是：					合计
			愿意在本地定居	在本地工作一段时间后选一城镇定居	在本地工作一段时间后回乡定居	继续在本地和家乡之间流动	难以决定	
您的性别	男	计数	243	68	101	58	80	550
		您的性别 中的%	44.2	12.4	18.4	10.5	14.5	100.0
		您对未来居住地的打算是：中的%	43.3	50.0	38.7	44.3	42.6	43.1
		合计 中的%	19.0	5.3	7.9	4.5	6.3	43.1
	女	计数	318	68	160	73	108	727
		您的性别 中的%	43.7	9.4	22.0	10.0	14.9	100.0
		您对未来居住地的打算是：中的%	56.7	50.0	61.3	55.7	57.4	56.9
		合计 中的%	24.9	5.3	12.5	5.7	8.5	56.9
合计		计数	561	136	261	131	188	1277
		您的性别 中的%	43.9	10.6	20.4	10.3	14.7	100.0
		您对未来居住地的打算是：中的%	100.0	100.0	100.0	100.0	100.0	100.0
		合计 中的%	43.9	10.6	20.4	10.3	14.7	100.0

您的性别 * 您是否愿意成为城镇居民？交叉表

			您是否愿意成为城镇居民？			合计
			愿意	不愿意	没想好	
您的性别	男	计数	329	59	161	549
		您的性别 中的%	59.9	10.7	29.3	100.0
		您是否愿意成为城镇居民？中的%	44.0	37.8	43.5	43.1
		合计 中的%	25.8	4.6	12.6	43.1
	女	计数	418	97	209	724
		您的性别 中的%	57.7	13.4	28.9	100.0
		您是否愿意成为城镇居民？中的%	56.0	62.2	56.5	56.9
		合计 中的%	32.8	7.6	16.4	56.9
合计		计数	747	156	370	1273
		您的性别 中的%	58.7	12.3	29.1	100.0
		您是否愿意成为城镇居民？中的%	100.0	100.0	100.0	100.0
		合计 中的%	58.7	12.3	29.1	100.0

您的性别 * 您觉得您已经是本地人了 交叉表

			您觉得您已经是本地人了					合计
			非常符合	比较符合	一般	不符合	极不符合	
您的性别	男	计数	60	83	221	157	32	553
		您的性别 中的%	10.8	15.0	40.0	28.4	5.8	100.0
		您觉得您已经是本地人了 中的%	45.1	43.9	46.7	40.6	34.8	43.4
		合计 中的%	4.7	6.5	17.3	12.3	2.5	43.4
	女	计数	73	106	252	230	60	721
		您的性别 中的%	10.1	14.7	35.0	31.9	8.3	100.0
		您觉得您已经是本地人了 中的%	54.9	56.1	53.3	59.4	65.2	56.6
		合计 中的%	5.7	8.3	19.8	18.1	4.7	56.6
合计		计数	133	189	473	387	92	1274
		您的性别 中的%	10.4	14.8	37.1	30.4	7.2	100.0
		您觉得您已经是本地人了 中的%	100.0	100.0	100.0	100.0	100.0	100.0
		合计 中的%	10.4	14.8	37.1	30.4	7.2	100.0

您的性别＊您认为阻碍您在城镇发展最主要的自身因素是：交叉表

			您认为阻碍您在城镇发展最主要的自身因素是：							合计
			学历低	没有一技之长	适应性差	性别原因	不善交际	自卑心理	其他	
您的性别	男	计数	213	168	18	7	55	16	71	548
		您的性别 中的%	38.9	30.7	3.3	1.3	10.0	2.9	13.0	100.0
		您认为阻碍您在城镇发展最主要的自身因素是：中的%	41.0	41.4	43.9	58.3	49.1	53.3	47.0	43.1
		合计 中的%	16.7	13.2	1.4	0.6	4.3	1.3	5.6	43.1
	女	计数	307	238	23	5	57	14	80	724
		您的性别 中的%	42.4	32.9	3.2	0.7	7.9	1.9	11.0	100.0
		您认为阻碍您在城镇发展最主要的自身因素是：中的%	59.0	58.6	56.1	41.7	50.9	46.7	53.0	56.9
		合计 中的%	24.1	18.7	1.8	0.4	4.5	1.1	6.3	56.9
合计		计数	520	406	41	12	112	30	151	1272
		您的性别 中的%	40.9	31.9	3.2	0.9	8.8	2.4	11.9	100.0
		您认为阻碍您在城镇发展最主要的自身因素是：中的%	100.0	100.0	100.0	100.0	100.0	100.0	100.0	100.0
		合计 中的%	40.9	31.9	3.2	0.9	8.8	2.4	11.9	100.0

您的性别＊除自身因素外，您认为制约您在城镇发展的其他最主要因素是：交叉表

			除自身因素外，您认为制约您在城镇发展的其他最主要因素是：						合计
			缺乏学习与培训的机会	没有人脉关系	在城里受到歧视	缺乏政府与社会的支持	传统男女分工观念的限制	其他	
您的性别	男	计数	211	169	23	90	8	50	551
		您的性别 中的%	38.3	30.7	4.2	16.3	1.5	9.1	100.0
		除自身因素外，您认为制约您在城镇发展的其他最主要因素是：中的%	41.1	47.1	46.0	44.1	34.8	39.7	43.2
		合计 中的%	16.5	13.2	1.8	7.1	0.6	3.9	43.2
	女	计数	303	190	27	114	15	76	725
		您的性别 中的%	41.8	26.2	3.7	15.7	2.1	10.5	100.0

续表

			除自身因素外，您认为制约您在城镇发展的其他最主要因素是：						合计
			缺乏学习与培训的机会	没有人脉关系	在城里受到歧视	缺乏政府与社会的支持	传统男女分工观念的限制	其他	
您的性别	女	除自身因素外，您认为制约您在城镇发展的其他最主要因素是：中的%	58.9	52.9	54.0	55.9	65.2	60.3	56.8
		合计 中的%	23.7	14.9	2.1	8.9	1.2	6.0	56.8
合计		计数	514	359	50	204	23	126	1276
		您的性别 中的%	40.3	28.1	3.9	16.0	1.8	9.9	100.0
		除自身因素外，您认为制约您在城镇发展的其他最主要因素是：中的%	100.0	100.0	100.0	100.0	100.0	100.0	100.0
		合计 中的%	40.3	28.1	3.9	16.0	1.8	9.9	100.0

您的性别 * 您希望政府提供的最主要服务是？交叉表

			您希望政府提供的最主要服务是？											合计
			取消户籍限制	提供保障住房或廉租房	提供更多就业机会	提高最低工资标准	解决子女的上学问题	改善医疗条件	改善工作和生活环境	提供职业技能培训	改善社会保障	加强权益保障（如正常休息日、假节日加班工资）	其他	
您的性别	男	计数	131	141	81	50	38	29	28	18	9	21	6	552
		您的性别 中的%	23.7	25.5	14.7	9.1	6.9	5.3	5.1	3.3	1.6	3.8	1.1	100.0
		您希望政府提供的最主要服务是？中的%	48.7	44.3	39.3	31.8	41.8	59.2	42.4	40.9	30.0	67.7	40.0	43.3
		合计 中的%	10.3	11.1	6.3	3.9	3.0	2.3	2.2	1.4	0.7	1.6	0.5	43.3
	女	计数	138	177	125	107	53	20	38	26	21	10	9	724
		您的性别 中的%	19.1	24.4	17.3	14.8	7.3	2.8	5.2	3.6	2.9	1.4	1.2	100.0
		您希望政府提供的最主要服务是？中的%	51.3	55.7	60.7	68.2	58.2	40.8	57.6	59.1	70.0	32.3	60.0	56.7
		合计 中的%	10.8	13.9	9.8	8.4	4.2	1.6	3.0	2.0	1.6	0.8	0.7	56.7

续表

		您希望政府提供的最主要服务是？											合计
		取消户籍限制	提供保障住房或廉租房	提供更多就业机会	提高最低工资标准	解决子女的上学问题	改善医疗条件	改善工作和生活环境	提供职业技能培训	改善社会保障	加强权益保障（如正常休息日、假节日加班工资）	其他	
合计	计数	269	318	206	157	91	49	66	44	30	31	15	1276
	您的性别 中的%	21.1	24.9	16.1	12.3	7.1	3.8	5.2	3.4	2.4	2.4	1.2	100.0
	您希望政府提供的最主要服务是？中的%	100.0	100.0	100.0	100.0	100.0	100.0	100.0	100.0	100.0	100.0	100.0	100.0
	合计 中的%	21.1	24.9	16.1	12.3	7.1	3.8	5.2	3.4	2.4	2.4	1.2	100.0

您的性别＊您希望政府提供的主要服务是？交叉表

			您希望政府提供的最主要服务是？											合计
			取消户籍限制	提供保障住房或廉租房	提供更多就业机会	提高最低工资标准	解决子女的上学问题	改善医疗条件	改善工作和生活环境	提供职业技能培训	改善社会保障	加强权益保障（如正常休息日、假节日加班工资）	其他	
您的性别	男	计数	12	70	88	73	54	47	48	26	35	24	1	478
		您的性别 中的%	2.5	14.6	18.4	15.3	11.3	9.8	10.0	5.4	7.3	5.0	0.2	100.0
		您希望政府提供的主要服务是？中的%	27.9	47.0	50.6	36.5	52.9	44.3	40.0	34.7	45.5	50.0	33.3	43.6
		合计 中的%	1.1	6.4	8.0	6.7	4.9	4.3	4.4	2.4	3.2	2.2	0.1	43.6
	女	计数	31	79	86	127	48	59	72	49	42	24	2	619
		您的性别 中的%	5.0	12.8	13.9	20.5	7.8	9.5	11.6	7.9	6.8	3.9	0.3	100.0
		您希望政府提供的主要服务是？中的%	72.1	53.0	49.4	63.5	47.1	55.7	60.0	65.3	54.5	50.0	66.7	56.4
		合计 中的%	2.8	7.2	7.8	11.6	4.4	5.4	6.6	4.5	3.8	2.2	0.2	56.4

续表

		您希望政府提供的最主要服务是？											合计
		取消户籍限制	提供保障住房或廉租房	提供更多就业机会	提高最低工资标准	解决子女的上学问题	改善医疗条件	改善工作和生活环境	提供职业技能培训	改善社会保障	加强权益保障（如正常休息日、假节日加班工资）	其他	
合计	计数	43	149	174	200	102	106	120	75	77	48	3	1097
	您的性别 中的%	3.9	13.6	15.9	18.2	9.3	9.7	10.9	6.8	7.0	4.4	0.3	100.0
	您希望政府提供的主要服务是？中的%	100.0	100.0	100.0	100.0	100.0	100.0	100.0	100.0	100.0	100.0	100.0	100.0
	合计 中的%	3.9	13.6	15.9	18.2	9.3	9.7	10.9	6.8	7.0	4.4	0.3	100.0

您的性别 * 您希望政府提供的服务是？交叉表

			您希望政府提供的最主要服务是？											合计
			取消户籍限制	提供保障住房或廉租房	提供更多就业机会	提高最低工资标准	解决子女的上学问题	改善医疗条件	改善工作和生活环境	提供职业技能培训	改善社会保障	加强权益保障（如正常休息日、假节日加班工资）	其他	
您的性别	男	计数	11	14	38	35	31	37	57	28	43	64	1	359
		您的性别 中的%	3.1	3.9	10.6	9.7	8.6	10.3	15.9	7.8	12.0	17.8	0.3	100.0
		您希望政府提供的服务是？中的%	39.3	45.2	46.9	42.2	50.0	48.1	41.0	39.4	42.2	58.7	16.7	45.5
		合计 中的%	1.4	1.8	4.8	4.4	3.9	4.7	7.2	3.5	5.4	8.1	0.1	45.5
	女	计数	17	17	43	48	31	40	82	43	59	45	5	430
		您的性别 中的%	4.0	4.0	10.0	11.2	7.2	9.3	19.1	10.0	13.7	10.5	1.2	100.0
		您希望政府提供的服务是？中的%	60.7	54.8	53.1	57.8	50.0	51.9	59.0	60.6	57.8	41.3	83.3	54.5
		合计 中的%	2.2	2.2	5.4	6.1	3.9	5.1	10.4	5.4	7.5	5.7	0.6	54.5

续表

		您希望政府提供的最主要服务是？											
		取消户籍限制	提供保障住房或廉租房	提供更多就业机会	提高最低工资标准	解决子女的上学问题	改善医疗条件	改善工作和生活环境	提供职业技能培训	改善社会保障	加强权益保障（如正常休息日、假节日加班工资）	其他	合计
合计	计数	28	31	81	83	62	77	139	71	102	109	6	789
	您的性别 中的%	3.5	3.9	10.3	10.5	7.9	9.8	17.6	9.0	12.9	13.8	0.8	100.0
	您希望政府提供的服务是？中的%	100.0	100.0	100.0	100.0	100.0	100.0	100.0	100.0	100.0	100.0	100.0	100.0
	合计 中的%	3.5	3.9	10.3	10.5	7.9	9.8	17.6	9.0	12.9	13.8	0.8	100.0

后　记

时光飞逝，犹如白驹过隙，转眼间博士毕业已有三年光景。六年前，我怀着激动的心情踏进南湖之滨桂子山上百年学府——华中师范大学攻读博士学位，师从社会性别与社会政策研究专家刘筱红教授。期间，我有幸接触了共生理论，并尝试运用共生理论思考社会问题，特别是新型城镇化战略下有序推进农业转移人口市民化的问题。在此基础上，我完成了博士毕业论文《共生视域下农业转移人口市民化问题治理研究》，本书即是在我的博士论文基础上修改形成。

共生，从人类社会的角度来说，就是人与人、人与社会、人与自然之间的共同发展，它既与“和谐”、“包容”、“大同”有着相似的思想精髓，又有着超越其上的进化意义。人类社会中的共生现象无处不在，农业转移人口与市民即是一种重要的共生现象，而农业转移人口的市民化本质上即是农业转移人口与市民的共生进化问题。因此，从我国以人为本新型城镇化战略出发，运用共生理论探讨农业转移人口市民化问题，自然富有极强的理论魅力与实践动力。

近年来人类社会共生现象研究逐渐引起了国内学界的关注，并涌现了不少高水平理论成果，其思想之光、智慧之泉与理论之果是本书写作的源泉。然而，值得注意的是，人与人之间共生关系的研究尚未引起学界同仁的重视。作为一种尝试，本书的写作虽不是筚路蓝缕，然而也并非想象的那么顺畅。庆幸的是，从着手选题到整个写作过程，都得到了导师刘筱红教授的鼓励与精心指导，此书字里行间凝聚着她的心血。我很荣幸自己能拜师刘筱红教授——正是她成就了我的博士梦，正是她引领我扬帆远航、追逐梦想。这份恩情，定当铭记于心！

此书修改期间，我正在复旦大学政治学流动站从事博士后研究工作，我的合作导师林尚立教授、徐以骅教授不仅就书稿修改提供了颇多真知灼见，而且为我提供了优越的工作环境和时间便利，使我得以潜心修改并顺利完成了后期校订工作。在此，特别向我的两位合作导师致以由衷的感谢。

本书问卷调查与数据统计分析，得到了汪超博士与李一、王海莉、刘慧珠三位硕士的鼎力相助，借此机会向他们表示诚挚的谢意。最后，本书参考了很多专家学者的理论成果，特别是袁纯清博士、胡守均教授关于共生理论的相关著述，他们的开创性研究成果是本书得以完成的基石，在此特向他们以及各位专家学者致谢。本书得以顺利付梓，还要衷心感谢中国社会科学出版社的帮助，特别是张湉老师，她为本书的编辑出版提供了很多宝贵意见并付出了辛勤劳动，在此深表谢意。

由于本人能力、时间精力有限，本书难免有肤浅、纰漏之处，敬请同行专家与读者予以批评斧正。

姚德超于复旦大学北苑

2017 年 6 月 14 日